藏东南高陡边坡粗颗粒混合土稳定机理及改良加固研究

王培清　赵哲苇　◎　著

西南交通大学出版社
·成都·

图书在版编目（CIP）数据

藏东南高陡边坡粗颗粒混合土稳定机理及改良加固研究 / 王培清，赵哲苇著. -- 成都：西南交通大学出版社，2023.11
ISBN 978-7-5643-9570-4

Ⅰ. ①藏… Ⅱ. ①王… ②赵… Ⅲ. ①粗粒土 – 边坡稳定性 – 研究 – 西藏 ②粗粒土 – 边坡加固 – 研究 – 西藏 Ⅳ. ①U416.1

中国国家版本馆 CIP 数据核字（2023）第 226157 号

Zangdongnan Gaodou Bianpo Cukeli Hunhetu Wending Jili ji Gailiang Jiagu Yanjiu
藏东南高陡边坡粗颗粒混合土稳定机理及改良加固研究

王培清　赵哲苇／著

责任编辑／李华宇
封面设计／墨创文化

西南交通大学出版社出版发行
（四川省成都市金牛区二环路北一段 111 号西南交通大学创新大厦 21 楼　610031）
营销部电话：028-87600564　　028-87600533
网址：http://www.xnjdcbs.com
印刷：成都蜀通印务有限责任公司

成品尺寸　170 mm × 230 mm
印张　14　　字数　214 千
版次　2023 年 11 月第 1 版　　印次　2023 年 11 月第 1 次

书号　ISBN 978-7-5643-9570-4
定价　72.00 元

图书如有印装质量问题　本社负责退换
版权所有　盗版必究　举报电话：028-87600562

本书编写组

主要著者 王培清 赵哲苇
其他著者 陈 亮 李 奇 张玉云 张 存
        柳 斌 何军杰 张永娟 其米旺姆
        李中尧 史海平 李家欢 桑 鼎
        李 超 牛 欢

前言 Preface

我国是一个滑坡灾害频发的国家。滑坡灾害严重影响着我国山区、丘陵地区的社会经济发展，其中占主要地位的是大型和巨型滑坡。西南地区大部、西北地区东部、华中西部边缘地带、华东中部部分县市和江南丘陵地区是我国滑坡灾害承灾体高损失风险的集中分布区域。这些地区的大型滑坡以规模大、机制复杂、危害性大等特点著称于世，在全球范围内具有独特性和代表性。边坡失稳尤其是滑坡，常给工程建设和生态环境带来灾害，严重威胁着人们的生命和财产安全。

藏东南呈高山峡谷地貌，公路、铁路选线均在高山、峡谷间进行，而此种山高坡陡的边坡问题，在勘察、设计、施工、养护过程中，都是困扰工程人员的重大难题。藏东南的交通建设发展迅速，拉林铁路已建成通车，川藏铁路正处于建设阶段，且要经过藏东南。开展对藏东南高陡边坡稳定性及组成粗颗粒混合土的力学特性试验研究，以指导工程实践，使高陡边坡滑坡灾害降至最低，也势在必行。

藏东南作为典型的地质灾害分布广泛的地区之一，该地区大部分为山前冲、洪积倾斜河谷，地势横坡过大，裸露地表土是以粗圆粒卵石、砾石、碎石、粗砂及中砂为主而组成的粗颗粒混合土。粗颗粒混合土的物理力学性质对藏东南高陡边坡的稳定性影响较大。

本书详细分析了藏东南粗颗粒土的各种特性，并利用技术手段对其进行了改良加固，在一定程度上可为川藏铁路及其他工程的设计、施工和灾害的预防提供参考。在面对土壤力学领域的众多挑战时，我们将焦点集中在了粗颗粒混合土的多个关键方面，希望能够为土木工程领域的研究者、工程师和研究生提供有价值的参考和启发。

本书的各章节之间紧密相连，呈现出一个系统而连贯的研究框架。第1章为后续章节的展开铺设了基础，介绍了试验土样来源以及常规物理力学性质试验。第2章深入研究了粗粒土混合土的力学性质，奠定了对其力学性质的理解。第3章和第4章扩展了研究范围，探讨了粗颗粒混合土的动力特性，为后续章节的分析提供了动态响应的基础。第5章将关注点转向了改良加固问题，通过实验研究，深入探讨了不同改良材料对粗颗粒混合土力学性质的影响，为工程实践中的土壤改良提供了重要参考。第6章在粗颗粒混合土改良加固的基础上，开展了全面的力学性质分析，为工程中粗颗粒混合土体加固和稳定性评估提供了参考。第7章通过室内模型降雨试验，探讨了降雨改良边坡稳定性影响，为实际工程应用提供了有益的思路和方法。第8章利用数值分析，验证改良边坡的稳定性。第9章对全书进行总结，提出研究结论，并对未来研究进行了展望。

本书的研究成果离不开一群研究者的共同努力，他们为本书付出了心血与汗水，在此特别感谢硕士研究生徐国涛、卢鲁、徐江、陈东东、胡延杰、向睿、魏建飞、廖恍辰、李中尧、史海平、王毅、赵哲苇、李家欢。

本书在编写过程中，得到了河海大学陈亮教授、同济大学李奇副教授的倾力指导，也得到了水利土木工程学院张存副教授、何强副教授、金建立讲师、柳斌讲师、张永娟讲师、其米旺姆讲师、何军杰讲师的大力支持，在此一并表示感谢！

通过本专著，我们希望能够为读者呈现出粗颗粒混合土领域的最新研究进展和应用成果。无论您是从事相关领域的专业人士还是对该领域感兴趣的学者，我们相信本书将为您提供有价值的信息。

由于作者水平和经验所限，书中难免存在不足之处，敬请各位专家、读者批评指正。

作 者

2023 年 8 月

目录 Contents

1 粗颗粒混合土常规物理力学性质试验 ·················· 001
    1.1 试验土样来源 ·················· 001
    1.2 颗粒级配试验 ·················· 001
    1.3 天然密度和含水率的试验 ·················· 006
    1.4 击实试验 ·················· 007
    1.5 取得的成果 ·················· 010

2 粗粒土混合土大型三轴静载试验研究 ·················· 012
    2.1 试验方案 ·················· 012
    2.2 试验结果分析 ·················· 017
    2.3 取得的成果 ·················· 030

3 粗颗粒混合土动力特性研究 ·················· 032
    3.1 土动应力-应变关系的基本概念 ·················· 032
    3.2 土动应力-应变力学模型 ·················· 036
    3.3 粗颗粒混合土动应力、动应变时程曲线分析 ·················· 043
    3.4 粗颗粒混合土动剪切应力-应变关系 ·················· 050
    3.5 取得的成果 ·················· 057

4 粗颗粒混合土动剪切模量与阻尼比试验研究 ·················· 059
    4.1 动剪切模量 ·················· 059
    4.2 阻尼比 ·················· 070
    4.3 取得的成果 ·················· 075

5 粗颗粒砂土改良加固试验研究 ·················· 077
    5.1 试验用土 ·················· 077
    5.2 试验用改良材料 ·················· 078
    5.3 无侧限抗压强度试验研究 ·················· 082

5.4　干湿循环作用改良土强度试验研究 ······ 109
　　5.5　改良机理研究 ······ 119
　　5.6　取得的成果 ······ 133

6　粗颗粒混合土改良加固试验研究 ······ 136
　　6.1　试验用土 ······ 136
　　6.2　粗颗粒混合土基本力学性质 ······ 137
　　6.3　试验流程及方案 ······ 139
　　6.4　试验结果与分析 ······ 140
　　6.5　取得的成果 ······ 157

7　室内降雨入渗模型试验 ······ 158
　　7.1　试验装置 ······ 158
　　7.2　试验流程及方案 ······ 161
　　7.3　结果与分析 ······ 162
　　7.4　试验结果讨论 ······ 177

8　边坡稳定性数值分析与计算 ······ 180
　　8.1　ABAQUS软件的功能与特性 ······ 180
　　8.2　数值计算基本原理 ······ 181
　　8.3　滑坡稳定性判断依据 ······ 183
　　8.4　参数选取 ······ 183
　　8.5　有限元计算模型建立 ······ 183
　　8.6　模型结果分析 ······ 184
　　8.7　取得的成果 ······ 210

9　结论及展望 ······ 212
　　9.1　结　论 ······ 212
　　9.2　展　望 ······ 214

参考文献 ······ 216

PART ONE
粗颗粒混合土常规物理力学性质试验

高陡边坡滑坡灾害的产生、发展和演变是在一定的地质背景条件下形成的，因此，对藏东南混合土的高陡边坡稳定机理进行研究，就必须调查和了解混合土的常规物理特性。本章主要对藏东南混合土的常规物理力学性质进行分析研究，研究内容包括密度、含水率、颗粒分析、击实试验等，以确定最优含水率和最大干密度，为后期的数值分析提供必要的参数。

1.1 试验土样来源

对于研究藏东南粗颗粒混合土高陡边坡的稳定机理，试验土样的选取是非常重要的。外出采样，拟取藏东南318国道周边4个典型的高陡边坡滑坡松散堆积物土样，按照取土顺序进行编号，1号土样来自林芝市巴宜区永久村东南方向海拔2 990 m的取土场滑坡土，2号土样来自林芝市林芝镇东南方向1.29 km靠近318国道海拔3 040 m的高陡边坡，3号土样来自林芝市八一镇加乃村西北2.7 km靠近318国道海拔3 032 m的高陡边坡滑坡松散堆积土，4号土样来自海拔3 116 m的巴河镇高陡边坡滑坡松散堆积土。4个土样的取土地点地理位置如图1-1~图1-4所示。

1.2 颗粒级配试验

为研究试验试样的颗粒组成情况，参照《土工试验方法标准》（GB/T 50123—2019）[1]的筛分方法来对取回的4个类别的土样进行颗粒级配分析试验。颗粒级配是分析岩土工程特性的基础，级配的优劣会直接影响岩土体的性质。颗粒级配分析试验主要是为了精确地判断粒径组占土样总质量的具体

图 1-1　1号土地理位置

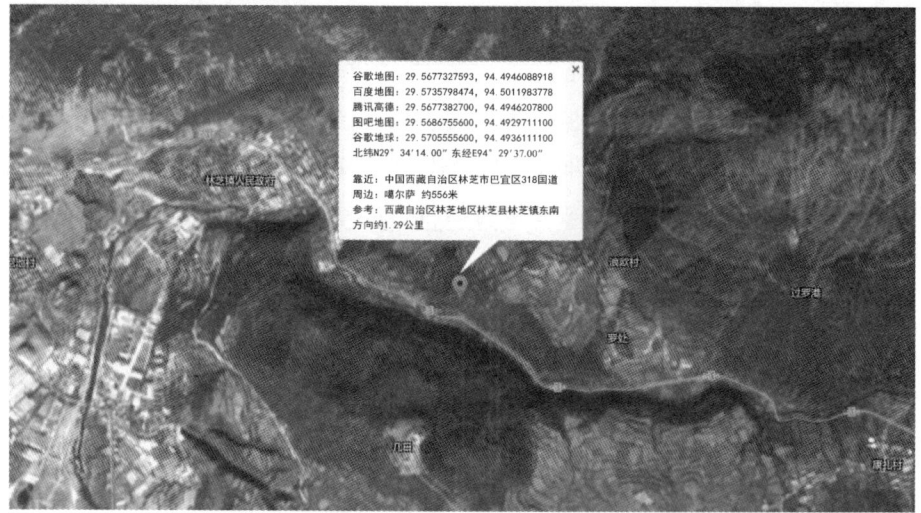

图 1-2　2号土地理位置

百分比，从而绘制粒径级配曲线图，直观地分析颗粒分布，以便于对土体进行归类，分析其性质以及工程选料。它是查明高陡边坡崩坡积土物质的发源地、搬运、沉积的重要依据。对取回的4种粗颗粒土称取8 kg原状土样，运用烘干法来进行处理，烘干后的4种土样分别通过不同粒径（60 mm、40 mm、

20 mm、10 mm、5 mm、2 mm、1 mm、0.5 mm、0.25 mm、0.1 mm 及 0.075 mm）的孔筛，并且通过 4 组平行试验来进行对照，得到颗粒级配数据。试验仪器采用震击式标准预筛机，如图 1-5 所示。

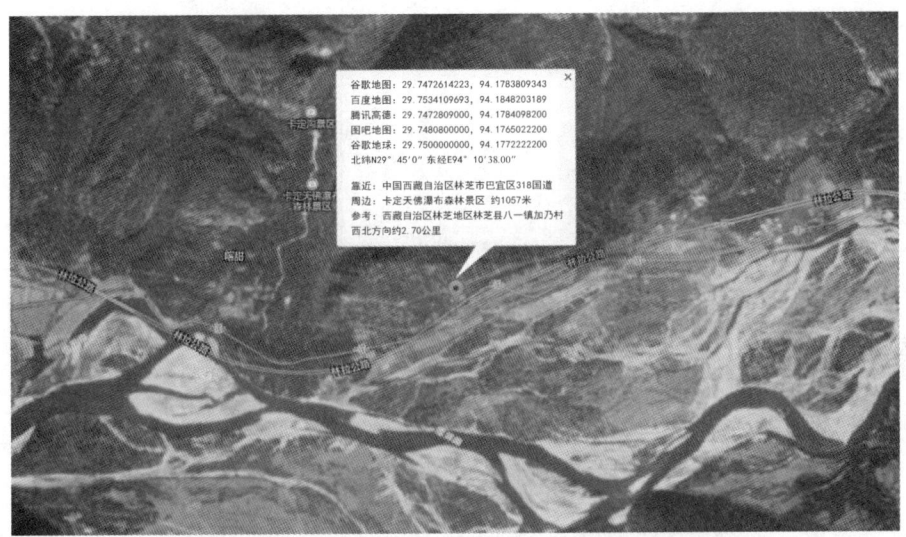

图 1-3　3 号土地理位置

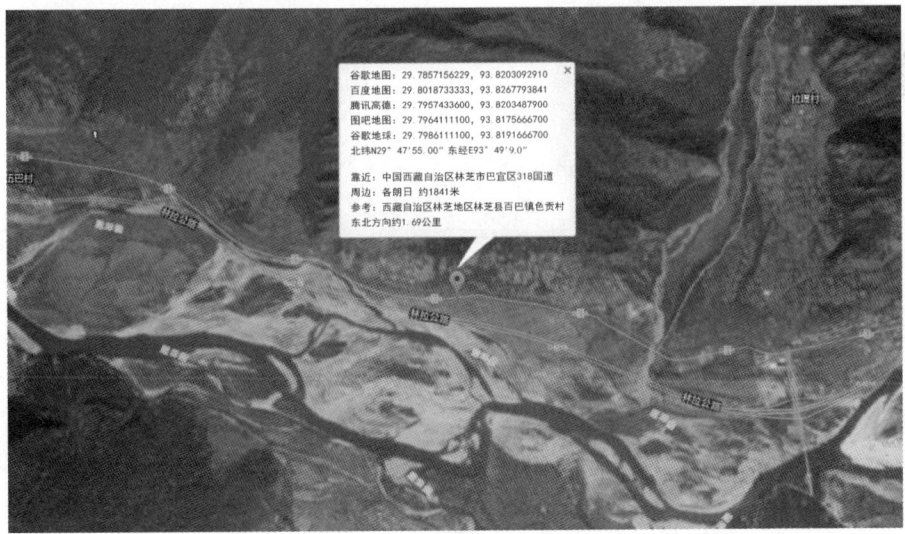

图 1-4　4 号土地理位置

图 1-5　震击式标准预筛机

在实践工程中,通过总结大量水利工程粗颗粒土试验数据,发现粗颗粒土的工程特性与粒径大于 5 mm 颗粒的含量(P_5)关系密切。1~4 号土样的 P_5 依次为 58.78%、48.26%、77.15%及 86.99%。1 号土样是坡积碎石和黏土混合的滑坡土,2 号土样是沉积粗颗粒碎石混合土,3 号土样和 4 号土样是刚从基岩石风化剥落的片状碎石和石屑混合土。

将上述颗粒级配进行处理,观察到 4 种藏东南高陡边坡混合土的土样完整粒径区间较多。为了更加直观地观察 4 种混合土的各个粒组颗粒含量,绘制图 1-6 所示的颗粒级配曲线进行详细统计,表 1-1 所列为 4 种土样筛分粒组含量。

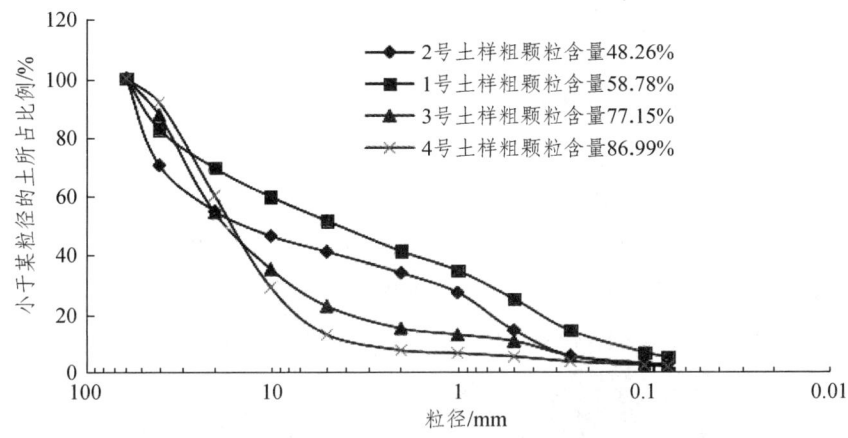

图 1-6 不同粗颗粒含量的粒径级配曲线

表 1-1 4 种土样筛分粒组含量

粒径/mm	1 号土样/kg	2 号土样/kg	3 号土样/kg	4 号土样/kg
<0.075	0.109 5	0.209	0.090 5	0.080 5
0.075~0.1	0.02	0.066	0.026	0.019
0.1~0.25	0.094	0.303 5	0.115	0.054
0.25~0.5	0.342	0.436	0.198	0.063 5
0.5~1	0.505	0.388	0.09	0.047 5
1~2	0.261	0.262 5	0.088	0.039 5
2~5	0.278	0.416 5	0.309	0.214
5~10	0.21	0.328	0.504	0.649
10~20	0.328	0.396 5	0.768	1.236
20~40	0.615 5	0.527	1.323	1.255 5
40~60	1.142	0.69	0.499	0.324 5
>60	0	0	0	0
粗颗粒含量/%	58.78	48.26	77.15	86.99

1.3 天然密度和含水率的试验

本书采用现场灌水法[2]测定 4 种高陡边坡原状土的天然密度,如图 1-7 所示,试验得出的结果见表 1-2。运用烘干法在实验室进行天然含水率测定,试验需要的仪器设备有烘干箱、铝箱、电子天平和干燥器等,各土壤样品分别准备 3 组平行试样来依次试验,将 3 组试样结果的平均值作为实测得的天然含水率。含水率对粒径在 5 mm 以下的混合土强度有着非常明显的影响,本书以藏东南高陡边坡粗颗粒混合土为研究对象,研究含水率对天然级配下的粗颗粒土的影响。其天然含水率见表 1-3。

图 1-7 灌水法测天然密度

表 1-2 土样天然密度的试验结果

土样编号	土体天然密度/(g/cm³)
1 号	2.039
2 号	1.814
3 号	2.767
4 号	2.667

表 1-3 土样天然含水率的试验结果

土样编号	含水率	平均含水率
1 号	12.27%	12.28%
	12.29%	
	12.28%	
2 号	6.04%	6.02%
	6.03%	
	5.99%	
3 号	4.12%	4.21%
	4.20%	
	4.31%	
4 号	3.11%	3.18%
	3.23%	
	3.20%	

1.4 击实试验

在室内进行击实试验有几种方法,包括冲击荷载法、静载荷法、准动载荷法和振动载荷法[3]。测定密度的方法可以分为体积固定法和变异体积法。本试验采用了冲击荷载法。仪器由击实筒、套筒、锤、导向筒等构成,使用的击实仪如图 1-8 所示。在试验前使用剔除法处理超粒径的粒子,首先除去 40 mm 粒径以上的粒子,去除的部分在 40 mm 粒径以下的土样品中选取进行了等量的代替。对于 4 种土样,遵照推定最佳含水率,制成 6 个样品,对各样品进行搅拌,养护 24 h 后用重型击实仪进行击实试验[4]。

按式(1-1)计算击实后的干密度:

$$\gamma_d = \frac{\gamma}{1+0.01\omega} \tag{1-1}$$

式中 γ_d ——干密度,g/cm³;

γ——湿密度,g/cm³;

ω——击实后测定的含水率,%。

图 1-8　击实仪

1 号土样按照含水率分别为 8%、10%、11%、12%、14% 及 16%，将每个试样搅拌均匀，养护 24 h 后用重型击实仪进行击实试验，得到最大干密度与最优含水率的关系曲线，如图 1-9 所示。从现场采回土样经过试验测得，1 号土样的天然含水率为 12.28%，从击实试验所得结果可以看出，在击实功的击实作用下，1 号土样的最大干密度为 2.035 g/cm³，最优含水率为 12%，略小于滑坡土体的天然含水率。

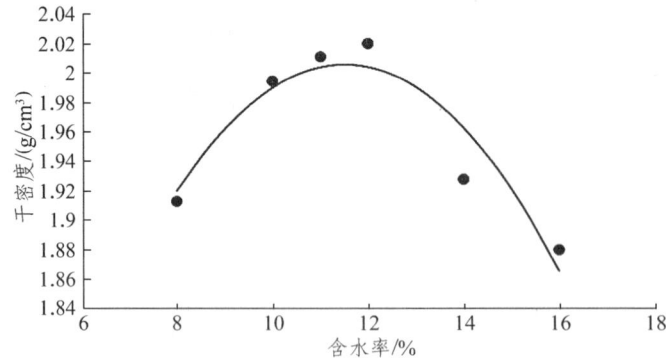

图 1-9　1 号土样最大干密度与最优含水率的关系曲线

2号土样按照含水率分别为 4%、6%、7%、8%、10%及12%进行制备，在重型击实仪上进行击实试验，得到如图 1-10 所示的干密度与含水率的关系曲线。从现场采回土样经过试验测得，2 号土样的天然含水率为 6.02%，从击实试验所得结果可以看出，在击实功的作用下，2 号土样的最大干密度为 1.978 g/cm³，最优含水率为 7%，大于滑坡土体的天然含水率。

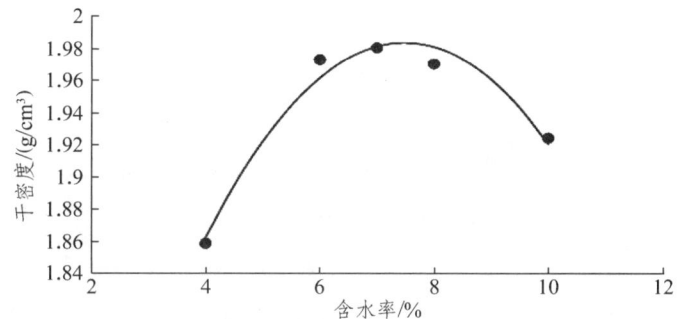

图 1-10　2 号土样最大干密度与最优含水率的关系曲线

3 号土样按照含水率分别为 0%、1%、2%、3%、4%、5%进行制备，在手动轻型击实仪上进行击实试验，得到如图 1-11 所示的干密度与含水率的关系曲线。现场采回土样经过烘干试验所得天然含水率为 0.6%，从所得结果可以看出，在击实功的击实作用下，滑坡土样的最大干密度为 2.04 g/cm³，最优含水率为 4%，大于滑坡土体的天然含水率。

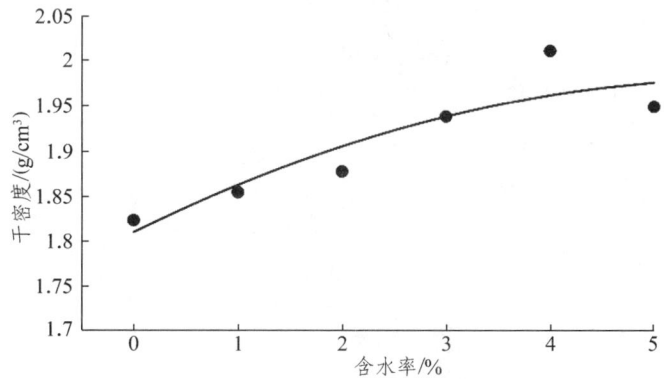

图 1-11　3 号土样最大干密度与最优含水率的关系曲线

4号土样按照含水率分别为 0%、1%、2%、3%、4%进行制备，在手动轻型击实仪上进行击实试验，得到如图 1-12 所示的干密度与含水率的关系曲线。现场采回土样经过烘干试验所得天然含水率为 1.3%，从所得结果可以看出，在击实功的击实作用下，滑坡土样的最大干密度为 2.01 g/cm³，最优含水率为 3%，大于滑坡土体的天然含水率。

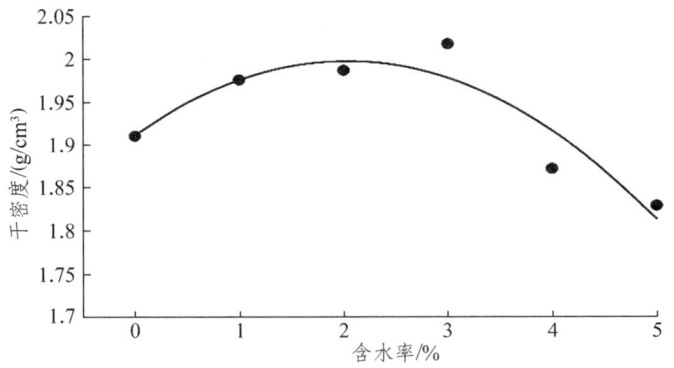

图 1-12　4 号土样干密度与含水率的关系曲线

1.5　取得的成果

取回的 4 种土样在室内开展颗粒分析、击实、天然密度和含水率等物理力学性质试验，取得的成果如下：

（1）通过颗粒筛分试验，4 种土样均级配不良。粗颗粒土的工程特性与粒径大于 5 mm 颗粒的含量（P_5）关系密切，1~4 号土样的 P_5 依次为 58.78%、48.26%、77.15%、86.99%。

（2）测量 4 种土样得出，天然密度分别为 1 号土样 2.039 g/cm³，2 号土样 1.814 g/cm³，3 号土样 2.767 g/cm³，4 号土样 2.667 g/cm³；天然含水率分别为 1 号土样 12.28%，2 号土样 6.02%，3 号土样 4.21%，4 号土样 3.18%。

（3）通过击实试验绘制干密度与含水率的关系曲线，得到 1 号土样的最大干密度为 2.035 g/cm³，最优含水率为 12%，小于滑坡土体的天然含水率；2 号土样的最大干密度为 1.978 g/cm³，最优含水率为 7%，大于滑坡土体的天然含水率；3 号土样的最大干密度为 2.04 g/cm^3，最优含水率为 4%，小于滑坡土体的天然含水率；4 号土样的最大干密度为 2.01 g/cm^3，最优含水率为 3%，小于滑坡土体的天然含水率。

  取得的试验数据将为后面进一步开展的粗颗粒混合土大型三轴试验以及对 4 个高陡边坡稳定性数值模拟分析奠定坚实的基础。

2
PART TWO

粗粒土混合土大型三轴静载试验研究

岩土特性的重要衡量指标是抗剪强度，研究天然高陡边坡土体稳定性，以及人工高边坡、堤防等工程的稳定性时，抗剪强度参数常作为一项极其重要的参数予以考虑[5]。为研究藏东南高陡边坡粗颗粒混合土的抗剪强度特性，为分析藏东南高陡边坡的稳定机理奠定基础，本章将对藏东南4个不同高陡边坡取回的土样，在天然含水率与配制不同的含水率情况下，采用电液伺服式粗颗粒大型动静三轴试验机，以静载的方式进行抗剪强度试验。

2.1 试验方案

2.1.1 试验仪器

本试验采用西藏农牧学院高原水力发电实验大厅的电液伺服式粗颗粒土动静三轴试验机进行试验。本试验机主要是用来研究岩土粗颗粒在静载、动载作用下力学性能的大型精密器械。本试验机的主要构成部分有试样压力室、传感器、液压系统以及计算机操控台。试验机外观如图2-1所示，总机工作原理如图2-2所示，大型粗颗粒土动静三轴试验机主要技术参数见表2-1。

电液伺服控制粗颗粒土动静三轴试验系统，主要用于粗粒土的轴向压力和侧向压力的强度试验、土动力学试验[6]。运用3~5个圆柱形的土样，在不同的围压 σ_3 下，通过计算机控制系统设定轴向压力，剪切至破坏，得到土样在试验时随时间变化的负荷、变形、位移变化、围压、上下孔压及侧位置的变化参数，对试验数据分析得到粗颗粒土的抗剪强度参数。三轴试验机全程采用计算机控制系统进行操控，三轴试验机的主要结构零件包括3个部分。

2 粗粒土混合土大型三轴静载试验研究

图 2-1 试验机外观

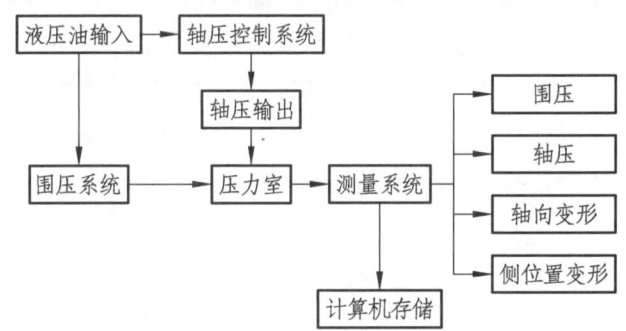

图 2-2 总机工作原理

表 2-1 大型粗颗粒土动静三轴试验机主要技术参数

试样尺寸 /mm	最大轴荷载 /kN	最大围压 /MPa	轴向变形速率/(mm/min)	最大轴向行程/mm	体变测量量程/mL
$\phi 300 \times 600$	2 000	5	0.01～100	300	10 000

（1）压力室：在压力室里可以容纳大型的粗粒土样，标准为直径 30 cm，高度 60 cm。试样底部铺垫圆形 30 cm 实验室滤纸，装样时通过成膜桶运用乳胶膜分 5 层击实至天然密度后，再用橡皮筋将土样套紧，密封到上下底座

之间，吊装钢桶完成后再将压力室内充满水，压力室上部的传感器可以在试验时实时传输上下孔压和侧围压的变化值。

（2）测量系统：试验中测定随时间变化的负荷、变形、位移变化、围压、上下孔压及侧位置变化。

（3）加压系统：液压系统利用液压缸控制水缸中的水向压力室传递压力，压力室底盘下备有固定螺栓卡，待试样装好吊装完钢桶后，拧松压力室底盘螺丝，利用另外的螺栓卡将底盘固定在地面上，以保护压力室底盘下的导轨等装置。

2.1.2 试验步骤

为研究高陡边坡稳定机理，将取回的每个土样进行烘干，再按照其天然含水率进行配水，击实到天然密度，保证土样在天然密度和天然含水率下进行试验。采用固结排水剪切试验（CD），设定围压在试验全过程保持不变，轴向压力一直施加直到土样破坏。试验加载前需要进行固结，试验过程也需要排水，保证孔隙水应力为 0，测定其抗剪强度，固结排水试验测定的抗剪强度为总强度。试样尺寸设定直径为 30 cm，高度为 60 cm，试样经过 5 层击实，每次击实下降高度为 12 cm，保证试样干密度为天然干密度[8-9]，试验方案见表 2-2。

表 2-2 试验方案

土料类型	粗颗粒含量/%	围压/kPa
2 号土样（含水率 3%）	48.26	100、300、600、1 000、1 500
2 号土样（含水率 6%）	48.26	100、300、600、1 000、1 500
2 号土样（含水率 9%）	48.26	100、300、600、1 000、1 500
1 号土样（含水率 12%）	58.78	100、300、600、1 000、1 500
3 号土样（含水率 4%）	77.15	100、300、600、1 000、1 500
4 号土样（含水率 3%）	86.99	100、300、600、1 000、1 500

具体步骤如下：

1. 制　样

由于土样粒径大，在采样、搬运过程中难免存在扰动，只能进行扰动样试验，因此通过借助机械制作，负压成型。首先，根据几种土样尺寸和土样的最大粒径的关系，准备好试验需要使用的材料。取样品高度为 60 cm，直径为 30 cm，总共分成 5 层，压实度控制每层击实高度，具体用卷尺控制高度为 12 cm。考虑到试样体积较大，击实成型后移动起来较为困难，遂在底座直接击实成样。按密度要求制备好三轴试验样，制样步骤如下：

（1）根据现场采样测定的天然含水率 ω，利用式（2-1）计算每层击实所需土样 m_1，用电子天平称取 5 份土样进行击实：

$$m_1 = [\rho_{d\max} D_c V(1+\omega)]/5 \quad (2-1)$$

式中　$\rho_{d\max}$——最大干密度，g/cm³；

D_c——压实度，g/cm³；

V——试样的体积，cm³；

ω——土样的含水率，%。

（2）底座需要用大量水进行洗净，以避免小粒径颗粒堵塞，将透水板放置上去以后，注意铺垫滤纸，然后将橡胶膜的一端用 4 根乳胶膜套稳在底座上（遇尖锐石料较多的土样可使用两张乳胶膜），保证内置乳胶膜完好无损，不漏气，做到底部密封。

（3）安装对开半膜承膜桶，注意保护橡胶膜，避免被成膜桶夹坏。固定成膜桶后，利用 2XZ-4 型旋片真空泵对套好的乳胶膜进行抽气，如图 2-3 所示，目的是使乳胶膜完全与对开膜接触，保证制样时乳胶膜为平整，避免在装样时击实破坏乳胶膜，将对开膜安装在底座，在透水板上方放置一张滤纸。

（4）将提前按照天然含水率配好的土样分 5 次向承膜桶内添加，人工击实，按照击实功将每层土击实后的厚度控制为 12 cm，每层土击实到控制厚度后都将其刮毛处理，再添加下一层土样，保证其完整性，防止试样出现薄弱面。

(5)最后一层土样击实完毕后,拆承膜桶,其上放置一张滤纸,为避免膜被损坏,漏水、漏气,再在装好的土样外再套上一张旧膜。提前用卷尺量好试样高度,利用叉车将上底座调至预定需要高度,吊装、固定活塞装置,利用3根乳胶膜将橡胶膜固定于试样上底座,制样完成,如图2-4所示。

图2-3 真空泵抽气套膜

图2-4 试样击实完成

2. 试验准备

吊装压力室，灌水，待出水管内未见气泡表明压力室水满，此时打开油源冷却水开关，打开电源，启动泵 1，随即打开粗颗粒土动静三轴试验控制系统软件，利用位移控制上下移动轴向作动器以达到预热目的。将压力室推入三轴试验机下，连接轴向变形、围压、负荷等传感器，待泵预热后，通过软件利用测位置控制上下走动将压力室内空气排尽，将围压控制到试验设定围压，调节轴向位移到预定位置，连接轴向作动器。至此，试验前准备工作完毕。

3. 剪切试验

发送指令使得位移和围压达到并保持在预定值。调整试验存盘间隔为 10 s，轴向控制为位移控制，剪切速率为 4 mm/min，设定总变形为 90 mm，加载开始剪切。剪切试验直至试样破坏，如图 2-5 所示。

图 2-5 试样破坏

2.2 试验结果分析

2.2.1 应力-应变特性分析

通过粗颗粒土三轴试验，绘制应力-应变曲线，得到图 2-6 ~ 2-9。剪缩主要体现为应变硬化现象，剪胀则主要体现的是应变软化现象。分析 4 种土样在天然含水率、天然干密度状态下的应力～应变曲线，$(\sigma_1 - \sigma_3)$-ε_1 关系曲线呈明显非线性，粗粒土的应力-应变关系曲线起始段都较陡，应力随应变的增加而增加，较小的应变对应较大的应力。土体疏松、密度较小时，剪切试验过程中主要表现为剪缩变形，当剪缩变形增大时，土样就会越加变得密实致使土样密度增大，遂产生应力随着应变的增大而增大的结果，应力-应变曲线表现为应变硬化性，图中峰值强度表现得不明显。在保持密度不变时，应力-应变曲线的变化规律主要是由围压值决定的，围压较大时，曲线较陡，剪切过程中，粗颗粒土的约束力变大，颗粒间相互翻滚受到的阻力增大，应力越大，达到最大应力值时的应变值越大，应力-应变关系曲线的形态为应变硬化型。另外，当围压较小时，为平滑曲线，而随着围压逐渐增加时，曲线出现局部波动，这表明粗颗粒在高围压时，会发生更多的相互错动、易破碎。

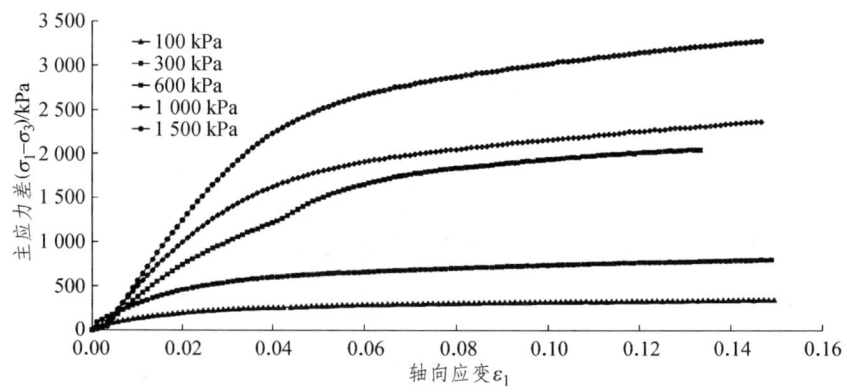

图 2-6　1 号土样（含水率 12%）应力-应变曲线

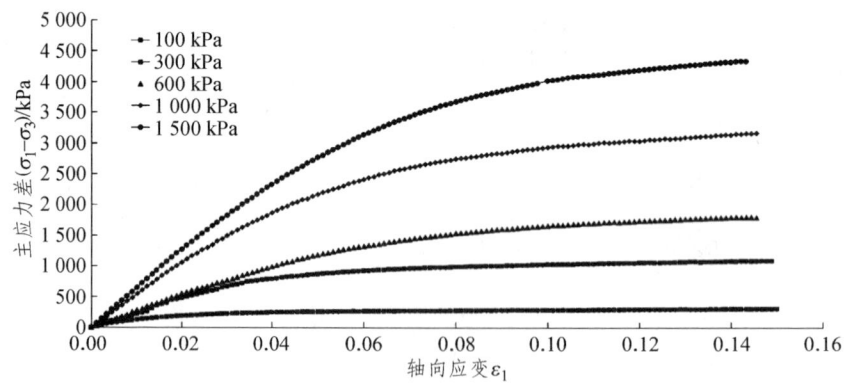

图 2-7　2 号土样（含水率 6%）应力-应变曲线

2 粗粒土混合土大型三轴静载试验研究

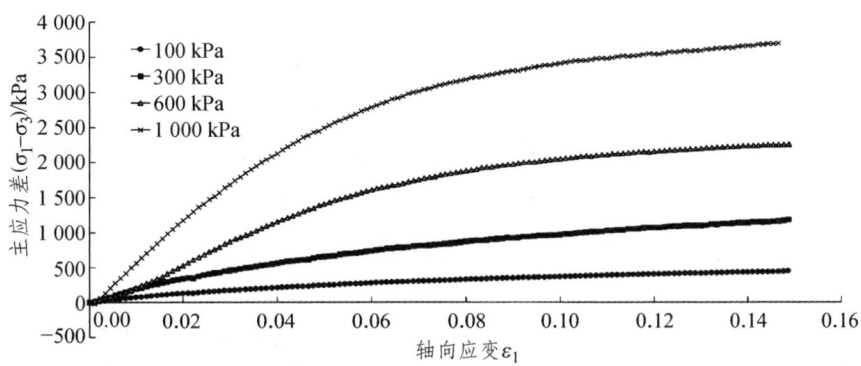

图 2-8　3 号土样（含水率 4%）应力-应变曲线

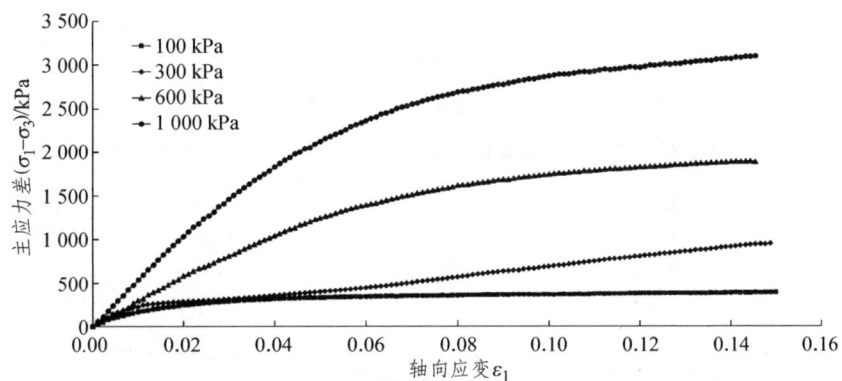

图 2-9　4 号土样（含水率 3%）应力-应变曲线

对比图 2-7、图 2-10、图 2-11，分析 2 号土样在天然含水率及不同含水率下的 $(\sigma_1-\sigma_3)$-ε_1 关系曲线，当围压为 100 kPa 时，含水率 3%、6%、9%的最大主应力差分别为 449 kPa、306 kPa、318 kPa；当围压为 300 kPa 时，含水率 3%、6%、9%的最大主应力差分别为 1 071 kPa、1 086 kPa、732 kPa；当围压为 600 kPa 时，含水率 3%、6%、9%的最大主应力差分别为 1 795 kPa、1 793 kPa、1 144 kPa；当围压为 1 000 kPa 时，含水率 3%、6%、9%的最大主应力差分别为 3 178 kPa、3 161 kPa、1 330 kPa。在围压 100 kPa 下土样含水率从 3%增加到 6%，最大主应力差具有减小趋势，并出现有微小波动，分析原因是在低围压下土体颗粒发生错动和重新排列，从而造成应力幅度的改变；随着围压的增大，当围压超过 300 kPa 时，随着土样含水率的增大，最大主应力差减小幅度增大，在高围压 1 000 kPa 时，随着含水率从 3% 增加到 6%，最大主应力差减小 17 kPa，而含水率从 6% 增加到 9% 时，最大主应力差减小幅值达到试验数据的最大值 1 831 kPa。这 3 种土样保持干密度相同，随着含水率的增大，自由水分子润滑颗粒增强，从而降低粗颗粒混合土的抗剪强度。同时，粗颗粒部分由于含水率的增大使得颗粒间的摩擦系数减小，因而该土样随着含水率的增大主应力差随之减小。

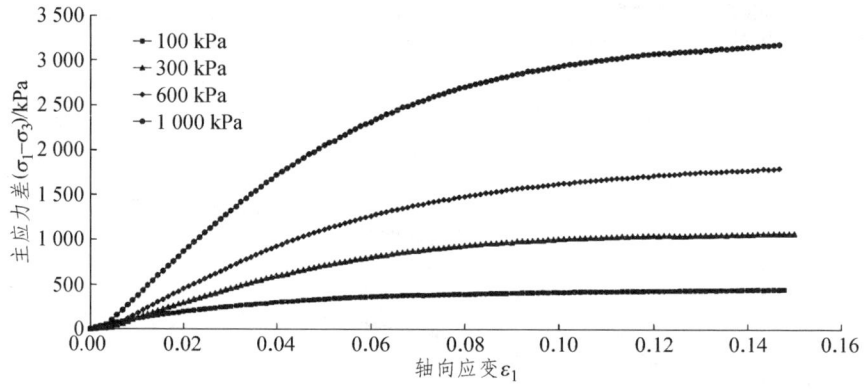

图 2-10　2 号土样（含水率 3%）应力-应变曲线

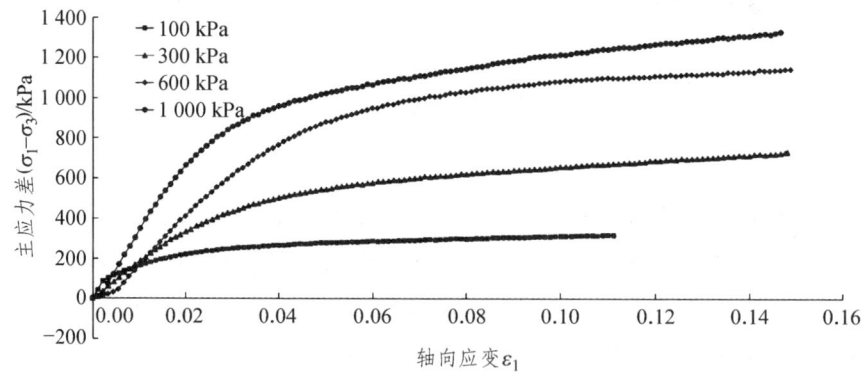

图 2-11　2 号土样（含水率 9%）应力-应变曲线

2.2.2　基于莫尔-库仑破坏准则的抗剪强度分析

抗剪强度作为土样力学性质的重点衡量指标，其影响因素主要有土样的结构类型及含水率[8]。土体在遭受剪切破坏时表现出的极限能力叫作抗剪强度,莫尔-库仑破坏准则最贴近土样破坏的实际条件,所以本书主要基于该准则来对土体的抗剪强度进行分析,土样受到各项主应力的作用,作用在某一应力面上的剪应力 τ 与法向应力 σ 之比达到某一值(即土的内摩擦角 φ 的正切值 $\tan\varphi$)时,土样就会从这个面开始产生剪切破坏,却跟其他各项主应力的值毫无关系。莫尔-库仑破坏准则的表达式为

$$(\sigma_1 - \sigma_3)_f = 2\cos\varphi + (\sigma_1 + \sigma_3)\sin\varphi \quad (2-2)$$

式中 σ_1——最大主应力;

σ_3——最小主应力;

$(\sigma_1 - \sigma_3)_f$——破坏强度;

φ——内摩擦角。

两个参数 C、φ 与抗剪强度、法向应力之间的关系用库仑方程表示为

$$\tau = C + \sigma\tan\varphi \quad (2-3)$$

式中 τ——剪应力;

C——咬合力(无黏性土);

σ——法向应力。

式(2-3)是莫尔圆的强度包线呈直线时的方程式,即莫尔-库仑线性方程。

4 种土样在不同含水率下的莫尔圆及其包络线如图 2-12 ~ 图 2-17 所示。

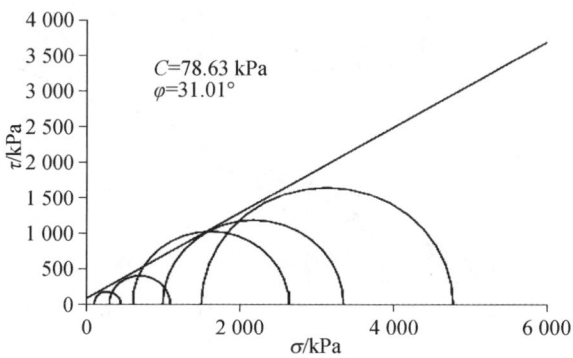

图 2-12 1 号土样(含水率 12%)莫尔圆及其包络线

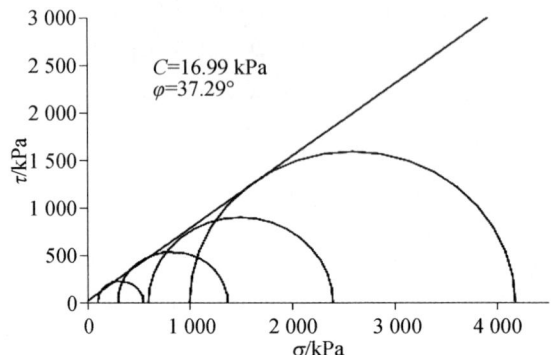

图 2-13　2 号土样（含水率 3%）莫尔圆及其包络线

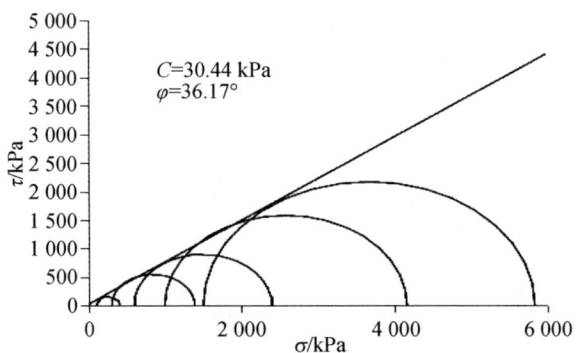

图 2-14　2 号土样（含水率 6%）莫尔圆及其包络线

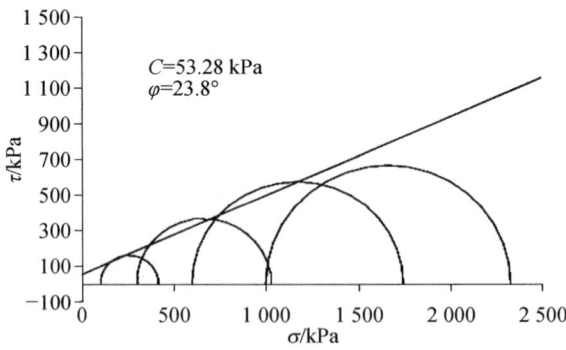

图 2-15　2 号土样（含水率 9%）莫尔圆及其包络线

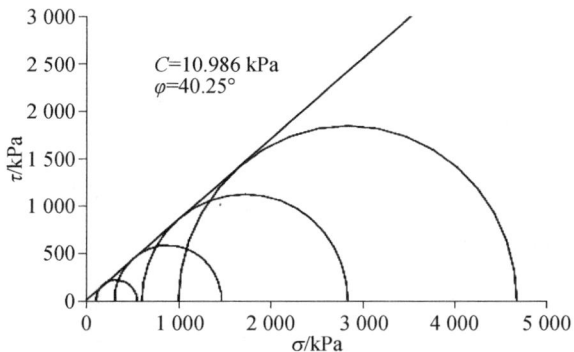

图 2-16　3 号土样（含水率 4%）莫尔圆及其包络线

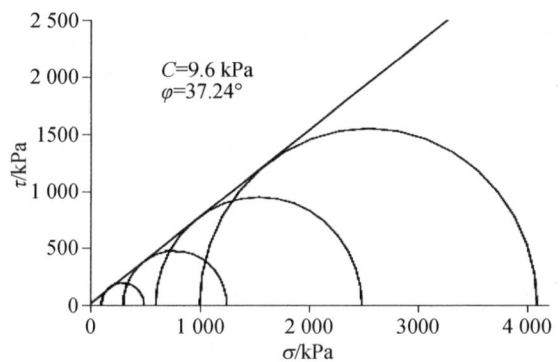

图 2-17　4 号土样（含水率 3%）莫尔圆及其包络线

不同土样及不同含水率下黏聚力、内摩擦角的关系见表 2-3，其关系曲线如图 2-18 和图 2-19 所示。

表 2-3　抗剪强度参数 c、φ 值

土样类型	黏聚力 C/kPa	内摩擦角 φ/(°)	粗颗粒含量/%
1 号土样（含水率 12%）	78.63	31.01	58.78
2 号土样（含水率 3%）	16.99	37.29	48.26
2 号土样（含水率 6%）	30.44	36.17	48.26
2 号土样（含水率 9%）	53.28	23.79	48.26
3 号土样（含水率 4%）	10.98	40.25	77.15
4 号土样（含水率 3%）	9.6	37.24	86.99

通过试验得出试样在不同含水率下的莫尔-应力圆，以含水率为横坐标，黏聚力为纵坐标绘出的关系曲线如图 2-18 所示。随着含水率的增大，黏聚力 c 呈现出增大的现象。分析原因，该 2 号土样粗粒含量为 48.26%，抗剪强度由粗颗粒和细颗粒共同组成，土体结构从悬浮密实结构转化为骨架密实结构，粗颗粒开始起到骨架作用，细粒土也对粗颗粒混合土的抗剪强度形成影响。细颗粒部分，随着含水率的增大，其黏聚力由于受水分子作用，颗粒间的范德瓦耳斯力增大，从而导致黏聚力增大。黏聚力从含水率 3% 的 16.99 kPa，到含水率 9% 的 53.28 kPa，增加幅度达到 68.11%。由此看来，对于粗颗粒混合土，随着含水率的增大，水分子将粗颗粒混合土中的细粒土黏聚加强，从而导致黏聚力随含水率的增大而增大。

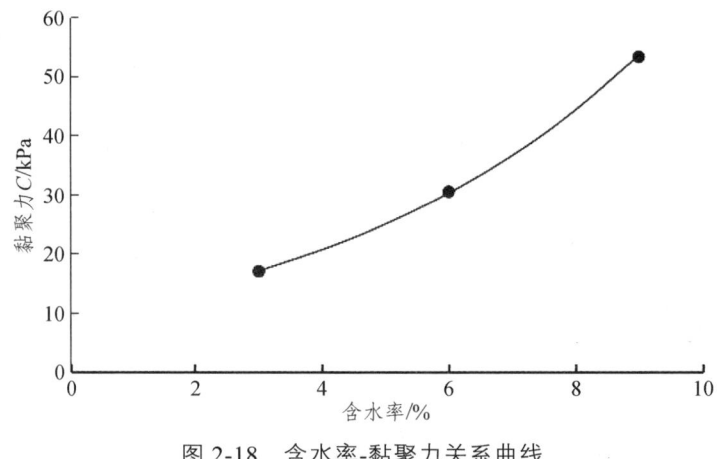

图 2-18　含水率-黏聚力关系曲线

以含水率为横坐标，内摩擦角为纵坐标绘出的关系曲线如图 2-19 所示，内摩擦角 φ 值随着含水率的增大而逐渐减小。分析原因，由于 2 号土样含有 48.26% 的粗颗粒，随着含水率的增大，自由水润滑了粗颗粒间摩擦，从而导致内摩擦角呈现出减小现象。本书采取通过控制干密度，添加水量来进行试验，随着含水率的增大，土的抗剪强度下降，主要表现为含水率的增大影响了粗颗粒土的咬合力，内摩擦角也随之减小。

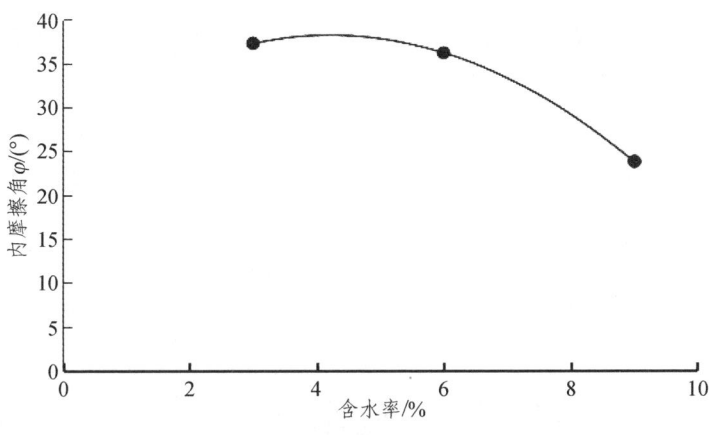

图 2-19 含水率-内摩擦角关系曲线

由于 1、3、4 号土样均是从基岩石风化剥落的片状碎石和石屑混合土，且粗粒含量均超过 50%，通过对 1、3、4 号土样进行天然含水率下的粗颗粒土三轴试验，以粗颗粒含量为横坐标，以黏聚力为纵坐标，绘制出了图 2-20。从图中可以看出，随着粗颗粒含量的增加，黏聚力 c 值将逐渐减小，分析原因是当粗料含量大于 50% 时，粗颗粒之间空隙较大，细料无法弥补其孔隙，而此时粗料之间的摩擦和咬合力决定着抗剪强度，粗颗粒间主要靠咬合力来形成黏聚力，随着粗料的增加，粗粒间空隙越来越大，抗剪强度越来越低。

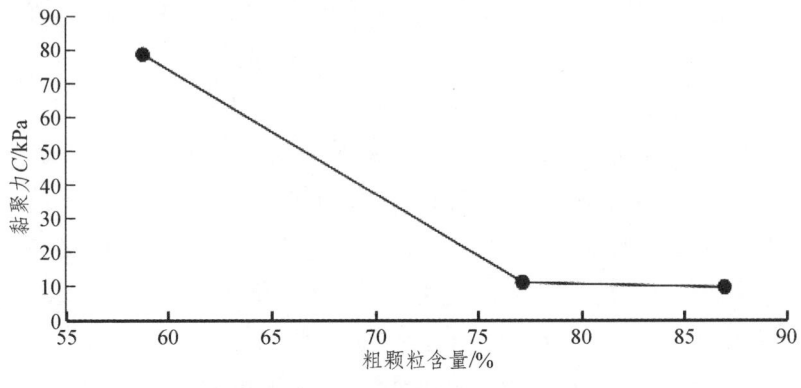

图 2-20 粗颗粒含量-黏聚力关系曲线

将粗粒含量大于 70% 的 3、4 号土作为研究对象，以其粗粒含量作为横坐标，其内摩擦角作为纵坐标，绘制出了图 2-21。从图中可以看出，当土样的粗粒含量大于 70%时，随着粗颗粒含量的增加，内摩擦角逐渐减小，分析原因是当粗料含量大于 70%时，粗颗粒之间空隙较大，细料无法填补其孔隙，而此时粗颗粒之间主要靠咬合力来构成其抗剪强度，随着粗颗粒含量的增加，粗颗粒间孔隙越来越大，颗粒之间接触加大，从而使其咬合力降低，其抗剪强度也随之降低。

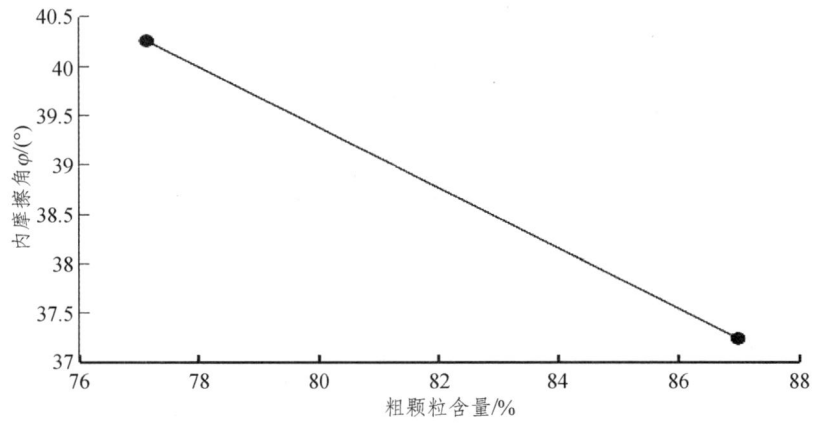

图 2-21　粗颗粒含量-内摩擦角关系曲线

2.2.3　变形特性分析

在粗粒土的剪切试验中，随着应力-应变的变化，土体也发生体应变 ε_v，体应变有剪胀变形和剪缩变形两种。与一般土料相比，粗粒土的剪胀变形要显著得多，它的变化规律与土体密度和承受的侧压力大小有关。本试验方案采用不固结不排水的方法，要分析 ε_1-ε_v 关系曲线，测量装样底座直径为 300 mm，土样高度为 600 mm，计算土样变形前的体积为 42 411 500 mm^3，测量围压加压水缸内径为 117.5 mm。由于加压水缸与压力室相互连通，压力室内的土样在剪切过程中体积变化将会使加压水缸活塞运动，如图 2-22 所示。土样体积增大，压力水缸体积增大；土样体积减小，压力水缸体积减小。因而利用测位置变化计算体积的改变量 ΔV，从而得出

$$\varepsilon_v = \Delta V / V \tag{2-4}$$

式中　　ε_v——正值为剪缩，负值为剪胀。

2 粗粒土混合土大型三轴静载试验研究

图 2-22 加压水缸与压力室

通过实验所得数据，绘制出图 2-23~图 2-28。它们分别为 4 个土样在天然含水率下及 2 号土在不同含水率下的 ε_1-ε_v 关系曲线。下面观察和分析 4 种土样在天然含水率下的 ε_1-ε_v 关系曲线。

从图 2-23 所示 1 号土样在天然含水率 12% 下的 ε_1-ε_v 关系曲线可以看出，1 号土样在低围压 100 kPa 下出现明显剪胀，随着围压增高，剪缩变形增大，并随着应变的增大，剪缩变形的增长率趋于减小。

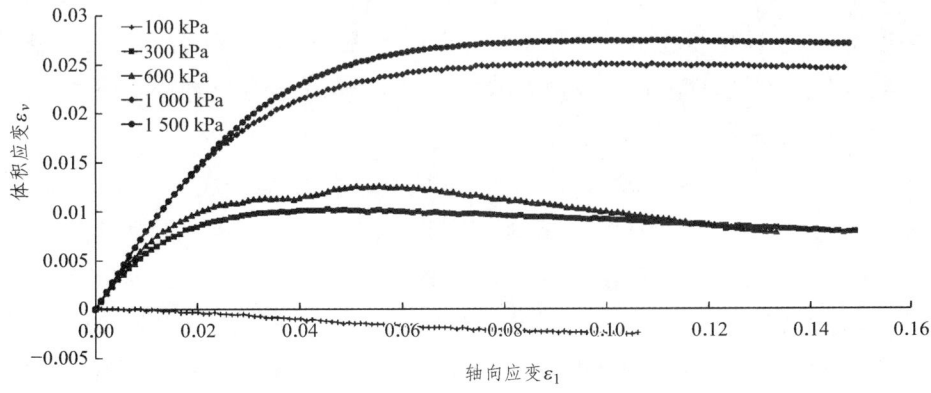

图 2-23 1 号土样（含水率 12%）ε_1-ε_v 关系曲线

通过分析可以看出，在 1 号土样中，土体密度不变时随着围压的升高，剪缩变形愈加明显，并且当应变增大时，剪缩变形的增长率越来越小，而从图 2-23 中可以看出，在围压较小（100 kPa）时，剪缩变形表现得不明显，主要表现为剪胀变形。主要原因是土样经 5 层击实后处于天然密度状态，剪切一开始，天然密度下密实程度较小，先是剪缩变形，土体由松变密，当密实至一定程度后，随着外荷载的增大，颗粒发生翻转滚动，从而出现剪胀变形。

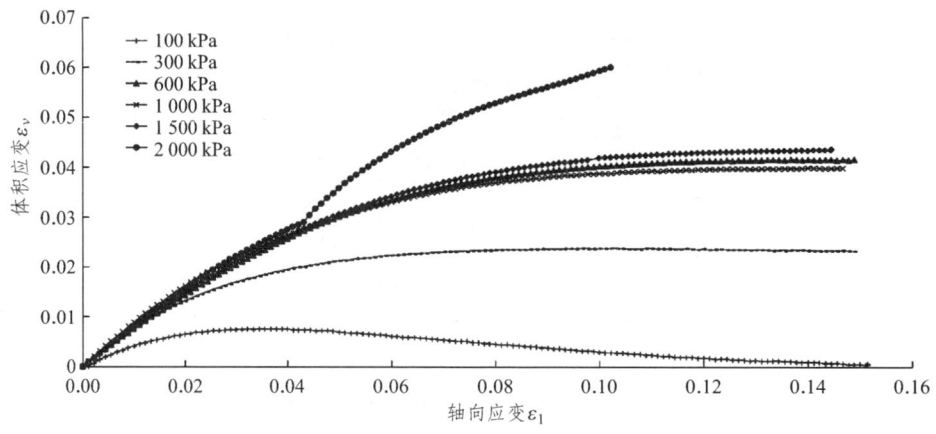

图 2-24　2 号土样（含水率 6%）ε_1-ε_v 关系曲线

从图 2-24 中可以看出，2 号土样的含水率为最优含水率 6% 时，在围压 100 kPa 作用下，体变逐渐降低，并趋于剪胀趋势。分析原因是土样经 5 层击实后处于天然密度状态，剪切一开始，天然密度下密实程度较小，先发生剪缩变形，土体由松变密，当密实至一定程度后，随着外荷载的增大，颗粒发生翻转滚动，因而土样先发生剪缩变形，随着剪缩变形增加密度增大，土样发生趋于剪胀变形抵消了部分剪缩变形。

对比分析 2 号土样最优含水率与 3 个不同含水率下的体积应变（见图 2-24、图 2-25、图 2-26），发现所有从低到高围压下发生的剪切过程都是剪缩变形，当应力应变越大时，剪缩变形的增长率随之逐渐变小。其主要原因是粗粒土颗粒间黏结力很小，甚至趋于零，大小颗粒相差悬殊，土样天然干密度小于最大干密度，较好地填实了颗粒空隙，颗粒间自身的强度比颗粒间接触的强度大得多，在剪切时土样受到外力，引起颗粒移动填充颗粒间的孔隙，则多呈现剪缩。

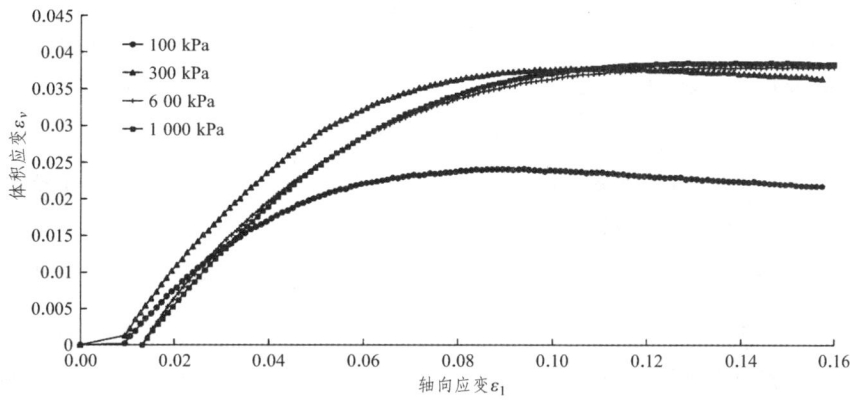

图 2-25　2 号土样（含水率 3%）ε_1-ε_v 关系曲线

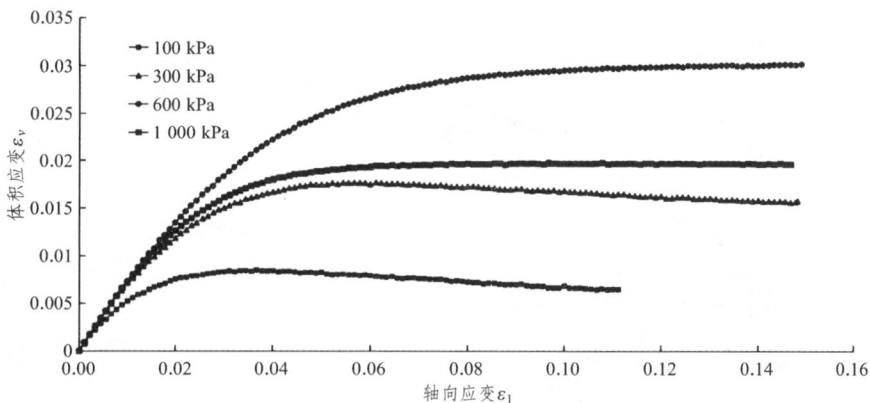

图 2-26　2 号土样（含水率 9%）ε_1-ε_v 关系曲线

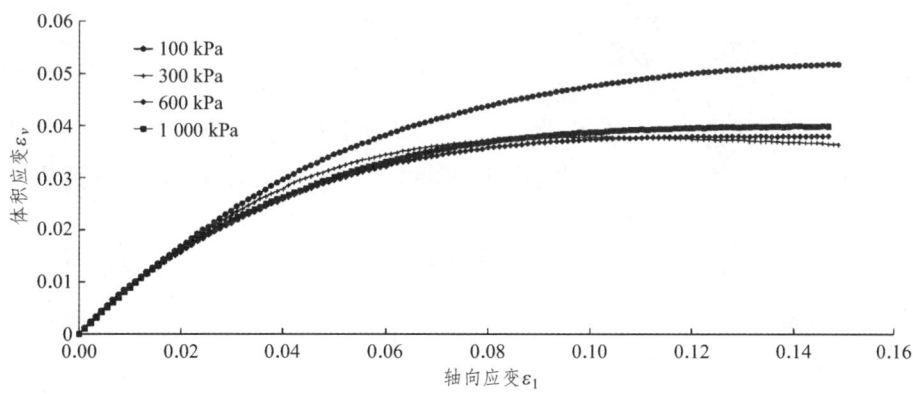

图 2-27　3 号土样（含水率 4%）ε_1-ε_v 关系曲线

图 2-23、图 2-24、图 2-27 及图 2.28 4 种不同含水率的土样在高围压下出现明显剪缩,其中图 2-23 最明显,因 1 号土样是坡积碎石和黏土混合的滑坡土,当密度较大的土体在围压较小时,剪缩变形不明显,试验初期主要表现为剪胀变形,而在密度较小围压较大时,剪切过程都表现为剪缩变形,随着应力应变的增大,剪缩变形的增长率逐渐减小。其主要原因是粗粒土颗粒间黏结力很小,甚至趋于零,大小颗粒相差悬殊,易于充填密实,颗粒本身强度远大于颗粒之间的强度,剪切中由于外力的作用,引起颗粒移动、滑动或滚动,甚至翻越邻近颗粒,重新充填、排列,则多呈现应变软化性,体变多呈现剪胀变形。

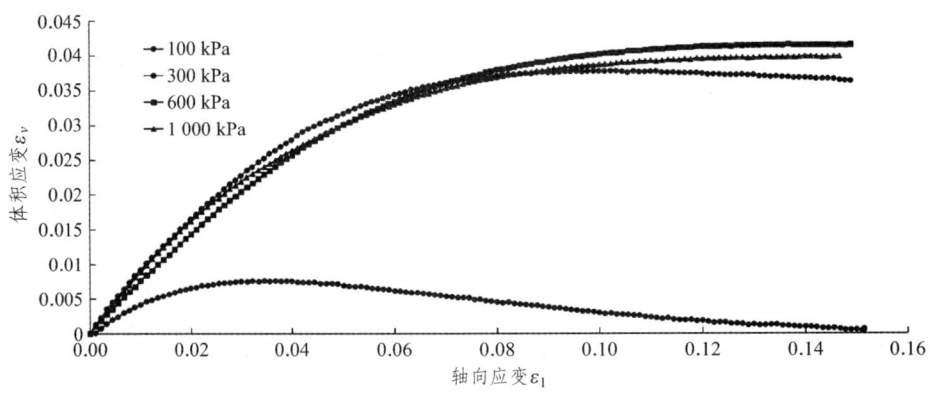

图 2-28 4 号土样(含水率 3%)ε_1-ε_v 关系曲线

2.3 取得的成果

将取回的 4 种不同土样以及 2 号土样的两种不同含水率(3%和 9%)进行了粗颗粒混合土大型三轴固结排水(CD)剪切试验,取得的主要研究成果如下:

(1)应力-应变关系曲线的形态都为应变硬化型,侧向围压增大时,应力-应变曲线越陡,在剪切破坏过程中对土体颗粒的约束力越大,颗粒移动时的阻力越大,外荷载越大,达到最大应力值时应变值也越大。土体的应力应变关系呈应变硬化型,这是因为各土体的天然干密度均未达到最大干密度,土体处于疏松状态，在剪切过程中，土颗粒主要以填充土体间的空隙为主要运动方式。

（2）4种土样莫尔强度包络线均接近于直线关系，基于莫尔-库仑破坏准则对各土样抗剪强度进行分析。2号土样粗粒含量为48%，土体结构为骨架密实结构，粗细颗粒共同决定土体的抗剪强度，细颗粒部分，在含水率较低时，随着含水率的增大，其黏聚力由于受水分子作用，颗粒间的范德瓦耳斯力增大，从而导致黏聚力增大，其黏聚力随含水率的增大而增大。内摩擦角主要由粗颗粒决定，随着含水率的增大，自由水润滑了粗颗粒间摩擦，从而导致内摩擦角随着含水率的增大而逐渐减小。3、4号土样试样表明粗料含量大于70%时，粗颗粒之间空隙较大，细料无法弥补其孔隙，而此时粗料之间的摩擦和咬合力决定着抗剪强度,粗颗粒间主要靠咬合力来构成其抗剪强度，随着粗料的增加，粗粒间空隙越来越大，抗剪强度越来越低，使得黏聚力 c 值将逐渐减小，内摩擦角值将逐渐减小。

（3）在同一土样中，当密度相同时，围压越大，剪缩变形越大，并随外荷载的增大，剪缩变形的增长率趋于减小。1号土样在低围压下土体呈现剪胀变形，剪胀量一直增大；随着围压增大，土体从剪胀向剪缩过渡。2号土样在低围压下土体先剪缩后剪缩量先增加后逐渐减小，随着围压的增大，土体剪缩变形趋于明显，剪缩量一直增加。3号土样在高低围压下均为剪缩变形，剪缩量一直增加。4号土样在低围压下土体先剪缩后剪缩量先增加后逐渐减小，随着围压的增大，土体剪缩变形趋于明显，剪缩量一直增加。

PART THREE
3

粗颗粒混合土动力特性研究

土体受到动力循环荷载的作用时,在初始阶段,往往产生的是弹性变形,然后再逐渐向塑性变形发展,不同应变幅值下的动应力-应变关系特征明显不同。

当土体受到的动力循环荷载较小时,即土体在小应变幅情况下工作时(剪应变小于10^{-3}),其变形特征主要为弹性或黏-弹性变形,如车辆行驶所引起的振动等。针对土体的这种小应变幅的情况,主要研究其动剪切模量和阻尼比的变化规律。当土体受到的动力循环荷载较大时,即当动应变幅增大时(剪应变大于10^{-3}),塑性变形逐渐产生和发展,如中等程度以上的地震所引起的振动等,此时的动力荷载作用将会引起土体结构的改变,土体再也无法维持其原来的形状[10]。针对土体的这种大应变幅的情况,主要研究其振动液化或动强度的变化规律。而对于饱和黏性土,则需要考虑它的累积变形和强度衰减问题。

显然,土体在动力循环荷载的作用下,其动应变幅值的变化范围将是十分宽广的,包括弹性变形、黏-弹性变形及塑性变形的整个变化周期。因此,土体的动应力-应变关系研究也就必须先区别小应变幅和大应变幅等不同的情形,然后提出适应于不同动力荷载条件的本构模型。

3.1 土动应力-应变关系的基本概念

由于土是各向异性体,当对土体施加周期荷载时,非线性、滞后性及变形积累等三个特点是土体的动应力-应变关系的主要体现。一般情况下,可以通过这三个方面来确定土体的动应力-应变关系。

（1）非线性。在土的初始剪应力为零的平面上施加一定的周期剪应力，该周期内的动应力-应变关系可以绘成一个封闭的滞回圈，多个滞回圈便组成了一个以坐标原点为中心、封闭且上下基本对称的滞回曲线，如图3-1（a）所示。找出每个周期动应力作用下的最大剪应力和最大剪应变的关系，将动应力-应变滞回圈顶点的运动轨迹描绘出来，并绘成曲线，此时的曲线则称为土体的动应力-应变骨架曲线。骨架曲线反映了土体的非线性特征，最大剪应力和最大剪应变的确定方法如图3-1（b）所示。

（2）滞后性。滞回曲线表示某一个周期循环内剪应力与剪应变之间的关系，因为土具有黏滞特性，所以滞回曲线反映了应变对应力的滞后性。通过三轴试验，给予土体周期循环动应力 τ（或 σ），同时也能测出动应变 γ（或 ε），即可得到滞回曲线。

（3）变形积累。对土体施加周期循环荷载，在初始阶段，往往产生的是弹性变形，然后再逐渐向塑性变形发展，土体发生塑性变形以后，其变形将不可恢复，这部分不可恢复的变形会逐渐发展并积累。

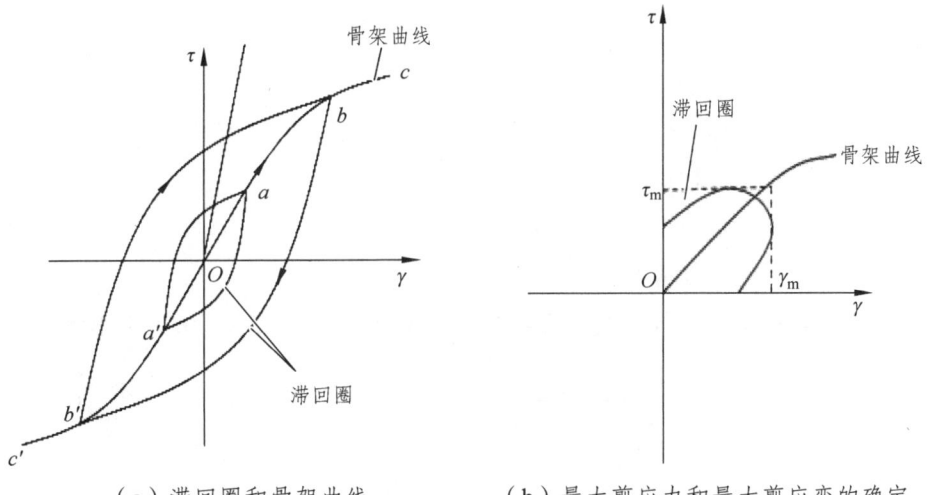

（a）滞回圈和骨架曲线　　　　（b）最大剪应力和最大剪应变的确定

图3-1　土的动应力-应变关系滞回圈和骨架曲线

但在研究过程中，需要特别注意的是，对于简单的动力问题来说，可以将这三个土体的主要特性进行单独分析，以此得到土的动本构关系；对于复杂的动力问题来说，分析土的动本构关系时，应将这三个特性结合起来分析，才能得到较为精确的结果。

3.1.1 动剪切模量

动剪切模量是土动力学的重要参数，它等于动应力与动应变的比值，与动应力幅值成正比，与动应变幅值成反比。我们将每个周期内的动应力-应变关系绘成一个封闭的滞回圈，滞回圈顶点连线的动应力 τ_d（或 σ_d）和动应变 γ_d（或 ε_d）的比值，即为 G_d（或 E_d）。

动剪切模量的表达式如下：

$$G_d = \frac{\tau_d}{\gamma_d} \tag{3-1}$$

或

$$E_d = \frac{\sigma_d}{\varepsilon_d} \tag{3-2}$$

式中　　G_d——动剪切模量；

E_d——动弹性模量；

τ_d——动剪切应力；

γ_d——动剪切应变；

σ_d——轴向动应力；

ε_d——轴向动应变。

Hardin-Drnevich 等效线性模型是描述土动应力-应变关系的常用模型，即

$$\tau_d = \frac{\gamma_d}{\dfrac{1}{G_{d\max}} + \dfrac{\varepsilon_d}{\sigma_{d\max}}} \tag{3-3}$$

或

$$\sigma_d = \frac{\varepsilon_d}{\dfrac{1}{E_{d\max}} + \dfrac{\varepsilon_d}{\sigma_{d\max}}} \tag{3-4}$$

式中 $\tau_{d\max}$ ——最大动剪切应力；

$G_{d\max}$ ——最大剪切模量；

$\sigma_{d\max}$ ——最大轴向动应力；

$E_{d\max}$ ——最大弹性模量。

将以上 Hardin-Drnevich 等效线性公式与公式 $\gamma_r = \tau_{d\max}/G_{d\max}$、$\varepsilon_r = \sigma_{d\max}/E_{d\max}$ 进行整合，可以得到求解土体动剪切模量或动弹性模量的函数表达式，即

$$G_d = \frac{G_{d\max}}{1+\gamma_d/\gamma_r} \tag{3-5}$$

或

$$E_d = \frac{E_{d\max}}{1+\varepsilon_d/\varepsilon_r} \tag{3-6}$$

式中 G_d ——动剪切模量；

E_d ——动弹性模量；

γ_d ——动剪切应变；

ε_d ——轴向动应变；

$G_{d\max}$ ——最大动剪切模量；

$E_{d\max}$ ——最大动弹性模量。

3.1.2 阻尼比

在动三轴试验中，当土体受到循环荷载的作用时，会有部分能量的耗散，而这部分能量的耗散，我们用阻尼比来表示。阻尼比即是每个振次循环耗散的能量与作用在土体上总的弹性能量之比。

如图 3-2 所示，可以用图中滞回圈面积与三角形面积比值来定义阻尼比，即

$$\lambda = \frac{1}{4\pi}\frac{A_s}{A_t} \tag{3-7}$$

式中 λ ——阻尼比；

A_s ——滞回曲线所包围的面积；

A_t ——滞回圈顶点到原点连线与横轴所形成的直角三角形的面积。

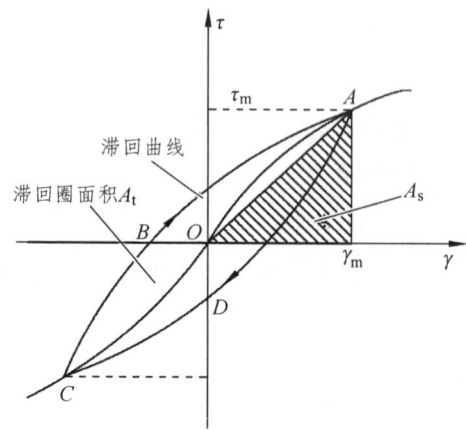

图 3-2 典型的动应力-应变滞回曲线

3.2 土动应力-应变力学模型

土的动本构关系就是土在动力循环荷载作用下的动应力-应变关系，它也是分析土体动力特性的重要指标。我们通常用适用于土材料特性的力学模型来表示土的本构关系。

一些复杂的动力模型是由最基本的简单力学元件（弹性元件、黏性元件、塑性元件）组合而成的。无论是简单的力学模型，还是复杂的力学模型，都可近似地用来描述土的力学特性。

3.2.1 基本力学模型

1. 弹性模型

如图 3-3（a）所示，弹性模型（即 Hooke 模型）由一组弹簧组成，其动应力-应变关系服从胡克定律。如果假定动应力为简谐振动波，即 $\sigma_d = \sigma_m \sin \omega t$，其动应力-应变关系曲线为过原点的倾斜直线，如图 3-3（b）所示。

此时，本构模型可表达为

$$\varepsilon_d = \frac{\sigma_a}{E_d} \sin \omega t \tag{3-8}$$

式中 ε_d——轴向动应变；

E_d——动弹性模量，MPa；

σ_d——施加的动应力，MPa；

σ_m——动应力幅值，MPa；

ω——振动频率，Hz。

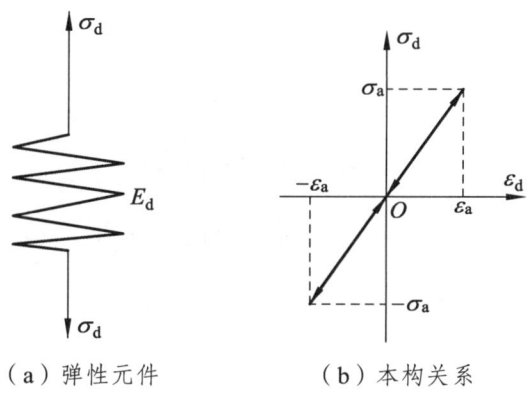

（a）弹性元件　　　　（b）本构关系

图 3-3　弹性模型

2. 黏性模型

如图 3-4（a）所示，黏性模型（即 Newton 模型）的基本力学元件是一个黏壶，黏壶中的液体服从黏滞定律，即应力与应变速率成正比，其动应力-应变关系为一个椭圆，该椭圆的面积就是土体的动应力-应变曲线所围成的面积。

假定动应力为简谐振动波，即 $\sigma_d = \sigma_a \sin\omega t$，那么有

$$\sigma_d = c\dot{\varepsilon}_d = c\frac{d\varepsilon_d}{dt} = \sigma_a \sin\omega t \tag{3-9}$$

式中 c——黏滞系数（或阻尼系数）。

将式（3-9）积分，可得

$$\varepsilon_d = -\frac{\sigma_a}{c\omega}\cos\omega t + \varepsilon_0 \tag{3-10}$$

式中 ε_0——边界条件确定的积分常数。

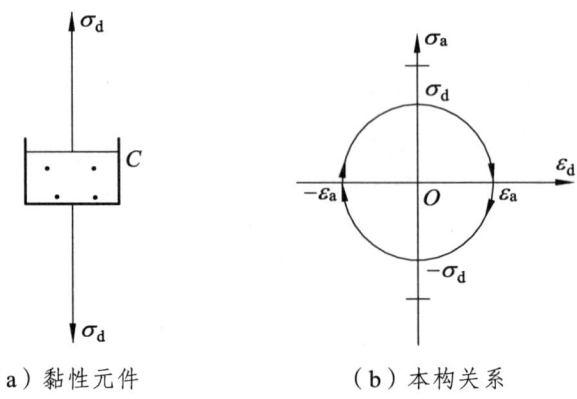

（a）黏性元件　　　　　（b）本构关系

图 3-4　黏性模型

通过将式（3-9）和式（3-10）结合可知，当 $\sigma_d = \sigma_a$ 时，有 $\omega t = \pi/2$ 和 $\varepsilon_d = 0$。故有 $\varepsilon_0 = 0$，于是可得

$$\frac{c\omega}{\sigma_a}\varepsilon_d = -\cos\omega t \tag{3-11}$$

式中　c——黏滞系数（或阻尼系数）；

ε_d——轴向动应变；

σ_d——施加的动应力，MPa；

ω——振动频率，Hz；

t——时间，s。

这里，$\sigma_d/\sigma_a = \sin\omega t$，$\cos^2\omega t = 1 - \sin^2\omega t = 1 - \sigma_d/\sigma_a$ 代入式（3-11），可得一个椭圆方程，即滞回圈为一以坐标原点 O 为中心的椭圆，如图 3-4（b）所示。

$$\frac{\sigma_d^2}{\sigma_a^2} + \frac{\varepsilon_d^2}{\left(\dfrac{\sigma_a}{c\omega}\right)^2} = 1 \tag{3-12}$$

该椭圆的面积为

$$A_L = \pi ab = \pi\sigma_a\frac{\sigma_a}{c\omega} = \pi\frac{\sigma_a^2}{c\omega} \tag{3-13}$$

式中　A_L——椭圆的面积；

　　　a——椭圆的长轴；

　　　b——椭圆的短轴；

　　　c——黏滞系数（或阻尼系数）；

　　　ω——振动频率，Hz。

一个振动周期内的单位体积损耗的应变能为

$$\begin{aligned}\Delta W &= \int_0^{\varepsilon_d} \sigma_d \mathrm{d}\varepsilon_d = \int_0^T \sigma_a \sin\omega t \cdot \frac{\sigma_a}{c} \cdot \sin\omega t \mathrm{d}t \\ &= \frac{\sigma_a^2}{c\omega} \int_0^T \frac{1-\cos 2\omega t}{2} \mathrm{d}(\omega t) \\ &= \frac{\sigma_a^2}{c\omega} \left\{ \left[\frac{1}{2}\omega t\right]_0^{\frac{2\pi}{\omega}} - \frac{1}{4}[\sin 2\omega t]_0^{\frac{2\pi}{\omega}} \right\} = \frac{\pi \sigma_a^2}{c\omega} = A_L \end{aligned} \quad (3\text{-}14)$$

3. 塑性模型

如图 3-5（a）所示，塑性模型（即 Venant 模型）的基本力学元件是由两个摩擦接触组成的元件。当 $|\sigma_d| < \sigma_0$ 时，元件无变形；当 $|\sigma_d| = \sigma_0$ 时，元件发生屈服。其动本构模型可表达为

$$|\sigma_d| \leqslant \sigma_0 \quad (3\text{-}15)$$

由图 3-5（b）可见，当 $|\sigma_d| < \sigma_0$ 时，$\varepsilon_d = 0$；当 $|\sigma_d| = \sigma_0$ 时，ε_d 不断增大；当固有的动力荷载慢慢卸载或增大荷载时，ε_d 保持不变。该模型的滞回圈为一矩形，面积为 $4\sigma_0\varepsilon_d$。

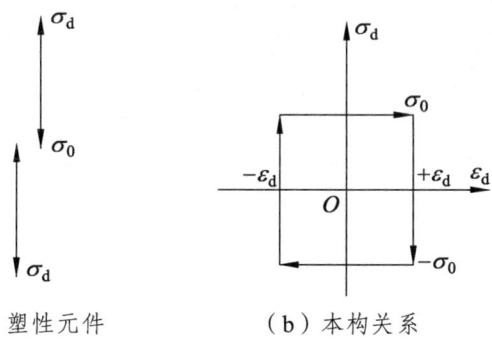

（a）塑性元件　　　（b）本构关系

图 3-5　塑性模型

3.2.2 组合力学模型

通过将上述的基本模型，由并联或串联的方式进行组合，则可以得到许多经典的组合模型，例如弹-塑性模型、黏-弹性模型及黏-塑性模型等。

1. 弹-塑性模型（串联）

如图 3-6 所示，弹-塑性模型（E-P 模型）的动应力-应变关系是一个平行四边形，该模型是由弹性元件和塑性元件通过串联的方式组成的。当 $|\sigma_d| \leq \sigma_0$ 时，为弹性变形，$\varepsilon_d = \sigma_d / E$；当 $|\sigma_d| = \sigma_0$ 时，变形 ε_d 值不断增大，直至 σ_d 转向时，再沿着弹性关系变化。

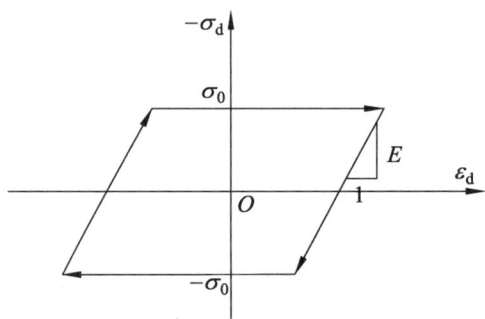

图 3-6 弹-塑性模型的动应力-应变关系

2. 黏-弹性模型

如图 3-7 所示，黏-弹性模型（Kelvin）一共有两种类型，第一种是滞后模型（即克尔文体），第二种是松弛模型（即麦克斯韦体）。第一种模型由弹性模型和黏滞模型并联而成。如若用 $\sigma_{\varepsilon d}$ 表示动弹性应力部分、σ_{cd} 表示动黏性应力部分，其动本构模型可表达为

$$\sigma_d = \sigma_{\varepsilon d} + \sigma_{cd} = E\varepsilon_d + c\dot{\varepsilon}_d = \sigma_m \sin \omega t \quad (3\text{-}16)$$

式（3-16）的解为

$$\varepsilon_d = \frac{\sigma_m}{\sqrt{E^2 + (c\omega)^2}} \sin(\omega t - \delta) \quad (3\text{-}17)$$

$$\delta = \arctan\frac{c\omega}{E} \qquad (3\text{-}18)$$

令

$$E_d = \sqrt{E^2 + (c\omega)^2}, \quad \varepsilon_m = \frac{\sigma_m}{E_d}$$

则式（3-17）可写为

$$\varepsilon_d = \frac{\sigma_m}{E_d}\sin(\omega t - \delta) = \varepsilon_d \sin(\omega t - \delta) \qquad (3\text{-}19)$$

且

$$\frac{\sigma_d}{\sigma_m} = \sin\omega t$$

令

$$\frac{\sigma_d}{\sigma_m} = \bar{\sigma}_d, \quad \frac{\varepsilon_d}{\varepsilon_m} = \bar{\varepsilon}_d$$

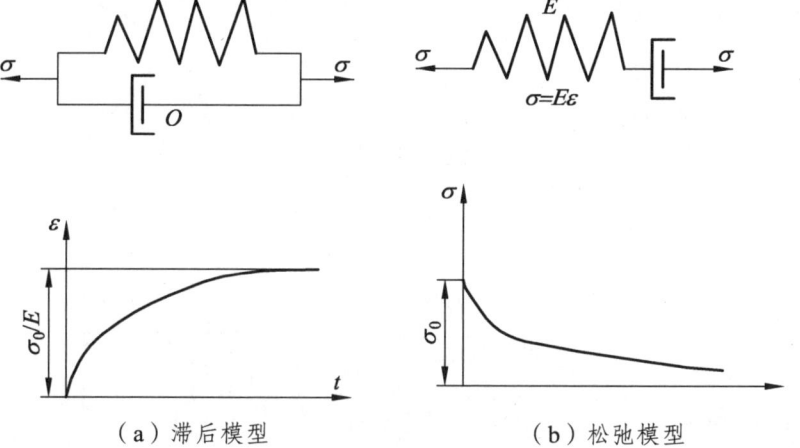

（a）滞后模型　　　　　（b）松弛模型

图 3-7　黏-弹性模型的动应力-应变关系

可见，$\bar{\sigma}_d$ 和 $\bar{\varepsilon}_d$ 的最大值为 1，而长轴的倾斜角为 45°。通过定义下面的坐标转换公式，可以得到

$$\bar{\varepsilon}_d = x\cos 45° - y\sin 45° = \sin(\omega t - \delta)$$

于是，可以得到下列公式：

$$\frac{x^2}{1+\cos\delta} + \frac{y^2}{1-\cos\delta} = 1 \qquad (3\text{-}20)$$

式（3-20）可以充分说明，该模型的滞回圈也是一个椭圆。其对应的黏-弹性模型的动弹性模量 $E_d = \sigma_m/\varepsilon_m = \sqrt{E^2 + (c\omega)^2}$，动应变的最大值 ε_m 滞后于 σ_d 的最大值 σ_m，比弹性元件的弹性模量要大得多，从侧面反映了阻尼的影响，也反映出了土体滞后性的一般动力特征。

这里值得注意的是，土体的黏滞系数 c 偏小，会直接导致土体动应力与动应变最大相位差值 δ 也偏小。

3. 黏-塑性模型

黏-塑性模型（Bingham 模型）也称为宾厄姆体，是通过塑性模型和黏性模型相互并联而产生的，该模型的动应力-应变关系如图 3-8 所示。当 $|\sigma_d| \geqslant \sigma_0$ 时，该模型的动应力-应变关系可以用黏性元件表示；当 $|\sigma_d| \leqslant \sigma_0$ 时，该模型的动应力-应变关系可以用塑性元件表示。

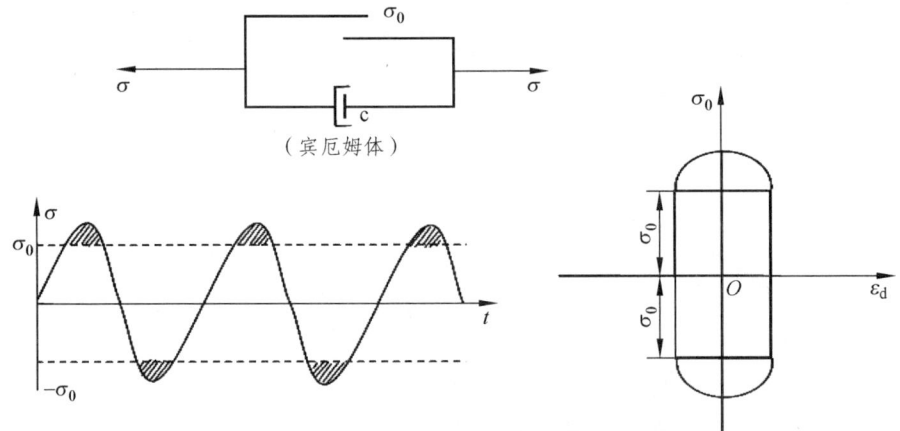

图 3-8 黏-塑性模型的动应力-应变关系

4. 弹-塑性模型（并联）

如图 3-9 所示，弹-塑性模型的基本力学元件是由弹性模型和弹-塑性模型并联而成的。当 $|\sigma_d| \leqslant \sigma_0$ 时，$\sigma_d = (E_1 + E_2)\varepsilon_d$；当 $|\sigma_d| \geqslant \sigma_0$ 时，$\sigma_d = \sigma_0 + E_1\varepsilon_d$。若有 $E = E_2 + E_1$，则该模型的滞回圈为一菱形。

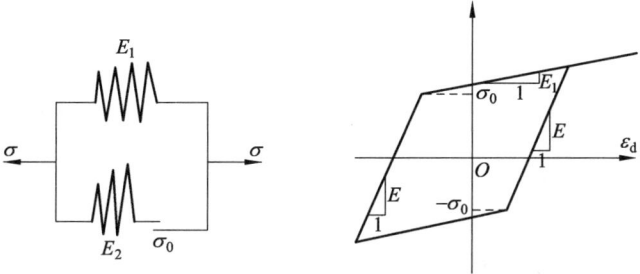

图 3-9 弹-塑性模型的动应力-应变关系

3.3 粗颗粒混合土动应力、动应变时程曲线分析

图 3-10、图 3-11 是在设定试验参数下得到的一组典型的动应力时程曲线与动应变时程曲线,各试验设定参数见表 3-1。

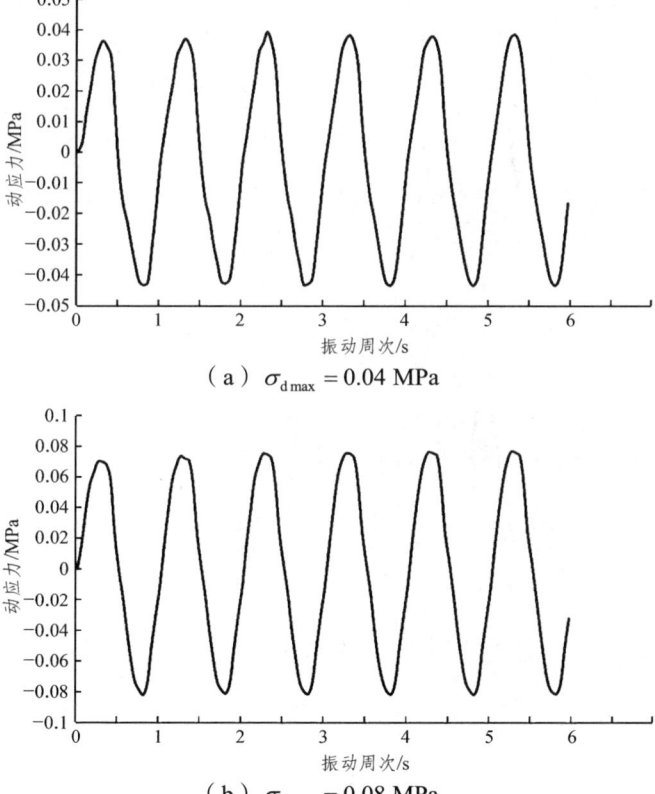

(a) $\sigma_{d\,max} = 0.04\ \text{MPa}$

(b) $\sigma_{d\,max} = 0.08\ \text{MPa}$

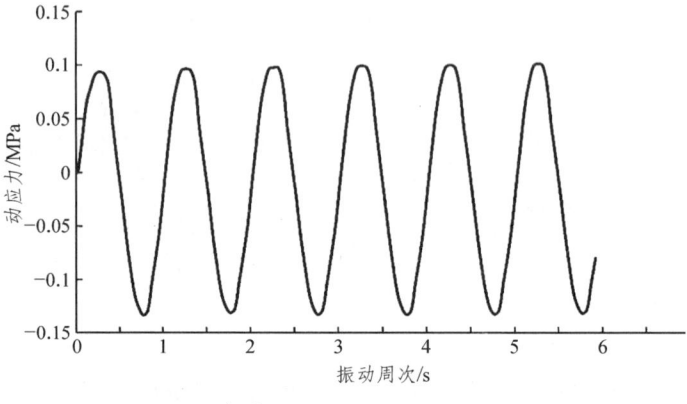

（c）$\sigma_{d\,max} = 0.12$ MPa

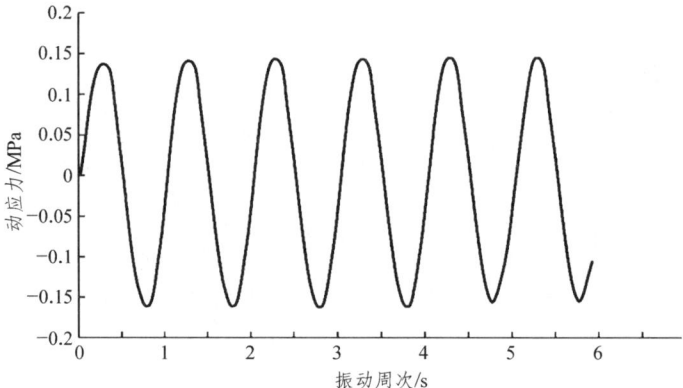

（d）$\sigma_{d\,max} = 0.16$ MPa

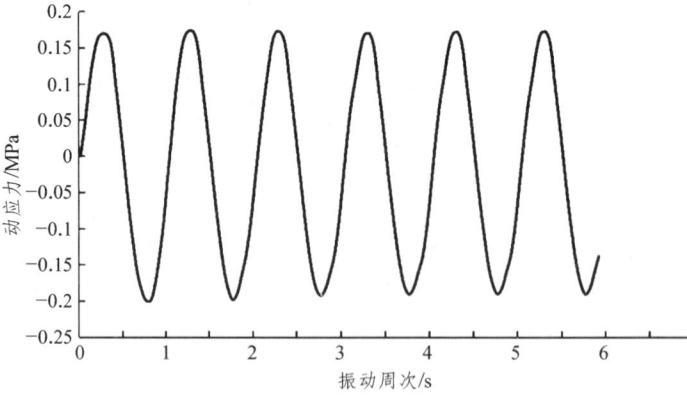

（e）$\sigma_{d\,max} = 0.2$ MPa

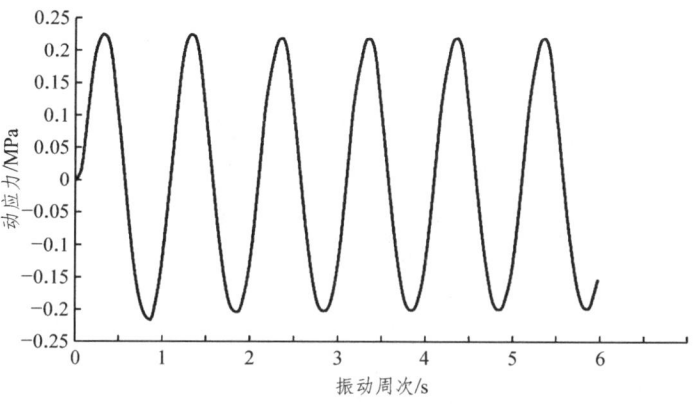

（f） $\sigma_{d\,max} = 0.24$ MPa

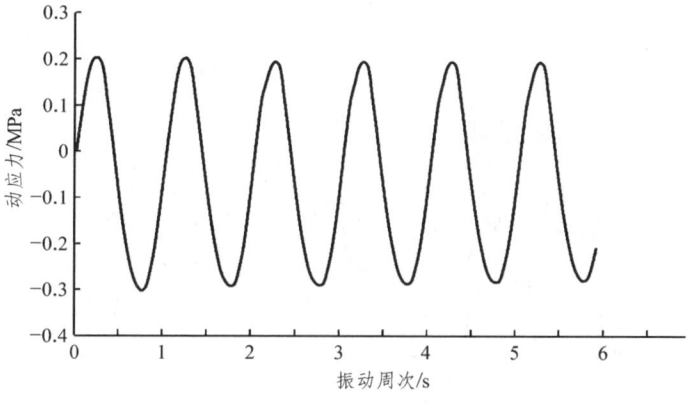

（g） $\sigma_{d\,max} = 0.28$ MPa

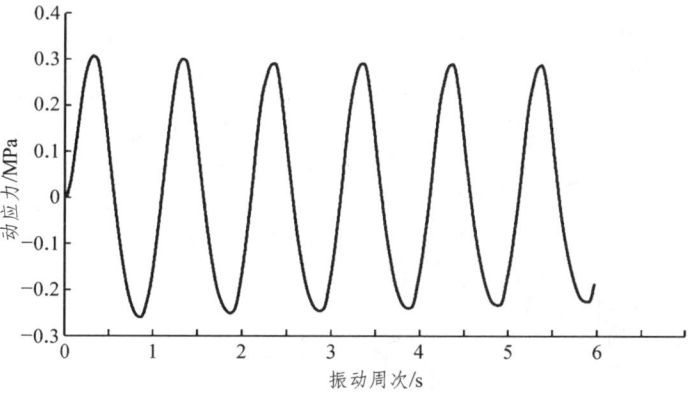

（h） $\sigma_{d\,max} = 0.32$ MPa

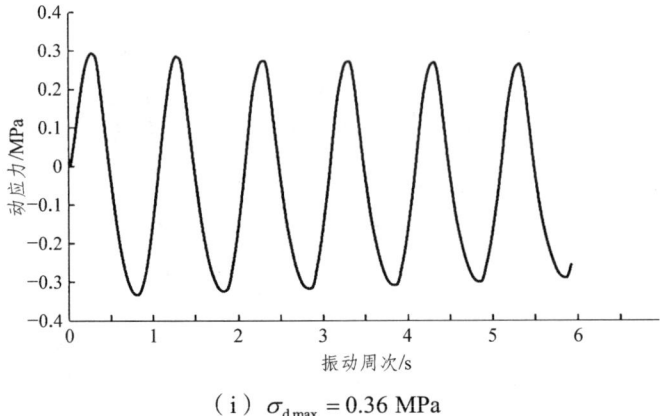

（i）$\sigma_{d\max} = 0.36$ MPa

图 3-10　粗颗粒混合土典型的动应力时程曲线

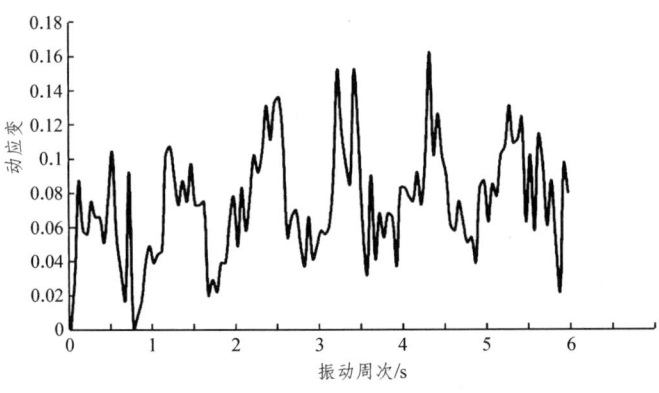

（a）$\sigma_{d\max} = 0.04$ MPa

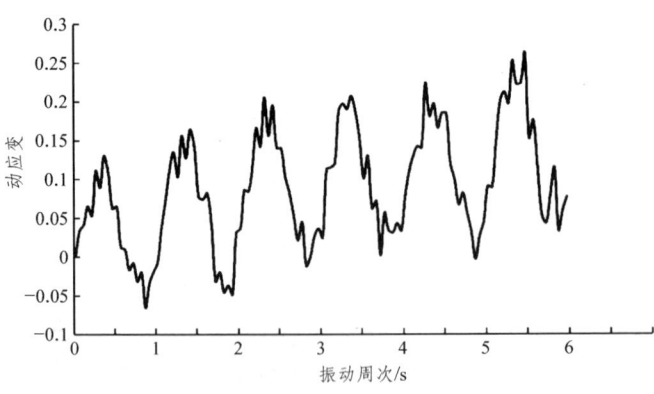

（b）$\sigma_{d\max} = 0.08$ MPa

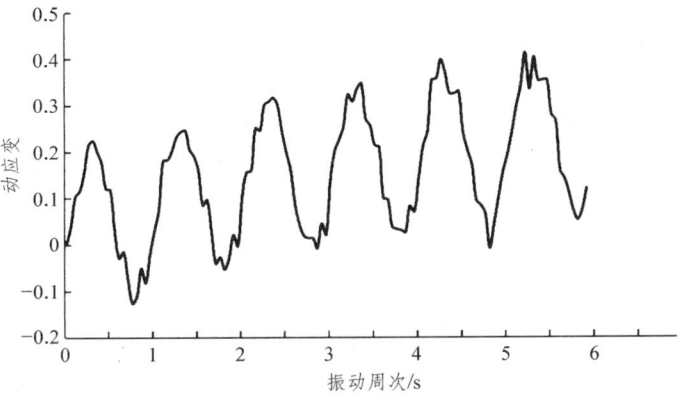

（c）$\sigma_{d\max} = 0.12$ MPa

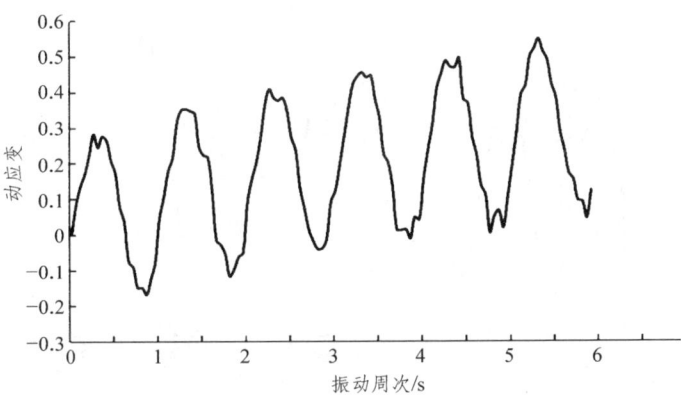

（d）$\sigma_{d\max} = 0.16$ MPa

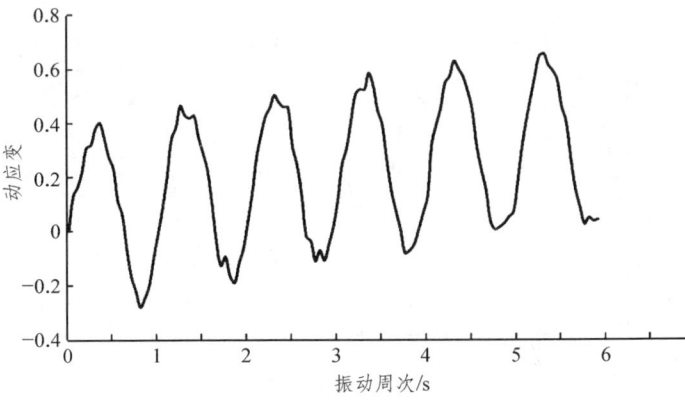

（e）$\sigma_{d\max} = 0.2$ MPa

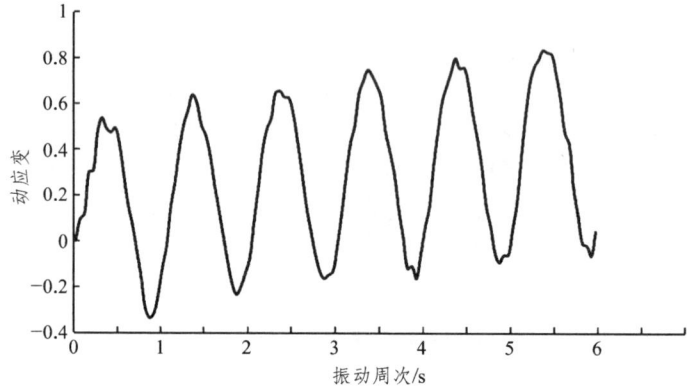

（f） $\sigma_{d\max} = 0.24$ MPa

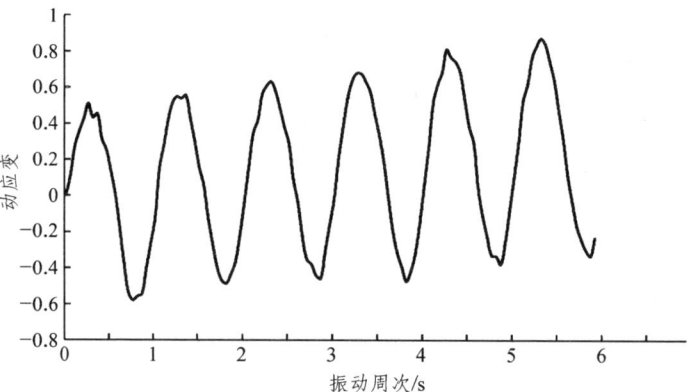

（g） $\sigma_{d\max} = 0.28$ MPa

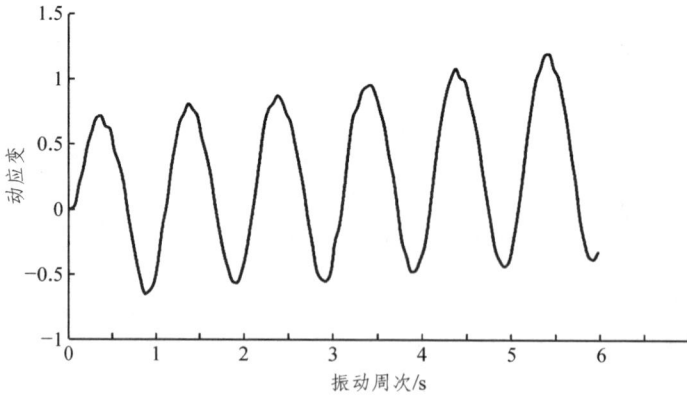

（h） $\sigma_{d\max} = 0.32$ MPa

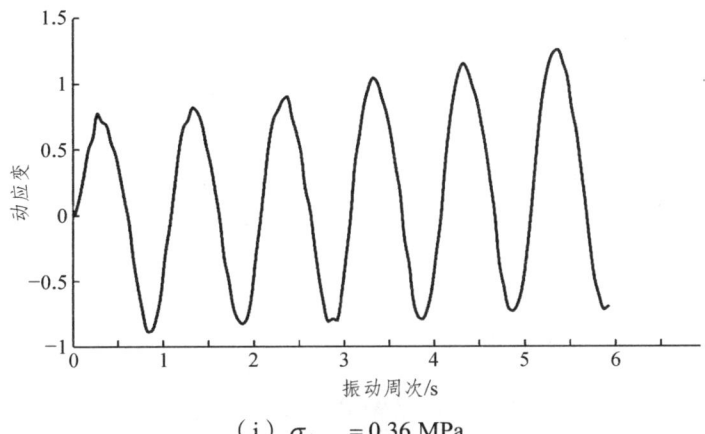

（i） $\sigma_{d\max} = 0.36\ \mathrm{MPa}$

图 3-11　粗颗粒混合土典型的动应变时程曲线

表 3-1　动三轴试验设定参数

压实度	荷载波形	固结比	排水条件	循环次数	围压/kPa	振动频率/Hz
95%	正弦波	1.25	不排水	6 次	300	1

3.3.1　动应力时程曲线分析

从图 3-10 中的动应力曲线可以看出，在整个动荷载三轴试验中，试样受到的动应力幅值都是人为设定的（$\sigma_d = 40\ \mathrm{kPa}$、$80\ \mathrm{kPa}$、$120\ \mathrm{kPa}$、$160\ \mathrm{kPa}$、$500\ \mathrm{kPa}\cdots$），这也要求每个振级的试验过程中，动应力幅值应当保持恒定。但可以看出，试样在循环荷载的作用下，起初受到的动应力很小，即使振动周次不断增加，其动应力幅值和预先设定的加载幅值基本保持一致，其变化很微小；但随着试验的不断进行，试样受到的动应力越来越大，动应力幅值曲线随着振动周次的不断增加，却出现了喇叭形缩小的现象，呈现了土体在动力荷载作用下的线性衰减的一般特征。

这正是由于试样在动力循环荷载的作用下，起初受到的动应力很小，振动周次不断增大，动荷载对其产生的动应变也很小，试样基本没有受到影响，土体的抗剪强度依旧没有下降，试样颗粒之间的结构组织变化微小。当试样受到的动应力幅值较大时，其振动产生的动应变幅值也很大，动应变和动孔压逐渐增大，土体颗粒之间的结构组织发生较大变化，土体颗粒之间趋于紧密。试验初期，粗颗粒混合土颗粒之间处于相对密实的状态，当试验的振动周次不断增加时，粗颗粒混合土颗粒之间会出现裂缝，这些裂缝随着试验的进行会不断发展，并逐渐积累，此时的动应变幅值曲线会出现喇叭形增大，试样的裂缝变形越来越大，土颗粒之间会发生相互错动，使得试样的抗剪强度性能下降，承载能力迅速降低，这才导致了试样的动应力曲线出现喇叭形缩小的现象。

3.3.2 动应变时程曲线分析

从图 3-11 中的动应变曲线可以看出，试样在循环荷载的作用下，振动周次不断增加，受到的动应力较小时，试样的动应变幅值也很小，且动应变时程曲线上的试验数据点在该曲线上面的波动幅度很大，试验数据的离散程度很高；当试样受到的动应力较大时，其动应变幅值呈现出线性增大的一般动力特征，即动应变曲线出现喇叭形增大的现象，且曲线越来越平滑，数据点分布更加均匀，更加具有规律性。

从图 3-10 与图 3-11 中曲线的规律来看，动应力时程曲线和动应变时程曲线呈现出了相反的变化趋势。当试样受到的动应力幅值较大时，动应力曲线呈喇叭形缩小，而动应变幅值曲线呈喇叭形增大。这是由于当试样的振动周次不断增加时，粗颗粒混合土样的动剪切模量 G_d 会随之减小。由此可知，振动周次对粗颗粒混合土的动力特性影响较大。

3.4 粗颗粒混合土动剪切应力-应变关系

Hardin-Drnevich 模型是等效线性模型，或称之为双曲线模型。Hardin 等认为土体受到动力循环荷载的作用时，其动本构关系满足双曲线模型，即

$$\tau_d = \frac{\gamma_d}{a + b\gamma_d} \tag{3-21}$$

式中　　τ_d——动剪应力；

　　　　γ_d——动剪应变；

　　　　a, b——土性参数。

土体的动应力-应变关系是研究土体动力特性的重要指标，围压和振动频率是影响土体动应力-应变关系的重要因素。通过大型三轴动力试验，取每个振级的第5个循环作用下的动应力-应变关系进行分析，采用式（3-21）进行拟合，可以得到动应力幅值τ_d以及与之相对应的动应变幅值γ_d，即可绘成下列动应力-应变试验曲线。

3.4.1 围压对动剪切应力-应变曲线的影响

粗颗粒混合土在不同围压作用下的动应力-应变骨干曲线如图3-12所示。结合图3-12（a）中的动应力-应变关系曲线，可以看出，当动应变幅值小于0.04%时，动应力-应变曲线的斜率较大，动应变发展较为缓慢，三种围压的动应力-应变关系曲线靠得非常近，甚至有重合的趋势。这是因为，在试验开始阶段，试样受到的动应力较小，且粗颗粒混合土的土颗粒之间接触得非常密实，在不同围压的作用下，土颗粒之间的相对位置变化很小，此时的粗颗粒混合土处于弹性状态。随着动应力的增加，动应力-应变曲线的斜率越来越小，粗颗粒混合土的动应变出现了非线性增大的态势，由此可以判定，粗颗粒混合土的动本构关系有着非线性的一般动力特征。当动应变发展到大于0.04%时，天然粗颗粒混合土和改良粗颗粒混合土的动应力-应变关系曲线相互之间的差别越来越明显。再观动应力-应变关系曲线的发展态势，动应力随着动应变的增大而增大，此时不管是天然粗颗粒混合土还是改良粗颗粒混合土的变形都明显增大；粗颗粒混合土由弹性阶段进入弹-塑性发展阶段，到了后期，粗颗粒混合土完全以塑性变形为主，与土体的破坏界限非常接近。

分析粗颗粒混合土的动应力-应变曲线规律，由图可知，围压越低，粗颗粒混合土的动应力-应变曲线越靠近横轴；围压越高，其动应力-应变曲线越远离横轴。动应变达到0.1%，当围压为200 kPa时，动应力幅值为146.81 kPa；当围压为300 kPa时，动应力幅值为208.57 kPa；当围压为400 kPa时，动应力幅值为227.9 kPa。由此说明，在振动频率一定的情况下，产生同样大小的动应变，围压越大，所需要的动应力也就相对越大，围压的增大使得土体抵抗变形的能力提高。随着试验的进行，应变发展进入中后期时，其曲线的斜率随着动应变的增大而减小。这也从侧面反映了粗颗粒混合土由弹性阶段进入弹-塑性发展阶段，到了后期，粗颗粒混合土完全以塑性变形为主，试样抵抗变形的能力显著降低。因此，提高土体的围压，使土体排水更充分，孔隙率更低，土颗粒之间的接触更加紧密，有效应力更大，所以土体的强度和刚度会更大。

比较天然粗颗粒混合土及其改良土的动应力-应变关系曲线规律。两种土体在围压为 200 kPa、振动频率为 1 Hz 的试验条件下，当动应变幅值达到 0.1%时，天然粗颗粒混合土需要的动应力幅值为 146.81 kPa，而改良粗颗粒混合土需要的动应力幅值为 201.04 kPa；在围压为 300 kPa、振动频率为 1 Hz 的试验条件下，当动应变幅值达到 0.1%时，天然粗颗粒混合土需要的动应力幅值为 208.57 kPa，而改良粗颗粒混合土需要的动应力幅值为 219 kPa；在围压为 400 kPa、振动频率为 1 Hz 的试验条件下，当动应变幅值达到 0.1%时，天然粗颗粒混合土需要的动应力幅值为 227.9 kPa，而改良粗颗粒混合土需要的动应力幅值为 226.37 kPa。此现象表明，当所有的试验条件一致时，为了达到相同的动应变，改良粗颗粒混合土所需的动应力幅值比天然粗颗粒混合土所需要的动应力幅值明显高出许多。由此说明，在相同的围压效应下，通过加入粗颗粒改良级配后，改良粗颗粒混合土的刚度和强度得到了明显的提高，抵抗动力荷载破坏的能力更强。

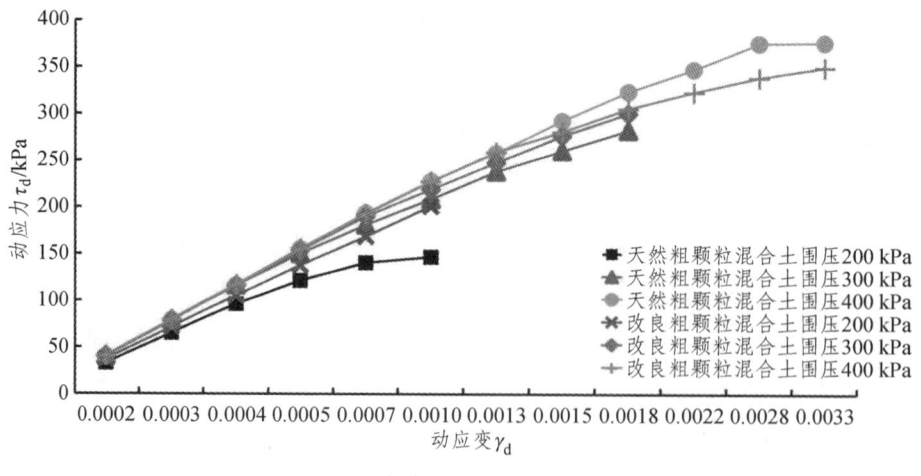

（a）$f = 1$ Hz

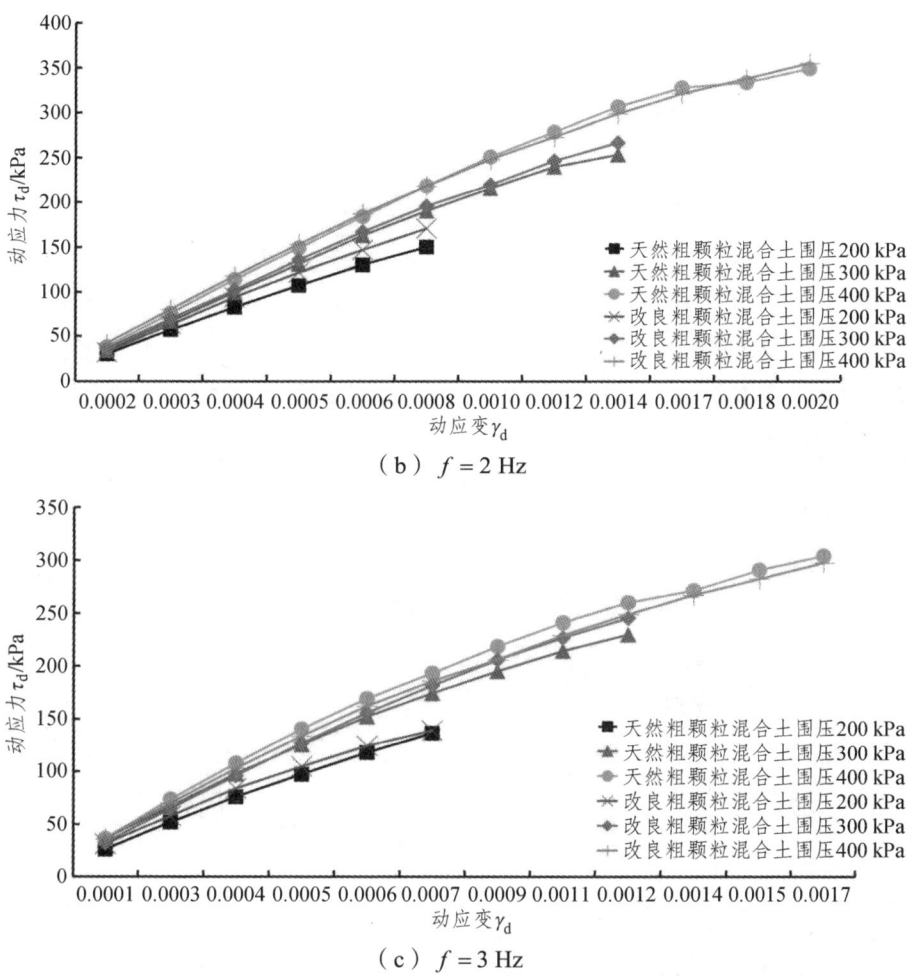

图 3-12 不同围压作用下的动应力-应变曲线

从图 3-12（b）和图 3-12（c）中可以看到天然粗颗粒混合土和改良粗颗粒混合土的动应力-应变曲线，我们不难发现，围压与颗粒级配对其有着相同的影响趋势。

为了更好地说明动剪切模量与动应变幅值之间的联系，将式（3-1）与式（3-21）综合整理可得

$$G_d = \frac{1}{a + b\gamma_d} \tag{3-22}$$

或

$$\frac{1}{G_d} = a + b\gamma_d \quad (3\text{-}23)$$

式中，a、b 是常数，$a = 1/G_0$，$b = 1/\tau_f$。G_0 是应力与应变曲线的初始斜率，τ_f 是剪切强度，一般可认为是骨架曲线上剪应力的最大值。

由式（3-23）可以看出，动剪切模量的倒数与动应变幅值具有明显的线性关系。绘制的图 3-12 中 τ_d-γ_d 曲线对应的 $1/G_d = a + b\gamma_d$ 曲线如图 3-13 所示。由图可知，不同试验条件下粗颗粒混合土的 $1/G_d$-γ_d 曲线有着良好的线性关系，其拟合性较好，离散性较小，符合 Hardin-Drnevich 等效线性模型。

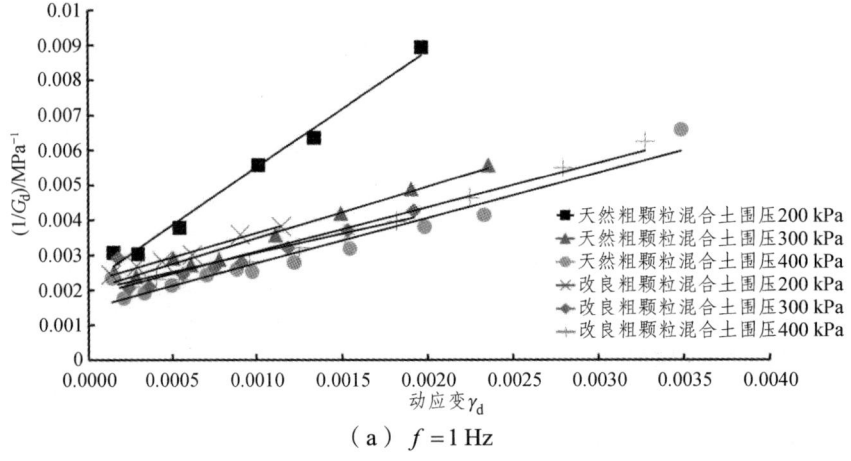

（a）$f = 1$ Hz

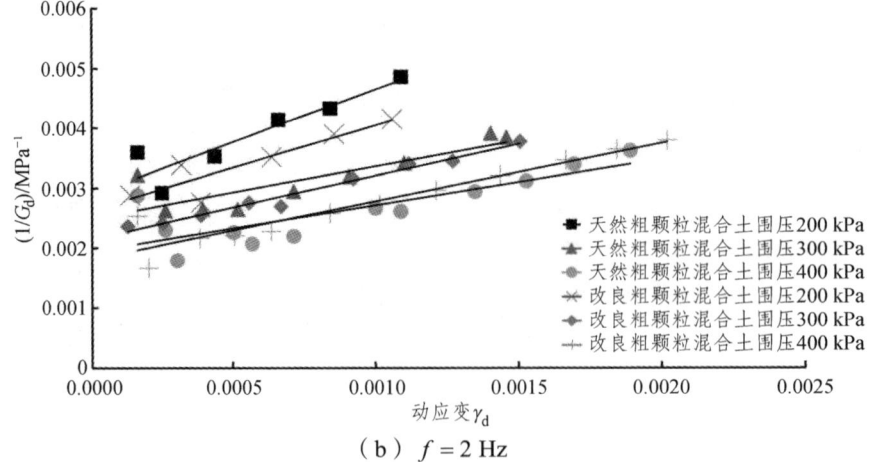

（b）$f = 2$ Hz

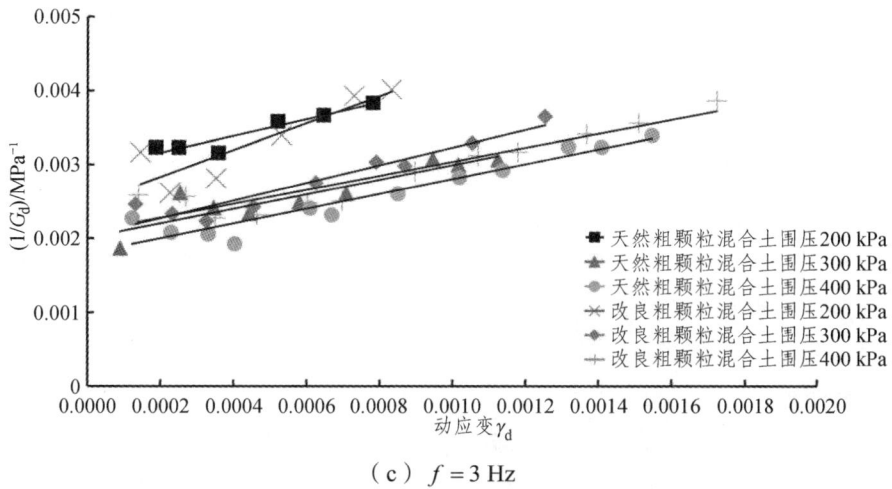

（c）$f = 3\text{ Hz}$

图 3-13　不同围压下的 $1/G_\text{d} - \gamma_\text{d}$ 曲线

3.4.2　振动频率对动剪切应力-应变曲线的影响

当土体处于不同的振动频率时，其骨架结构会发生较大改变。粗颗粒混合土在不同振动频率下的动应力-应变骨干曲线如图 3-14 所示。下面将结合图 3-14（a）中的动应力-应变曲线分析振动频率对动应力-应变曲线规律的影响。

分析粗颗粒混合土的动应力-应变曲线，由图可知，振动频率越低，粗颗粒混合土的动应力-应变曲线越远离横轴；振动频率越高，其动应力-应变曲线越靠近横轴。动应变达到 0.07% 时，当振动频率为 1 Hz 时，动应力幅值为 140.55 kPa；当振动频率为 2 Hz 时，动应力幅值为 130.03 kPa；当振动频率为 3 Hz 时，动应力幅值为 117.77 kPa。由此说明，振动频率对其动应力-应变曲线都有着很大的影响，当动应变一定时，动应力随着振动频率的增大而减小，反映了粗粒土的频率效应较为明显。

比较天然粗颗粒混合土及其改良土的动应力-应变关系曲线。两种土体在振动频率为 1 Hz、围压为 200 kPa 的试验条件下，当动应变幅值达到 0.07% 时，天然粗颗粒混合土需要的动应力幅值为 140.55 kPa，而改良粗颗粒混合土需要的动应力幅值为 168.62 kPa；在振动频率为 2 Hz、围压为 200 kPa 的试验条件下，当动应变幅值达到 0.07% 时，天然粗颗粒混合土需要的动应力幅值为 130.03 kPa，而改良粗颗粒混合土需要的动应力幅值为 146.64 kPa；在振动频率为 3 Hz、围压为 200 kPa 的试验条件下，当动应变幅值达到 0.07% 时，天然粗颗粒混合土需要的动应力幅值为 117.77 kPa，而改良粗颗粒混合土需要的动应力幅值为 124.19 kPa。此现象表明，所有试验条件一致时，为了达到相同的动应变，改良粗颗粒混合土所需的动应力幅值比天然粗颗粒混合土所需的动应力幅值明显高出许多。由此说明，在相同的振动频率效应下，通过加入粗颗粒改良级配后，改良粗颗粒混合土的刚度和强度得到了明显的提高，抵抗动力荷载破坏的能力更强。

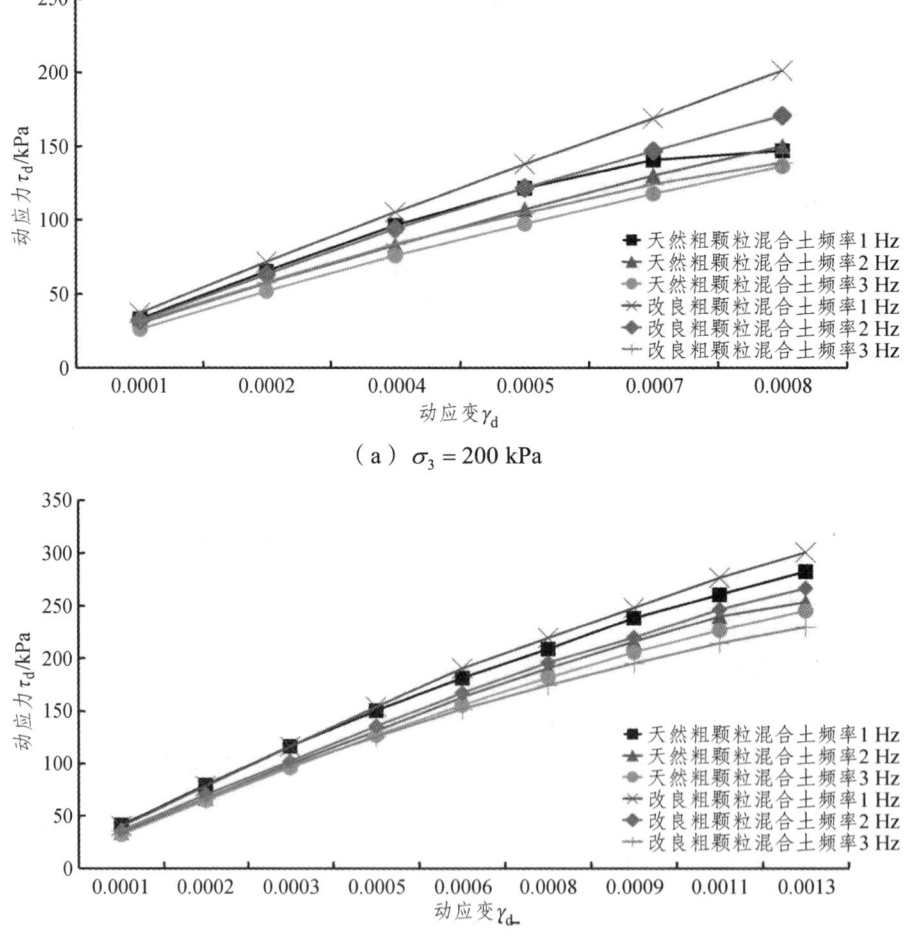

（a）$\sigma_3 = 200$ kPa

（b）$\sigma_3 = 300$ kPa

3 粗颗粒混合土动力特性研究

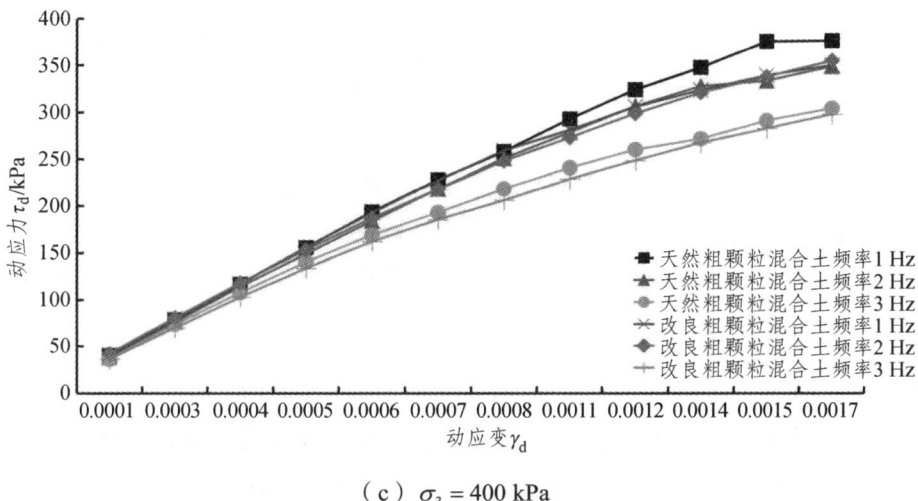

（c）$\sigma_3 = 400 \text{ kPa}$

图 3-14　不同振动频率下的动剪切应力-动应变曲线

从图 3-14（b）和图 3-14（c）中可以看到天然粗颗粒混合土和改良粗颗粒混合土的动剪切应力-动应变曲线，我们不难发现，振动频率对其有相同的影响趋势。

3.5　取得的成果

对天然粗颗粒混合土及其改良粗颗粒混合土进行大型三轴动荷载试验，取得的主要研究成果如下：

（1）粗颗粒混合土的动本构关系符合 Hardin-Drnevich 等效线性模型，可用该模型理论开展粗颗粒混合土的动剪切模量和阻尼比等相关动力特性试验研究。

（2）从粗颗粒混合土的动应力时程曲线可以看出，试样在动力循环荷载的作用下，起初受到的动应力很小，即使振动周次不断增加，其动应力幅值和预先设定的加载幅值基本保持一致；试验后期，试样受到的动应力越来越大，动应力幅值曲线随着振动周次的不断增加，却出现了喇叭形缩小的现象，呈现了土体在动力荷载作用下的线性衰减的一般特征。

（3）从粗颗粒混合土的动应变时程曲线可以看出，试样在动力循环荷载的作用下，振动周次不断增加，受到的动应力较小时，试样的动应变幅值也很小，且动应变时程曲线上的试验数据点在该曲线上面的波动幅度很大，试验数据的离散程度很高；当试样受到的动应力较大时，其动应变幅值呈现出线性增大的一般特征规律，动应变曲线出现喇叭形增大的现象，且曲线越来越平滑，数据点分布更加均匀，更加具有规律性。

（4）粗颗粒混合土的动应力-应变关系具有非常明显的非线性特征，经过试验曲线分析，粗颗粒混合土的动应力-应变关系适合用 Hardin 双曲线模型参数进行分析。分析粗颗粒混合土在不同试验条件下的动应力-应变曲线可知，当动应变一定时，动应力幅值随着围压的增大而增大，随着振动频率的增大而减小。

（5）通过加入粗颗粒改良级配后，粗颗粒的骨架作用得到了加强，粗颗粒混合土的刚度和强度都得到了明显的提高，所以改良粗颗粒混合土的抗剪强度比天然粗颗粒混合土的抗剪强度要高。因此，良好的颗粒级配对于路基工程的填方也起到了至关重要的作用。

PART FOUR 4

粗颗粒混合土动剪切模量与阻尼比试验研究

在土动力学中，土的动剪切模量和阻尼比是两个很重要的表征土动力性质的参数，一般而言，土在动力荷载作用下的动力特性受到很多因素的影响。在剪应变很小时，土体一般呈现弹性状态，此时的剪切模量称为弹性剪切模量，也可称为初始剪切模量 G_0 或最大剪切模量 G_{max}。但是，土是具有高度非线性的材料，表现在动力循环荷载的作用下，动剪切模量和阻尼比随土的动应变的变化而变化，即对动应变有很大的依赖性。为此，在较大的动应变条件下，常常引入等效剪切模量 G 的概念。

研究表明，影响土的动剪切模量和阻尼比的主要因素有动应力幅值、循环次数、含水率、固结比，以及围压、振动频率、时间效应、颗粒的大小和形状、矿物成分、土的结构性等因素。振动周次、循环次数、颗粒级配及振动频率对粗颗粒混合土的动剪切模量和阻尼比的影响较大。

本章在天然粗颗粒混合土及其改良土的大型动三轴动荷载试验的基础上，深入研究粗颗粒混合土的动剪切模量与阻尼比，并探讨其围压、循环次数、颗粒级配及振动频率等因素对其发展规律的影响。

4.1 动剪切模量

4.1.1 动剪切模量与动应变的关系曲线

动剪切模量 G_d 是土动力学中的重要参数，它等于动应力和动应变的比值，与动应力幅值成正比，与动应变幅值成反比。

通过式（3-1），再利用椭圆拟合得到的动应力幅值 τ_d 与相应的动应变 γ_d 求得动剪切模量 G_d。天然粗颗粒混合土及其改良土在不同试验条件下的动剪

切模量 G_d 随动应变 γ_d 的发展规律曲线如图 4-1 和图 4-2 所示。由该曲线可以看出，动剪切模量 G_d 随动应变 γ_d 的增大而出现了非线性衰减的趋势。

动应变对于动剪切模量来说，它的发展趋势对其影响很大。综合分析图 4-1 与图 4-2 中各试验条件下的 G_d-γ_d 曲线的走势，可以将 G_d-γ_d 曲线分成 3 个具有明显特征的阶段。

（1）曲线上升段。此阶段的动应变很小，曲线的斜率较大，动剪切模量 G_d 上升得很快，动剪切模量 G_d 基本接近最大值，土体处于弹性状态。

（2）曲线下降段。此阶段的动剪切模量 G_d 随着动剪应变 γ_d 的增大而增大，粗颗粒混合土的抗剪强度在不断下降，土体从弹-塑性应变状态过渡到塑性应变状态。

（3）曲线平缓段。这个阶段以粗颗粒混合土由弹-塑性状态向塑性状态转化为主，动剪切模量 G_d 下降的趋势逐渐放缓；当动应变 γ_d 达到 0.05%时，动剪切模量 G_d 随着动应变 γ_d 的增大而减少的趋势越来越平缓。

综合所有的 G_d-γ_d 曲线分析可知，动剪应变 γ_d 增至 0.03%，动剪切模量 G_d 也随着动剪应变增大了约 1/4；随着试验的不断进行，到了中后期，动应变 γ_d 增大到最大值时，动剪切模量 G_d 降低至原先最大值的 1/4。由此可见，动应变水平是影响动剪切模量 G_d 的主要因素。

1. G_d-γ_d 关系曲线与围压的关系

粗颗粒混合土在不同围压下的 G_d-γ_d 关系曲线如图 4-1 所示。下面结合图 4-1（a）分析围压对 G_d-γ_d 关系曲线规律的影响。

分析粗颗粒混合土的 G_d-γ_d 关系曲线。由图可知，围压越低，粗颗粒混合土的 G_d-γ_d 曲线越靠近横轴；围压越高，其 G_d-γ_d 曲线越远离横轴。动应变 γ_d 达到 0.1%时，当围压为 200 kPa 时，动剪切模量 G_d 值为 37.31 MPa；当围压为 300 kPa 时，动剪切模量 G_d 值为 93.46 MPa；当围压为 400 kPa 时，动剪切模量 G_d 值为 128.81 MPa。由此说明，在动应变相同的条件下，动剪切模量 G_d 随着围压的增大而呈现增大的趋势。这是由于，粗颗粒混合土颗粒较大，其骨架结构比较松散，围压越大，土颗粒之间接触越充分，其化学胶结作用和机械咬合作用得到了有效提高，致使粗颗粒混合土的抗剪强度提高，阻碍了试样内部裂缝的发展。当动应变 γ_d 达到 0.034%后，不同围压的动剪切模量

4 粗颗粒混合土动剪切模量与阻尼比试验研究

G_d 曲线靠得很近。当动应变的影响越来越大时，粗颗粒混合土会发生明显的塑性变形，不同围压之间的动剪切模量 G_d 值非常接近，则此时，围压对动剪切模量 G_d 的影响可以忽略。

比较天然粗颗粒混合土及其改良土的 G_d-γ_d 关系曲线。两种土体在围压为 200 kPa、振动频率为 1 Hz 的试验条件下，当动应变幅值达到 0.1%时，天然粗颗粒混合土的动剪切模量 G_d 值为 37.31 MPa，而改良粗颗粒混合土的动剪切模量 G_d 值为 87.41 MPa；在围压为 300 kPa、振动频率为 1 Hz 的试验条件下，当动应变幅值达到 0.1%时，天然粗颗粒混合土的动剪切模量 G_d 值为 93.46 MPa，而改良粗颗粒混合土的动剪切模量 G_d 值为 119.71 MPa；在围压为 400 kPa、振动频率为 1 Hz 的试验条件下，当动应变幅值达到 0.1%时，天然粗颗粒混合土的动剪切模量 G_d 值为 128.81 MPa，而改良粗颗粒混合土的动剪切模量 G_d 值为 118.25 MPa。此现象表明，当所有试验条件一致时，改良粗颗粒混合土的动剪切模量 G_d 值比天然粗颗粒混合土的动剪切模量 G_d 值明显高出许多，而动剪切模量表示的是产生单位动应变所需的动应力幅值。由此说明，当动应变幅值一定时，改良粗颗粒混合土所需的动应力幅值大于天然粗颗粒混合土所需的动应力幅值，在相同的围压效应下，通过加入粗颗粒改良级配后，改良粗颗粒混合土的刚度和强度明显提高，抵抗动力荷载破坏的能力更强。

再观图 4-1（b）和图 4-1（c）中天然粗颗粒混合土和改良粗颗粒混合土的 G_d-γ_d 曲线，我们不难发现，围压与颗粒级配对其有相同的影响趋势。

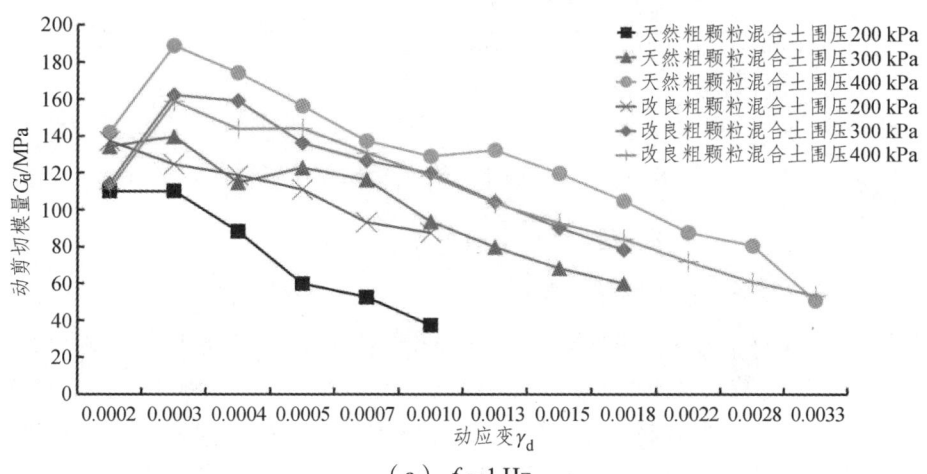

（a）$f = 1$ Hz

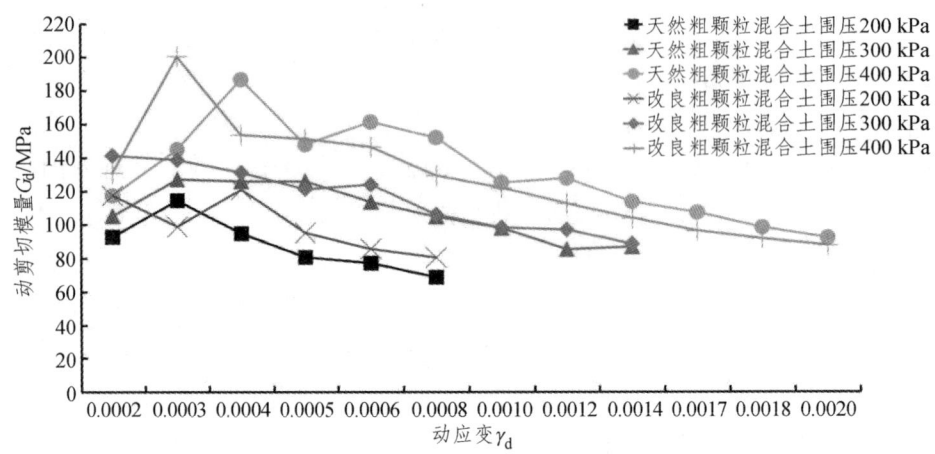

（b）$f = 2\ \text{Hz}$

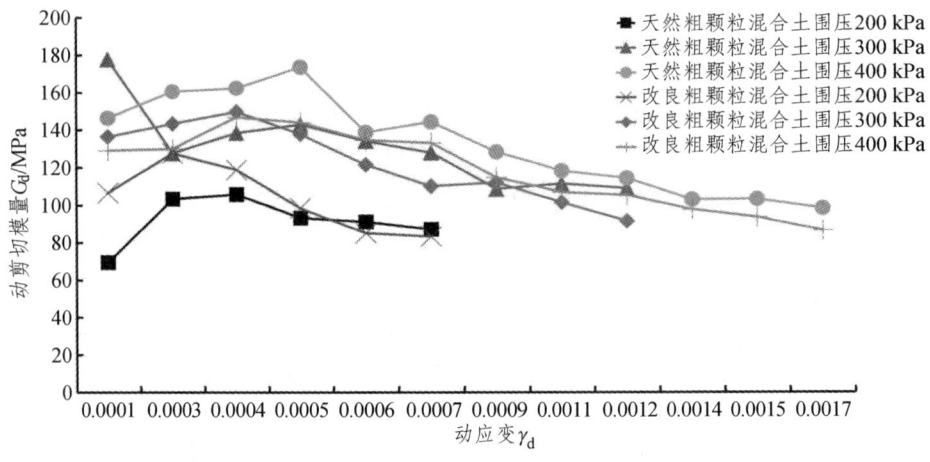

（c）$f = 3\ \text{Hz}$

图 4-1　不同围压下的 G_d-γ_d 发展曲线

2. G_d-γ_d 关系曲线与振动频率的关系

粗颗粒混合土在不同振动频率下的 G_d-γ_d 关系曲线如图 4-2 所示。结合图 4-2（a）中的 G_d-γ_d 关系曲线，分析振动频率对 G_d-γ_d 关系曲线规律的影响。

分析粗颗粒混合土的 G_d-γ_d 关系曲线。由图可知，振动频率越低，粗颗粒混合土的 G_d-γ_d 曲线越靠近横轴；振动频率越高，其 G_d-γ_d 曲线越远离横轴。动应变 γ_d 达到 0.05% 时，当振动频率为 1 Hz 时，动剪切模量 G_d 值为

59.81 MPa；当振动频率为 2 Hz 时，动剪切模量 G_d 值为 80.59 MPa；当振动频率为 3 Hz 时，动剪切模量 G_d 值为 93.15 MPa。由此可以表明：① 在动应变相同的条件下，动剪切模量 G_d 随振动频率的增大而增大；② 天然粗颗粒混合土和改良粗颗粒混合土的 G_d-γ_d 关系曲线具有线性衰减的一般动力特征，其动剪切模量 G_d 随动应变 γ_d 的增大而减小。

比较天然粗颗粒混合土及改良粗颗粒混合土的 G_d-γ_d 关系曲线。两种土体在振动频率为 1 Hz、围压为 200 kPa 的试验条件下，当动应变幅值达到 0.05%时，天然粗颗粒混合土的动剪切模量值为 59.81 MPa，而改良粗颗粒混合土的动剪切模量值为 110.79 MPa；在振动频率为 2 Hz、围压为 200 kPa 的试验条件下，当动应变幅值达到 0.05%时，天然粗颗粒混合土的动剪切模量值为 80.59 MPa，而改良粗颗粒混合土的动剪切模量值为 94.9 MPa；在振动频率为 3 Hz、围压为 200 kPa 的试验条件下，当动应变幅值达到 0.05%时，天然粗颗粒混合土的动剪切模量值为 93.15 MPa，而改良粗颗粒混合土的动剪切模量值为 98.34 MPa。此结果表明，当所有试验条件一致时，改良粗颗粒混合土的动剪切模量值比天然粗颗粒混合土的动剪切模量值明显高出许多，这也再次印证，在相同的振动频率效应下，通过加入粗颗粒改良级配后，改良粗颗粒混合土的刚度和强度得到了明显的提高，抵抗动力荷载破坏的能力更强。

再从图 4-2（b）和图 4-2（c）中天然粗颗粒混合土和改良粗颗粒混合土的 G_d-γ_d 曲线中可以看出，振动频率与颗粒级配对其有相同的影响趋势。

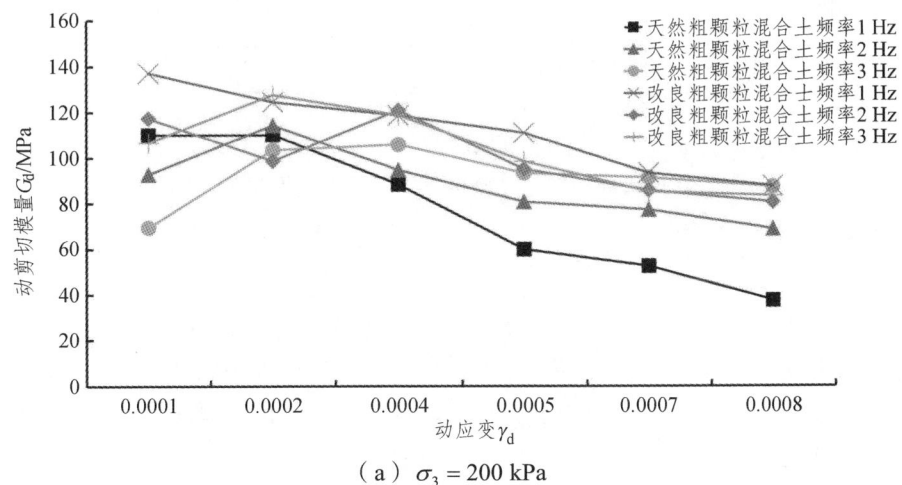

（a）σ_3 = 200 kPa

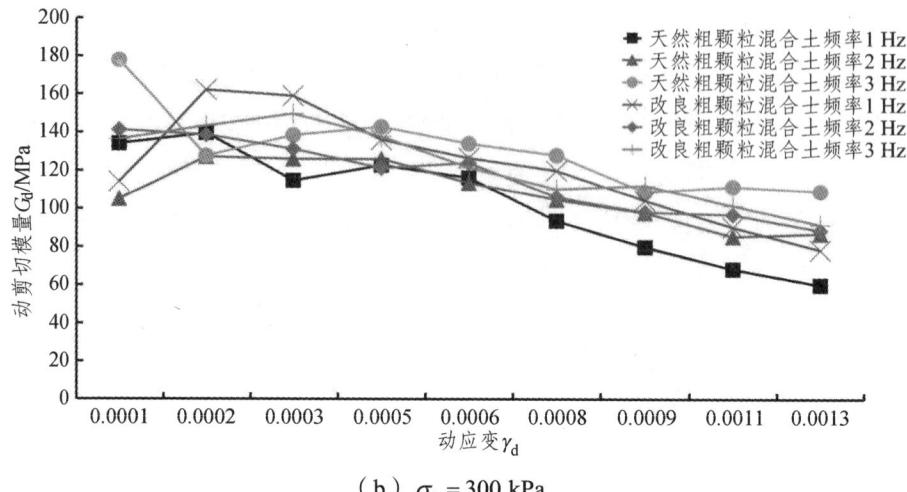

（b）$\sigma_3 = 300$ kPa

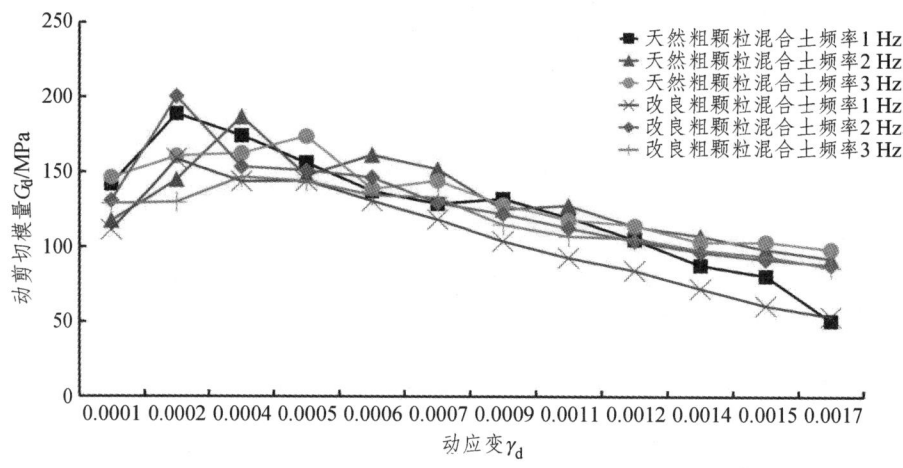

（c）$\sigma_3 = 400$ kPa

图 4-2　不同振动频率下的 G_d-γ_d 发展曲线

4.1.2　最大动剪切模量

由式（3-3）可知，当动应变 γ_d 接近于零时，试样的变形是可以恢复的，这也说明了土体处于弹性状态。分析了上述的 G_d-γ_d 关系曲线，研究围压和振动频率对最大动剪切模量 $G_{d\max}$ 的影响，如图 4-3 和图 4-4 所示，我们描绘出了围压和振动频率下的最大动剪切模量 $G_{d\max}$ 曲线。

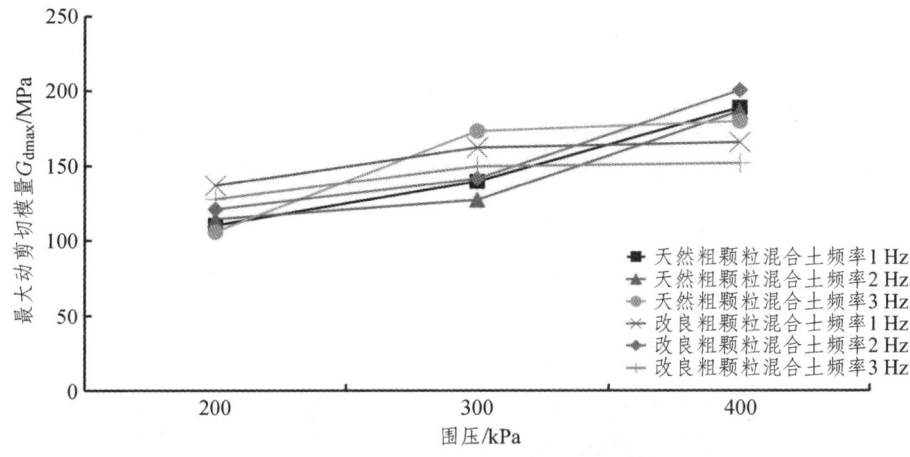

图 4-3　最大动剪切模量 $G_{d\max}$ 与围压的关系

从图 4-3 中可以得出,最大动剪切模量 $G_{d\max}$ 随围压的增大而增大。这是由于,粗颗粒混合土颗粒较大,其骨架结构比较松散,围压越大,土颗粒之间接触越充分,其化学胶结作用和机械咬合作用得到了有效提高,致使粗颗粒混合土的抗剪强度得到提高,阻碍了土样内部裂缝的发展,粗颗粒混合土的刚度得到了加强,有效地延缓了土体塑性应变的发展。

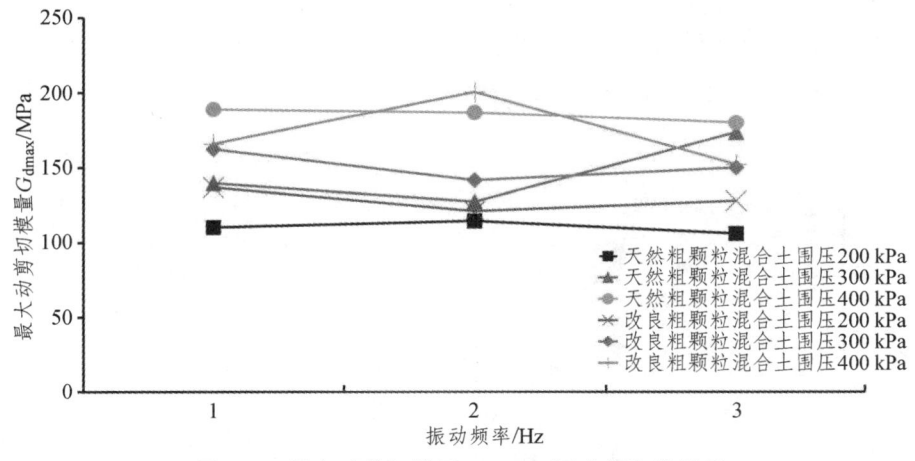

图 4-4　最大动剪切模量 $G_{d\max}$ 与振动频率的关系

从图 4-4 中的天然粗颗粒混合土及其改良土的关系曲线可以看出,最大动剪切模量 $G_{d\max}$ 随振动频率的增大而增大。当土体受到不同围压时,最大动

剪切模量 $G_{d\max}$ 增大的幅度有区别，超过围压 300 kPa，改良粗颗粒混合土的增加更明显，而天然粗颗粒混合土却增加较少。

从图 4-4 中的曲线可知，振动频率对最大动剪切模量 $G_{d\max}$ 的影响有限。这是由于，在振动刚刚开始时，动应力幅值较小，振动频率虽有差异，但此时的动应力并未改变试样的结构，由此引起的动应变是可以忽略的。因此，得到的最大动剪切模量值 $G_{d\max}$ 相近。

4.1.3　动剪切模量的归一化曲线

图 4-5 和图 4-6 分别是经过归一化处理后所得到的 $G_d/G_{d\max}$-γ_d 关系曲线和 $G_d/G_{d\max}$-γ_d 关系曲线。通过对试验数据进行分析可知，对试验得到的动剪切模量进行归一化处理后，试验数据的离散性变小。

图 4-5 为试样在不同围压试验条件下的 $G_d/G_{d\max}$-γ_d 关系曲线。分析天然粗颗粒混合土和改良粗颗粒混合土的 $G_d/G_{d\max}$-γ_d 关系曲线，18 条不同曲线的动剪切模量比值随动应变幅值的增大而呈现非线性减小，其非线性特征非常明显，有着良好的双曲线关系。由此说明，在动应变相同的条件下，动剪切模量比值随着围压的增大而呈现增大的趋势。这是由于粗颗粒混合土颗粒较大，其骨架结构比较松散，围压越大，土颗粒之间接触越充分，其化学胶结作用和机械咬合作用得到了有效提高，致使粗颗粒混合土的抗剪强度提高，阻碍了试样内部裂缝的发展。

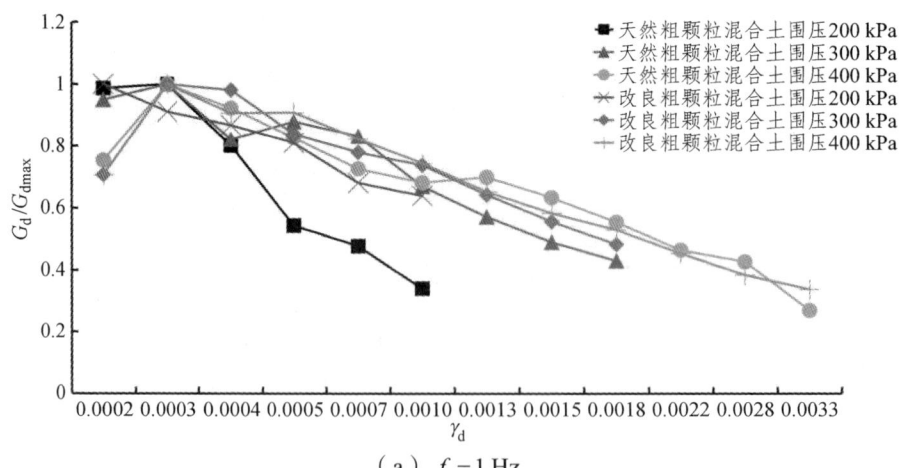

（a）$f=1$ Hz

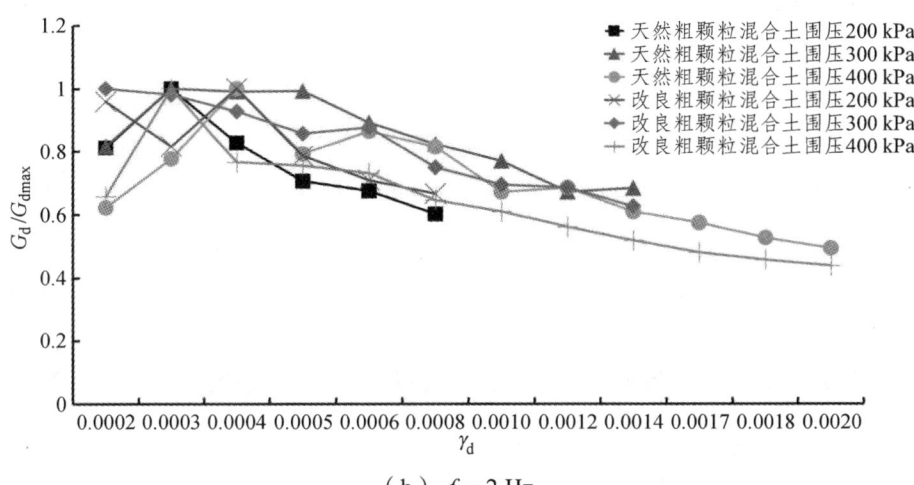

(b) $f = 2\text{ Hz}$

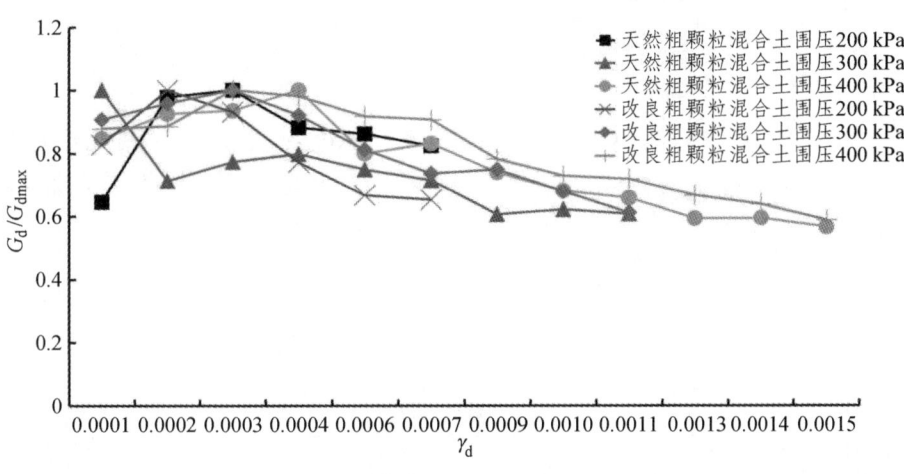

(c) $f = 3\text{ Hz}$

图 4-5 不同围压下的动剪切模量归一化曲线

比较天然粗颗粒混合土及改良粗颗粒混合土的 G_d/G_{dmax}-γ_d 关系曲线。由图 4-5（a）中的 G_d/G_{dmax}-γ_d 关系曲线分析可知，两种土体在围压为 200 kPa、振动频率为 1 Hz 的试验条件下，当动应变幅值达到 0.1%时，天然粗颗粒混合土的动剪切模量比值为 0.339，而改良粗颗粒混合土的动剪切模量比值为 0.639；在围压为 300 kPa、振动频率为 1 Hz 的试验条件下，当动应变幅值达到 0.1%时，天然粗颗粒混合土的动剪切模量比值为 0.67，而改良粗颗粒混合土的动剪切模量比值为 0.738；在围压为 400 kPa、振动频率为 1 Hz 的试验条件下，当动应变幅值达到 0.1%时，天然粗颗粒混合土的动剪切模量比值为 0.682，而改良粗颗粒混合土的动剪切模量比值为 0.745。由此可以看出，当所有试验条件一致时，改良粗颗粒混合土的动剪切模量比值比天然粗颗粒混合土的动剪切模量比值明显高出许多，通过加入粗颗粒改良级配后，改良粗颗粒混合土的刚度和强度明显提高，抵抗动力荷载破坏的能力更强。

动剪切模量比与动应变之间的关系可以用 Hardin-Drnevich 等效线性模型来进行描述：

$$\frac{G_d}{G_{d\max}} = \frac{1}{1 + \gamma_d / \gamma_r} \quad (4\text{-}1)$$

式中　γ_r——参考动应变幅值。

由式（4-1）可知，$G_{d\max}/G_d$-γ_d 的关系曲线应为直线，而粗颗粒混合土测得的 $G_{d\max}/G_d$-γ_d 为曲线，这也是粗颗粒土与其他类土的区别，如图 4-6 所示。

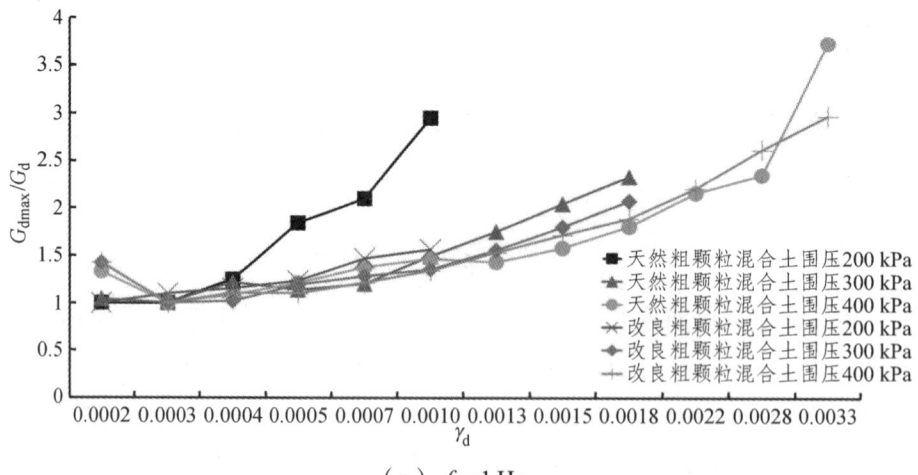

(a) $f = 1$ Hz

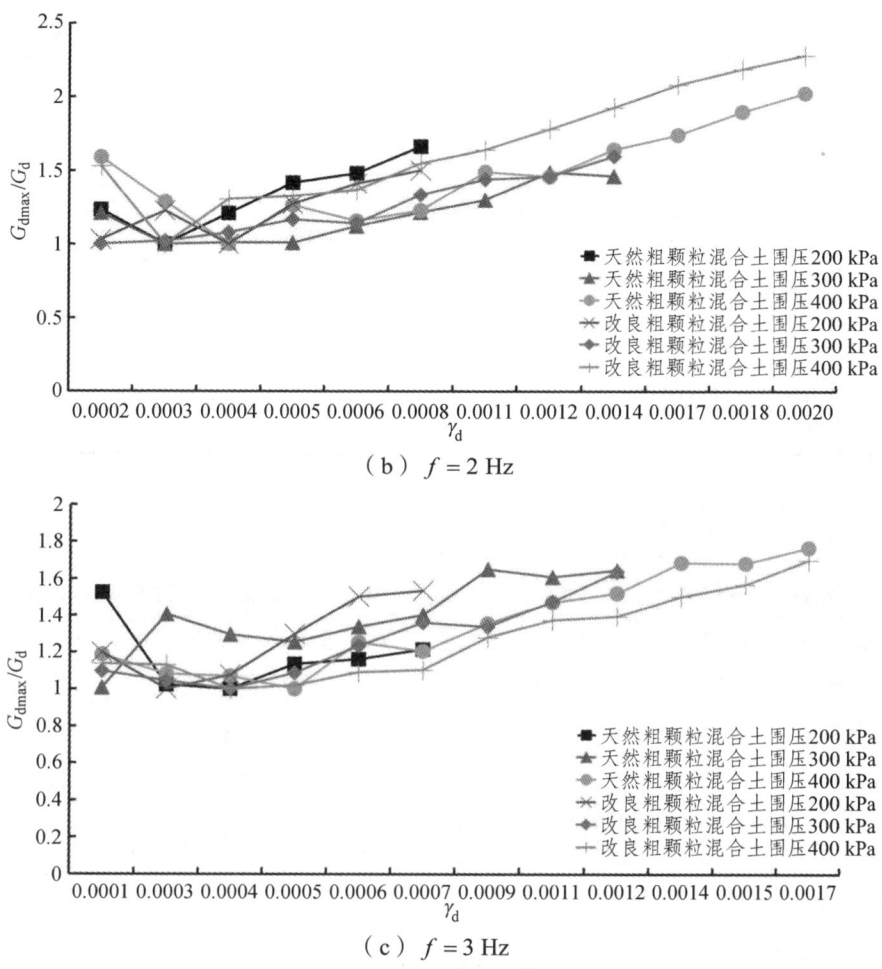

(b) $f = 2$ Hz

(c) $f = 3$ Hz

图 4-6 不同围压下的 G_{dmax}/G_d-γ_d 关系曲线

粗颗粒混合土各试验参数下的最大动剪切模量值见表 4-1。

表 4-1 粗颗粒混合土各试验参数下的最大动剪切模量值

围压/kPa	振动频率/Hz	天然粗颗粒混合土 $G_{d\max}$/kPa	改良粗颗粒混合土 $G_{d\max}$/kPa
200		110.06	136.67
300	1	139.465	162.07
400		188.77	165.62

续表

围压/kPa	振动频率/Hz	天然粗颗粒混合土 $G_{d\max}$/kPa	改良粗颗粒混合土 $G_{d\max}$/kPa
200	2	114.22	120.74
300		127.05	141.31
400		186.53	200.31
200	3	105.70	127.55
300		173.07	149.61
400		179.61	151.73

4.2 阻尼比

在动三轴试验中，当土体受到动力循环荷载的作用时，会有部分能量的耗散，而这部分能量的耗散，我们用阻尼比 λ 来表示。阻尼比 λ 即是每个振次循环耗散的能量与作用在土体上总的弹性能量之比，反映了土体本构关系的滞后性。结合式（3-7）进行椭圆拟合，可以算出天然粗颗粒混合土与改良粗颗粒混合土的阻尼比 λ，由此可得到天然粗颗粒混合土及其改良土的 $\lambda - \gamma_d$ 关系曲线，如图4-7和图4-8所示。

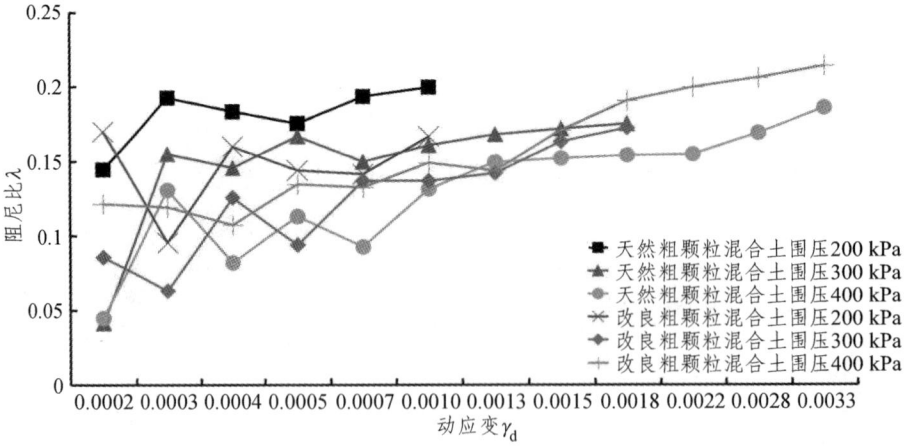

（a）$f = 1$ Hz

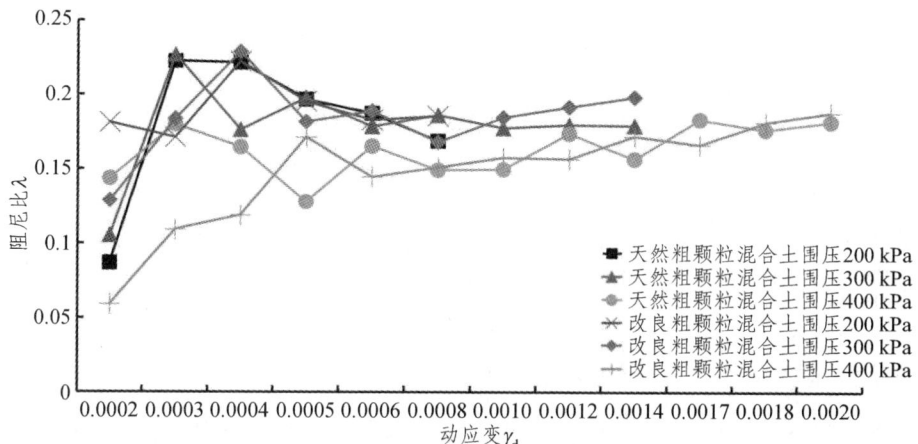

(b) $f = 2$ Hz

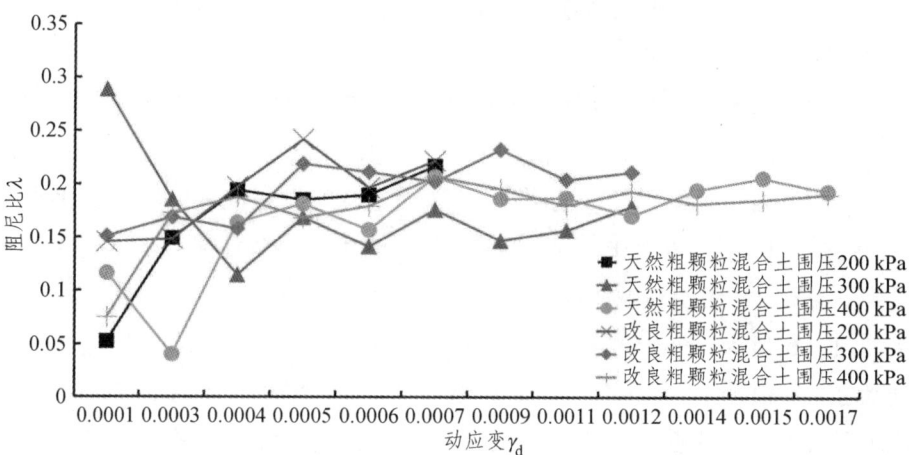

(c) $f = 3$ Hz

图 4-7 不同围压下的 λ-γ_d 曲线

4.2.1 阻尼比与动应变的关系

1. λ-γ_d 关系曲线与围压的关系

由图 4-7 可知，围压在一定值时，阻尼比 λ 随动应变 γ_d 的增大而呈现非线性增大的趋势。由此可见，动应变 γ_d 对阻尼比 λ 有显著的影响。当 $0.02\% \leqslant \gamma_d \leqslant 0.05\%$ 时，阻尼比 λ 才有最大值出现，这也反映了粗颗粒混合土的动应力-应变关系的非线性和滞后性的一般性动力特征。结合图 4-7（a）中的 λ-γ_d 关系曲线，分析围压对 λ-γ_d 关系曲线的影响。

分析粗颗粒混合土的 λ-γ_d 关系曲线。由图可知，围压越低，天然粗颗粒混合土或改良粗颗粒混合土的 λ-γ_d 曲线越远离横轴；围压越高，其 λ-γ_d 曲线越靠近横轴。以天然粗颗粒混合土的 λ-γ_d 关系曲线举例，动应变达到 0.03%，当围压为 200 kPa 时，阻尼比值为 0.192 5；当围压为 300 kPa 时，阻尼比值为 0.154 8；当围压为 400 kPa 时，阻尼比值为 0.130 5。由此可以看出，在动应变相同的条件下，随着围压的增大，天然粗颗粒混合土和改良粗颗粒混合土的阻尼比 λ 会随之减小。这是由于，当粗颗粒混合土的围压增大时，土颗粒之间接触越充分，粗颗粒混合土颗粒之间原本的孔隙会减少，振动波的传播速度由此加快，消耗的能量就会减少，而阻尼比就是表示土体受到循环荷载作用时所消耗的能量。

比较天然粗颗粒混合土及其改良土的 λ-γ_d 关系曲线。两种土体在围压为 200 kPa、振动频率为 1 Hz 的试验条件下，当动应变幅值达到 0.03%时，天然粗颗粒混合土的阻尼比值为 0.192 5，而改良粗颗粒混合土的阻尼比值为 0.095 3；在围压为 300 kPa、振动频率为 1 Hz 的试验条件下，当动应变幅值达到 0.03%时，天然粗颗粒混合土的阻尼比值为 0.154 8，而改良粗颗粒混合土的阻尼比值为 0.062 9；在围压为 400 kPa、振动频率为 1 Hz 的试验条件下，当动应变幅值达到 0.03%时，天然粗颗粒混合土的阻尼比值为 0.130 5，而改良粗颗粒混合土的阻尼比值为 0.119 1。由此可以看出，当所有试验条件一致时，改良粗颗粒混合土的阻尼比值比天然粗颗粒混合土的阻尼比值要小很多。这表明粗颗粒混合土在围压的作用下，粗颗粒混合土的颗粒级配越好，颗粒之间的接触就更加紧密，土颗粒之间接触就越充分，粗颗粒混合土颗粒之间原本的孔隙会减少，振动波的传播速度由此加快，消耗的能量就会减少，即能量损耗的参数阻尼比 λ 也会减小。这也再次印证了良好的颗粒级配是保证路堤填方工程质量的重要因素。

从图 4-7（b）和图 4-7（c）所示天然粗颗粒混合土和改良粗颗粒混合土的 λ-γ_d 曲线中不难发现，围压与颗粒级配对其有相同的影响趋势。

2. λ-γ_d 关系曲线与振动频率的关系

从图 4-8（a）中的 λ-γ_d 关系曲线分析振动频率对 λ-γ_d 关系曲线的影响，分析粗颗粒混合土的 λ-γ_d 关系曲线。由图 4-8（a）可知，振动频率越低，粗颗粒混合土的 λ-γ_d 曲线越靠近横轴；振动频率越高，其 λ-γ_d 曲线越远离横轴。以天然粗颗粒混合土的 λ-γ_d 关系曲线举例，动应变达到 0.023%，当振动频率为 1 Hz 时，阻尼比值为 0.192 5；当振动频率为 2 Hz 时，阻尼比值为 0.222 3；当振动频率为 3 Hz 时，阻尼比值为 0.149。由此可以看出，粗颗粒混合土阻尼比 λ 随着振动频率的增大而呈现先增大后减小的现象。这是由于振动频率越大，土体变形不能充分展开，且土体之间不紧密，孔隙较多，能量损耗的参数阻尼比 λ 将会增加，也从侧面反映了粗颗粒混合土的频率效应较为明显。

比较天然粗颗粒混合土及改良粗颗粒混合土的 λ-γ_d 关系曲线。两种土体在振动频率为 1 Hz、围压为 200 kPa 的试验条件下，当动应变幅值达到 0.053% 时，天然粗颗粒混合土的阻尼比值为 0.192 5，而改良粗颗粒混合土的阻尼比值为 0.095 3；在振动频率为 2 Hz、围压为 200 kPa 的试验条件下，当动应变幅值达到 0.053% 时，天然粗颗粒混合土的阻尼比值为 0.222 3，而改良粗颗粒混合土的阻尼比值为 0.171；在振动频率为 3 Hz、围压为 200 kPa 的试验条件下，当动应变幅值达到 0.053% 时，天然粗颗粒混合土的阻尼比值为 0.149，而改良粗颗粒混合土的阻尼比值为 0.148 1。相同试验条件下，改良粗颗粒混合土的阻尼比值比天然粗颗粒混合土的阻尼比值要小。

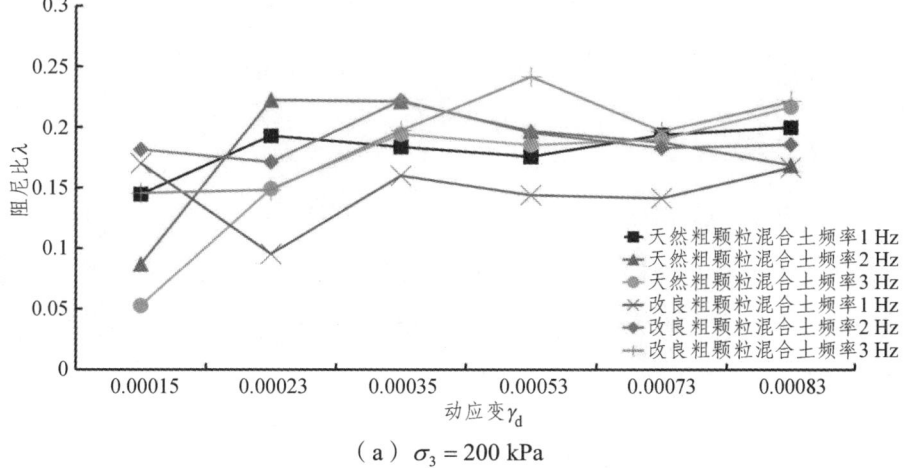

（a）$\sigma_3 = 200$ kPa

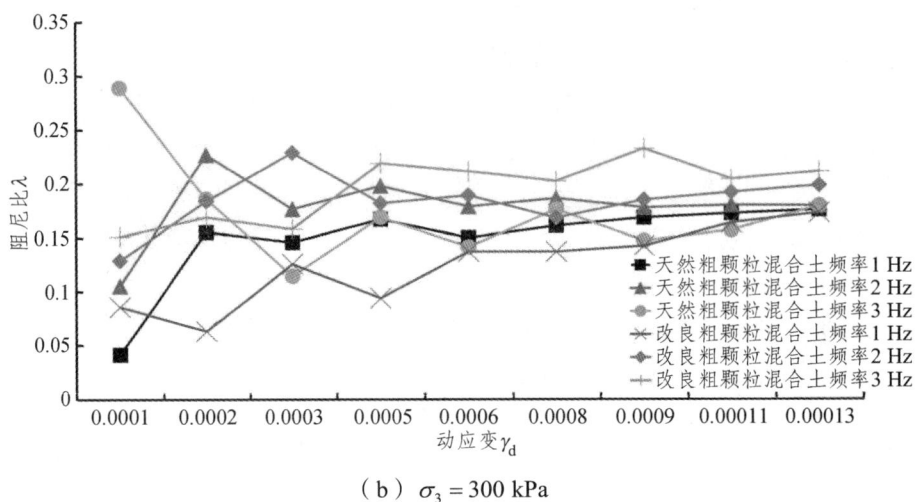

(b) $\sigma_3 = 300$ kPa

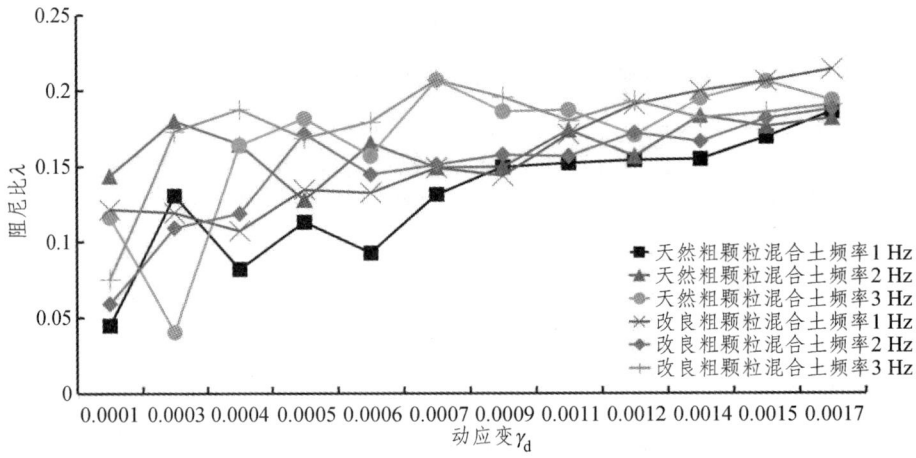

(c) $\sigma_3 = 400$ kPa

图 4-8　不同振动频率下的 $\lambda\text{-}\gamma_d$ 曲线

从图 4-8（b）和图 4-8（c）所示天然粗颗粒混合土和改良粗颗粒混合土曲线中不难发现，振动频率与颗粒级配对其有相同的影响趋势。

4.2.2　最大阻尼比

根据试验确定的渐进常数作为最大阻尼比，结果见表 4-2。

表 4-2　不同围压和振动频率下的最大阻尼比 λ_{max}

围压/kPa	振动频率/Hz	天然粗颗粒混合土最大阻尼比 λ_{max}	改良粗颗粒混合土最大阻尼比 λ_{max}
200	1	0.199 6	0.176 7
300	1	0.175 3	0.172 5
400	1	0.174 3	0.170 2
200	2	0.226 6	0.218 5
300	2	0.222 3	0.213
400	2	0.183 1	0.177 6
200	3	0.216 6	0.205 6
300	3	0.212 0	0.202 2
400	3	0.210 2	0.198 4

4.3 取得的成果

通过对粗颗粒混合土开展大型动三轴试验，从多个角度研究了粗颗粒混合土及改良粗颗粒混合土的动剪切模量和阻尼比的动力特性发展规律及其影响因素，主要研究成果如下：

（1）动应变水平是影响动剪切模量的主要因素。通过粗颗粒混合土在不同围压和振动频率下的试验曲线可知，粗颗粒混合土的动剪切模量随动应变的增大出现了非线性衰减，这也从侧面反映了粗颗粒混合土具有线性衰减的一般动力特征。

（2）围压对动剪切模量 G_d 有较大的影响。在动应变相同的条件下，动剪切模量 G_d 随围压的增大而增大，改良粗颗粒混合土的动剪切模量 G_d 值比天然粗颗粒混合土的动剪切模量 G_d 值明显高出许多。当动应变达到一定值时，动剪切模量 G_d 下降的趋势逐渐放缓，不同围压的动剪切模量 G_d 之间的差别越来越小，不同围压之间的动剪切模量 G_d 值非常接近，则此时，围压对动剪切模量 G_d 的影响可以忽略。振动频率对动剪切模量 G_d 有较大的影响。在动应变相同的条件下，动剪切模量 G_d 随振动频率的增大而增大，改良粗颗粒混合土的动剪切模量值比天然粗颗粒混合土的动剪切模量值明显高出许多。

（3）粗颗粒混合土的最大动剪切模量 $G_{d\max}$ 随围压的增大而增大。最大动剪切模量 $G_{d\max}$ 随振动频率的增大也有近似线性增加的趋势，振动频率越大，最大动剪切模量 $G_{d\max}$ 也越大。从曲线的斜率上来看，可以近似地认为振动频率对最大动剪切模量 $G_{d\max}$ 的影响有限。

（4）由动剪切模量的归一化曲线可知，对试验得到的动剪切模量进行归一化处理后，试验数据的离散性变小。动剪切模量比值随动应变幅值的增大而呈现非线性减小，其非线性特征非常明显，有着良好的双曲线关系。所有试验条件一致时，改良粗颗粒混合土的动剪切模量比值比天然粗颗粒混合土的动剪切模量比值明显高出许多，通过加入粗颗粒改良级配后，改良粗颗粒混合土的刚度和强度得到了明显的提高，抵抗动力荷载破坏的能力更强。

（5）动应变水平是影响阻尼比 λ 的主要因素，阻尼比 λ 随动应变 γ_d 的增大而呈现非线性增大的趋势。围压对阻尼比 λ 有较大的影响，在动应变相同的条件下，阻尼比 λ 随围压的增加而减小，改良粗颗粒混合土的阻尼比 λ 比天然粗颗粒混合土的阻尼比 λ 要小很多。振动频率对阻尼比 λ 有较大的影响，粗颗粒混合土的阻尼比 λ 随振动频率的增大而呈现先增大后减小的趋势，改良粗颗粒混合土的阻尼比 λ 比天然粗颗粒混合土的阻尼比 λ 要小。最后，通过试验分析，得出了不同试验条件下的天然粗颗粒混合土及改良粗颗粒混合土的最大阻尼比 $\lambda_{\max}$。

5

PART FIVE

粗颗粒砂土改良加固试验研究

5.1 试验用土

通过无侧限抗压试验、干湿循环试验等研究改良材料对砂土的加固效果。所用土为易贡滑坡处粗颗粒混合土,在剔除杂质并进行风干后,所有粒径在 5 mm 以下土的混合,呈灰白色,土的级配曲线如图 5-1 所示,基本物理性质见表 5-1。

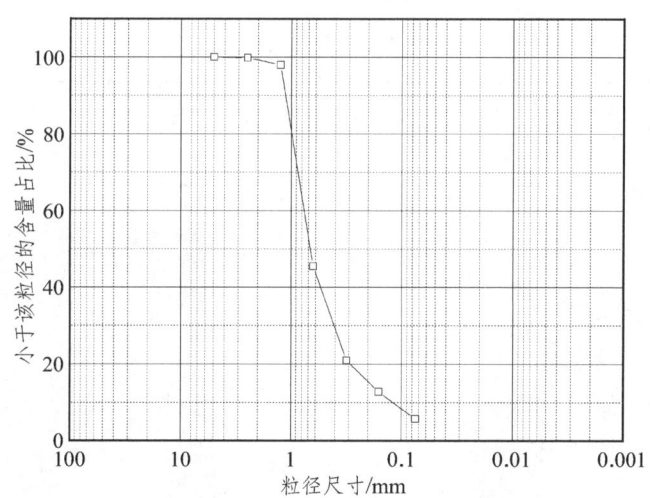

图 5-1 试验所用砂土级配曲线

表 5-1 试验所用砂土基本物理性质

最优含水率 /%	最大干密度 /(g/cm³)	有效粒径 /mm	控制粒径 /mm	不均匀系数	曲率系数
12	1.79	0.13	0.80	6.32	1.83

5.2 试验用改良材料

5.2.1 聚乙烯醇

聚乙烯醇（PVA）是一种水溶性高分子聚合物，与大多数其他合成凝胶相比，可以形成更强的凝胶。PVA 的特征主要为易加工、广泛的商业可用性、无毒性以及优秀的力学性能，目前 PVA 已广泛应用于各种领域，如复合材料的制备和在生物医学中的应用，由于其环境友好的特征，使用 PVA 作为水泥的替代品在建筑材料应用领域引起了极大的关注。

聚乙烯醇的物理与化学性质受其结构与分子排列的影响，根据分子量的不同分为超高聚合度、高聚合度、中聚合度和低聚合度。试验所用聚乙烯醇为高聚合度，醇解度为 99%的聚乙烯醇（PVA）20-99，其物理性质见表 5-2。聚乙烯醇 20-99 溶解前为白色片状、羽状纤维，不溶于冷水，在沸水中溶解为 PVA 含量为 5.23%的稳定溶液，如图 5-2 所示。

表 5-2 聚乙烯醇基本物理性质

黏度/（mPa·s）	挥发分/%	灰分/%	pH
34.0~42.2	5	0.5	5~7

(a) (b)

图 5-2 PVA 溶于沸水形成稳定的 PVA 溶液

聚乙烯醇溶于沸水后形成聚乙烯醇溶液，可与土进行拌和，养护过程中聚乙烯醇溶液脱水，与土形成胶-土黏结体系，有效限制土颗粒位移，并且聚乙烯醇溶液脱水后具有极高的抗拉强度，使胶-土黏结体系的强度大大提高。由于聚乙烯醇不溶于冷水，当胶体脱水后会在土颗粒表面形成一层疏水薄膜，在干湿循环过程中可以阻止水对土颗粒的侵蚀，使改良土体具有良好的水稳性。

5.2.2 硅 灰

硅灰是一种工业冶炼的副产品，是铁合金在冶炼硅铁和工业硅（金属硅）时，矿热电炉内产生出大量挥发性很强的 SiO_2 和 Si 气体，气体排放后与空气迅速氧化冷凝沉淀而成。其特点是比表面积大，具有很高的活性。

硅灰通常被用在传统建筑材料领域，一般在砂浆、耐火材料浇注料中添加一定量的硅灰，水泥间的孔隙可以被硅灰填充，与水化产物生成具有强度的凝胶体，显著提高材料抗折、抗渗、抗压能力，大幅度优化材料力学性能及耐久性，延长混凝土的使用寿命。本书将硅灰作为辅助材料对粗颗粒土进行改良，研究硅灰对土体力学特性和水稳性的改良效果。

试验所用硅灰为图 5-3 所示的灰色粉末，中位径为 3.57 μm，体积平均径为 1.75 μm，细度小于 1 μm 的占 20% 以上，细度小于 6.5 μm 的占 80% 以上，具有很高的活性。其基本物理性质见表 5-3。

图 5-3　试验所用硅灰

表 5-3　硅灰的基本物理性质

耐火度/°C	容重/(kg/m³)	平均粒径/μm	比表面积/(m²/kg)
>1 700	220~250	3.4~3.6	1 262.85

5.2.3　聚丙烯纤维

通过聚丙烯聚合得到的等规聚丙烯,以其为原料进行纺制得到的纤维,称为聚丙烯纤维。聚丙烯纤维根据长度和形状可分为长纤维、短纤维、纺黏无纺布、熔喷无纺布等,其主要优点为制作成本低、生产效率高,广泛应用于产业、装饰、服装、医疗等领域中。

由于聚丙烯纤维具有优异的抗拉强度,同时耐热、耐腐蚀,在建筑领域,通常用被制作成土工布来对软土地基上的土建工程进行加固,荷载在土工布上均匀分配,降低路基发生不均匀沉降的概率,减少地面龟裂;聚丙烯纤维还可作为填充材料,填充到混凝土、灰泥等建筑材料中,可显著提高混凝土的防水性、抗冲击性。目前纤维作为改良材料已被广泛应用在土体改良中,纤维的加入能有效改善各项力学性能,纤维作为改良材料掺入砂土中后依靠互相搭接形成的骨架及界面摩擦作用增强土体强度。本试验所用聚丙烯纤维密度为 $0.90 \sim 0.92 \ \text{g/cm}^3$,其特性参数见表 5-4。

表 5-4　试验所用聚丙烯纤维的特性参数

纤维长度/mm	纤维直径/mm	比重	抗拉强度/MPa	弹性模量/GPa	拉伸极限	耐热能力/°C	吸水性
10/20	0.04	0.91	458	3.5	150%	165	无

5.2.4　活性氧化镁

氧化镁是一种重要的耐火原料,具有耐火度高(2 800 °C)和抗碱性侵蚀的优良性能。氧化镁遇水反应,反应过程中产生的水化产物可起到一定的黏结作用,可以用作建筑浇筑材料的黏结剂。大量的试验研究和工程建设实践表明,在大体积混凝土拌和及浇筑施工过程中加入合适掺量的氧化镁作为膨胀剂可以弥补混凝土硬化过程中出现的体积收缩,使混凝土的力学性能不发生缩减并具有延迟微膨胀的特性,充分利用体积发生微膨胀的特性可以有效补偿建筑材料硬化过程中发生的收缩变形。

试验用活性氧化镁为轻质氧化镁,为细腻无结块的白色粉末,其矿物成分采用 X 射线衍射(XRD)分析,经过 XRD 能谱扫描,如图 5-4 所示,图中各峰完全符合氧化镁的特征。

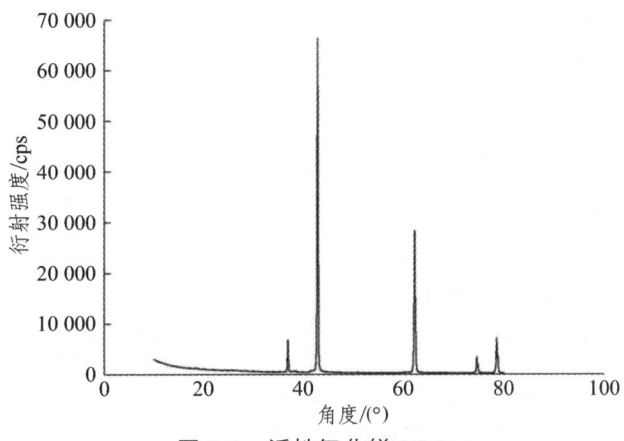

图 5-4　活性氧化镁 XRD

使用 BT-9300H 型激光粒度分布仪对试验使用活性氧化镁进行粒度分析,活性氧化镁颗粒直径分布如图 5-5 所示。可以看出,活性氧化镁颗粒直径均匀分布于 0.14~40.15 μm,其中位粒径为 4.52 μm,面积平均粒径为 2.06 μm,体积平均粒径为 6.95 μm,比表面积为 1 076.36 m^2/kg。活性氧化镁颗粒较小,加入砂土中后会增加细颗粒的含量从而改变颗粒级配,从级配角度来说,土体因细颗粒的增加变得更加密实。

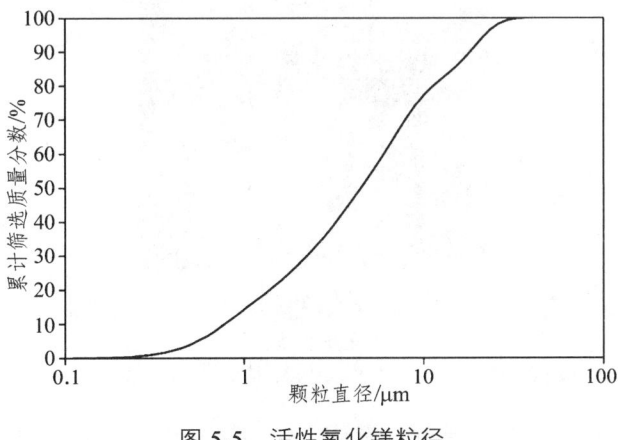

图 5-5　活性氧化镁粒径

5.3 无侧限抗压强度试验研究

5.3.1 试验仪器

本试验在西藏农牧学院高原水力发电试验平台土木工程实验室的 TWSZ-100 式三轴试验机（见图 5-6）中进行，其中三轴试验机为应变控制式，最大竖向压力为 100 kN，制样高 100 mm，直径为 50 mm，高径比为 2∶1，试验时剪切速度控制为 1 mm/min，不施加围压进行单轴压缩试验。应变控制式试验机的工作原理为将试样置于置物台上，计算机控制电动机匀速运转，使置物台匀速上升，直至试样接触仪器上方的压力传感器，此时竖向压力通过下方置物台和压力传感器加载到试样上，试验开始后置物台按照设定的速度匀速上升，试样在置物台与压力传感器的加载下受力直至破坏，试验机在此过程中可以按设定频率自动记录试验数据并实时显示应力-应变曲线。

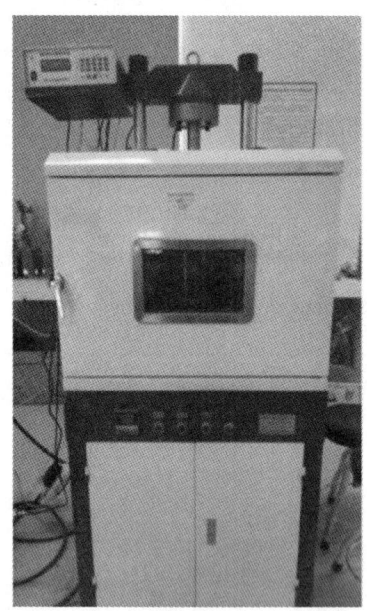

图 5-6　TWSZ-100 式三轴试验机

5.3.2 氧化镁掺量对砂土改良效果影响分析

将活性氧化镁作为改良剂，设计 4%、8%、12%、16%含量的 4 种掺加量单独掺入土中，进行单轴压缩试验，以确定活性氧化镁掺量对土的单轴压缩强度的影响。

图 5-7 所示为不同氧化镁掺量的试样，可以看出，氧化镁改良试样表面较粗糙，随着活性氧化镁掺加量的增加，试样颜色逐渐变白，试样表面逐渐密实，4%活性氧化镁掺量下的改良试样表面粗糙程度明显较其他掺量大。

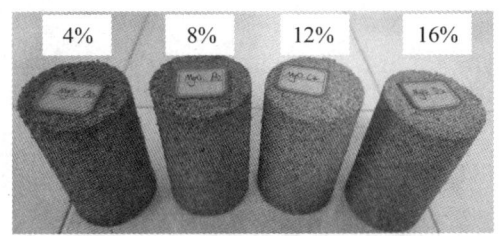

图 5-7　活性氧化镁改良试样

图 5-8 所示为掺量 4%活性氧化镁与 8%活性氧化镁改良试样对比图，图中可以明显看出，4%活性氧化镁掺量下试样表面具有较多孔隙，试样密实度较低，8%活性氧化镁改良试样的表面相对密实，改良试样的不同密实程度会影响其无侧限抗压强度的高低。

图 5-8　不同掺量活性氧化镁改良试样致密表面粗糙程度不同

试验用素土的黏聚力较低，最优含水率下无侧限抗压强度仅为 25.46 kPa。图 5-9 所示为单掺氧化镁在不同养护时间下的应力-应变曲线，图中可以明显看出养护 3 d 下不论掺加量为多少，试样的应力-应变曲线都比较平缓，在峰值附近都存在较明显的平台期，强度的增长与下降速度都比较慢，上升与下降的幅度也很小，此时试样内部部分区域仍然存在有较高的含水率，试样表现出较软的性质，随着养护时间的增加，试样内部的含水率逐渐减小并逐渐均匀。养护 7 d 后不同活性氧化镁掺加量的应力-应变曲线间的关系没有发生变化，16%掺量下的曲线仍然在最上方，但曲线的峰值都有不同程度的增加，强度上升阶段都变得略微陡峭，峰值出现的时间略微出现前移。养护 14 d 后各掺加量下的试样强度出现不同程度的增长，强度增长阶段近似直线，峰值附近的平台逐渐消失，试样脆性破坏逐步显现，说明试样内部含水率已经变为较低的数值。养护 28 d 后除了 4%掺量下的试样的应力-应变曲线仍然较平缓外，其他掺量下的试样峰值附近平台消失，前期强度上升阶段接近直线，破坏后强度下降迅速，表现出明显的脆性破坏，试样的含水率很低。

随着养护时间的变化，各掺加量试样的应力-应变曲线峰值均增大，除低掺加量 4%外，其他掺加量下试样随着养护时间的增长，应力-应变曲线的增长阶段逐渐变陡，显现出明显的脆性破坏特性。4%掺加量因氧化镁含量较少，随着养护时间的增长，强度只有少量增加，应力-应变曲线整体没有出现较大变化，在峰值附近存在明显的平台期，这是因为试样没有直接出现贯穿的剪切缝，而是出现不同的小裂缝逐步发育直至完全破碎。随着掺加量的增加，试样的脆性逐渐明显，这是由于活性氧化镁加入土体中后会吸收试样中的水，反应生成氢氧化镁，氢氧化镁缓慢吸收空气中的二氧化碳生成碱式碳酸镁，此过程的反应产物碱式碳酸镁连接不同砂土颗粒使其成为一个整体并表现出各向异性，此过程使试样的含水率降低，导致试样表现出明显的脆性。

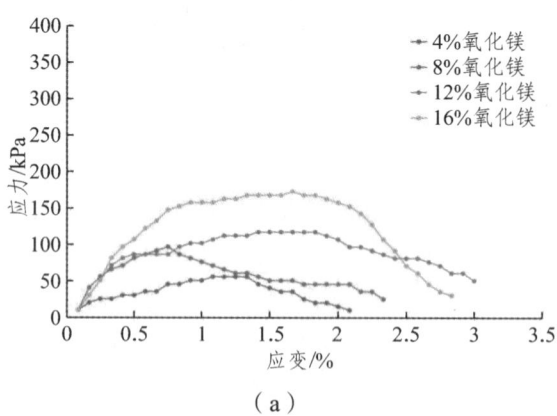

（a）

5 粗颗粒砂土改良加固试验研究

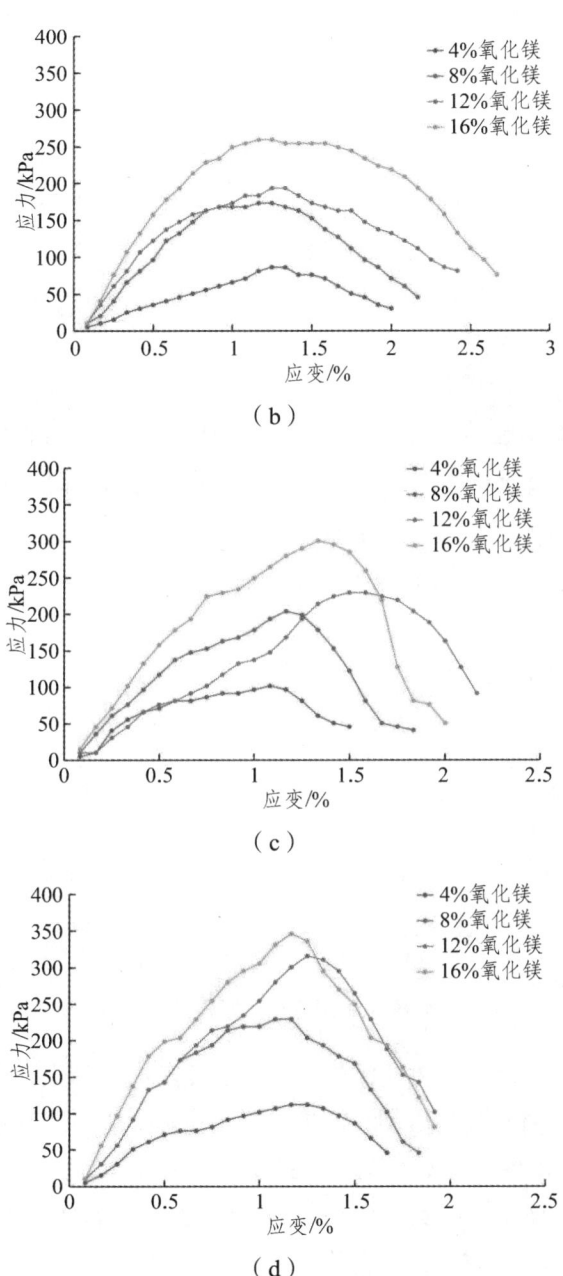

图 5-9 不同养护时间下活性氧化镁改良土应力应变曲线

图 5-10 所示为养护 3 d 后无侧限抗压强度随氧化镁掺加量的变化曲线，随着氧化镁掺加量的增加，无侧限抗压强度增长明显。当掺加量从 4%增长至 8%时，无侧限抗压强度由 56.02 kPa 增长至 96.77 kPa，掺加量增长 100%后强度增长了 73%，这是因为活性氧化镁掺加量增加后会填充更多孔隙使试样更加密实，阻碍内部的氧化镁和氢氧化镁吸收空气中的水分和二氧化碳。当掺量从 8%增长至 12%时，无侧限抗压强度增长至 117.14 kPa，与 8%相比强度仅增长 21%，增长速度出现明显下降。继续增加活性氧化镁的掺加量至 16%，无侧限抗压强度增长至 173.16 kPa，与 12%掺量下相比增长 48%左右，但总体来讲强度仍然较低。

在自然环境中养护 3 d 后，活性氧化镁还没有完全形成碱式碳酸镁，改良土中氧化镁、氢氧化镁、碱式碳酸镁三者共存，改良效果受三者综合支配。其中，碱式碳酸镁生成较少，不能有效提高强度。

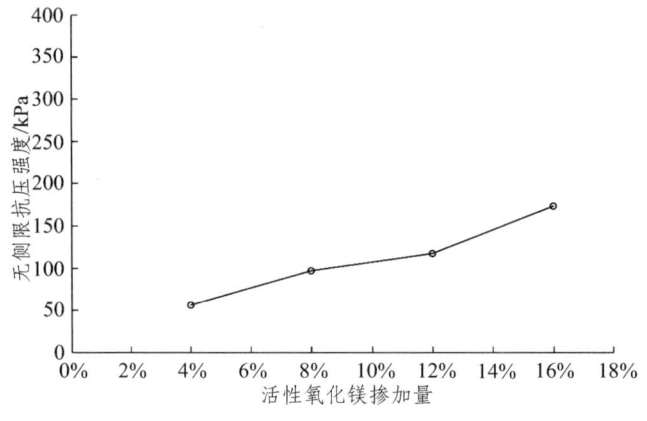

图 5-10 养护 3 d 无侧限抗压强度

图 5-11 所示为养护 7 d 后无侧限抗压强度随活性氧化镁掺加量的变化曲线，随着氧化镁掺加量的增加，改良砂土的单轴抗压强度依然呈增加趋势。在 4%、8%、12%、16%活性氧化镁掺加量下，无侧限抗压强度分别为 86.58 kPa、173.16 kPa、193.53 kPa、259.74 kPa。与养护 3 d 相比，4%掺量下强度提升 55%，8%掺量下强度提升 79%，12%掺量下强度提升为 65%，16%掺量下强度提升为 50%，4%增加至 8%掺加量时增长最明显，随着氧化

镁掺加量的增加，无侧限抗压强度整体趋势与养护 3 d 相比基本相同，活性氧化镁掺加量从 8%增加到 12%的过程中无侧限抗压强度增加趋势出现明显变缓。

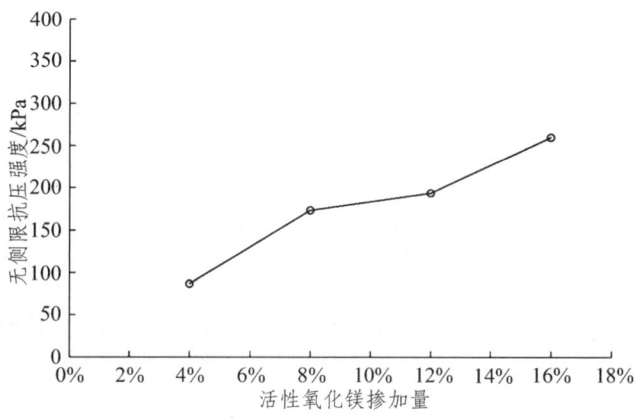

图 5-11　养护 7 d 无侧限抗压强度

图 5-12 所示为养护 14 d 后无侧限抗压强度随活性氧化镁掺加量的变化曲线。在 4%、8%、12%、16%掺加量下的无侧限抗压强度分别为 101.6 kPa、203.72 kPa、229.18 kPa、300.48 kPa，与养护 7 d 相比，平均提升 17%左右，分析主要原因是氢氧化镁吸收空气中的二氧化碳逐步反应生成碱式碳酸镁使强度逐渐增加。

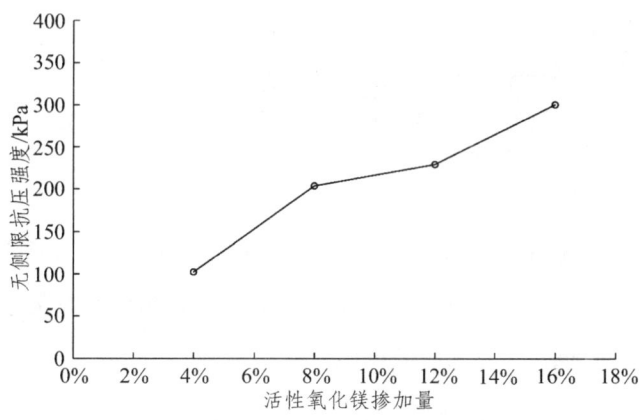

图 5-12　养护 14 d 无侧限抗压强度

图 5-13 所示为养护 28 d 后无侧限抗压强度随活性氧化镁掺加量的变化曲线，在 4%、8%、12%、16%掺加量下的无侧限抗压强度分别为 112.05 kPa、229.18 kPa、315.78 kPa、346.32 kPa，与养护 7 d 相比，平均提升 17%左右，分析主要原因是氢氧化镁吸收空气中的二氧化碳逐步反应生成碱式碳酸镁使强度逐渐增加。

活性氧化镁在改良土中发挥作用一般为两个方面：一是活性氧化镁作为细颗粒加入改良土中后增加了土体中细颗粒的含量，填充了砂土颗粒间的部分孔隙；二是随着养护时间的增加，氧化镁颗粒先与水反应生成氢氧化镁，氢氧化镁本身具有一定的胶结作用，会使土颗粒黏结为整体，并且氢氧化镁会吸收空气中的二氧化碳生成碱式碳酸镁并将土颗粒连接，形成比氢氧化镁更牢固的连接结构。

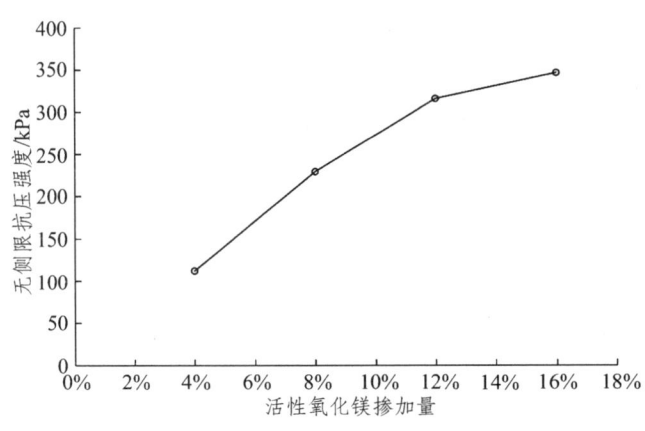

图 5-13　养护 28 d 无侧限抗压强度

图 5-14 为活性氧化镁改良试样剪切破坏图。养护 28 d 后试样剪切破坏面呈多缝锥形破坏，土体受各向异性的影响，在无侧限压缩条件下，形成多条剪切带，最终形成多缝锥形破坏面。

图 5-14 活性氧化镁改良试样剪切破坏图

5.3.3 不同聚乙烯醇（PVA）掺量对土的强度影响分析

图 5-15 展示了单独添加 PVA 材料改良的试样无侧限抗压强度随养护龄期的变化。可以发现，3 d 养护后 PVA 改良试样的强度并不大，因为试样内部的含水率较高，部分 PVA 仍以溶液形式存在，没有形成完整的弹性立体丝网。强度增长主要发生在养护龄期 3~7 d 内，且 PVA 含量越高，数值增长幅度越大，当含量超过 6% 后，7 d 养护后的无侧限抗压强度能够达到 3 d 养护的 210% 以上。不过，当养护龄期超过 7 d 后，强度的增长明显下降，说明 PVA 胶体已基本形成。

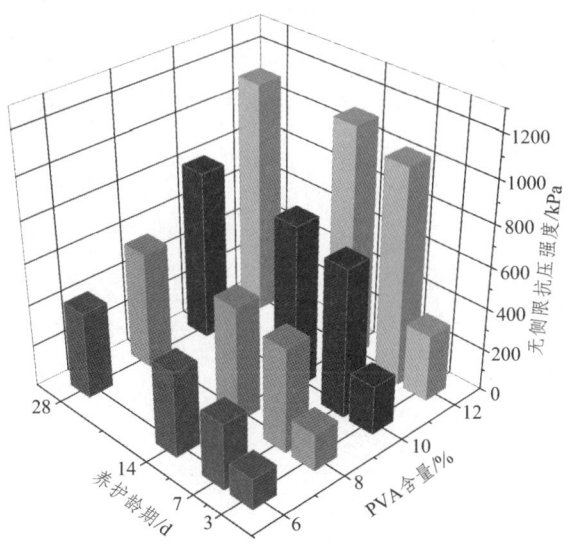

图 5-15 PVA 改良试样无侧限抗压强度随养护龄期的变化

图 5-16（a）所示为风干养护 3 d 不同聚乙烯醇掺量的应力-应变曲线。可以看出，随着聚乙烯醇掺量的增加，改良砂土的无侧限抗压强度增加。6% 聚乙烯醇掺加量下，无侧限抗压强度为 147.70 kPa；12%PVA 掺量下，改良砂土的无侧限抗压强度也仅有 320.86 kPa，强度提升不明显，并且应力-应变曲线存在起伏。分析原因主要是养护 3 d 的试样中仍然存在部分含水率较高的区域，这些区域中的聚乙烯醇还没有脱水形成弹性丝网以提高强度，随着应变的增加，已经提高强度的聚乙烯醇丝网出现与土颗粒分离或者断裂的现象，导致强度出现下降或者不增加。

图 5-16（b）所示为风干养护 7 d 下不同聚乙烯醇掺入量的应力-应变曲线。随着养护时间的增加，试样中含水率逐渐均匀，聚乙烯醇也形成了完整的网状结构以提高强度，12%掺量下改良砂土的无侧限抗压强度增长至 1 038.96 kPa，与养护 3 d 相比，强度明显增加。

图 5-16（c）所示为风干养护 14 d 的应力-应变曲线，与养护 7 d 相比，强度有少量增加。分析原因主要是试样中 PVA 继续脱水使无侧限抗压强度增加，12%PVA 掺量的无侧限强度达到 1 115.36 kPa。

图 5-16（d）所示为风干养护 28 d 的应力-应变曲线，强度基本与 14 d 的强度相同，与养护 7 d 相比，强度上升不明显。分析原因主要是养护 7 d 后聚乙烯醇溶液基本完成脱水干燥过程，12%聚乙烯醇溶液掺量的强度已达到养护 28 d 强度的 90%以上。

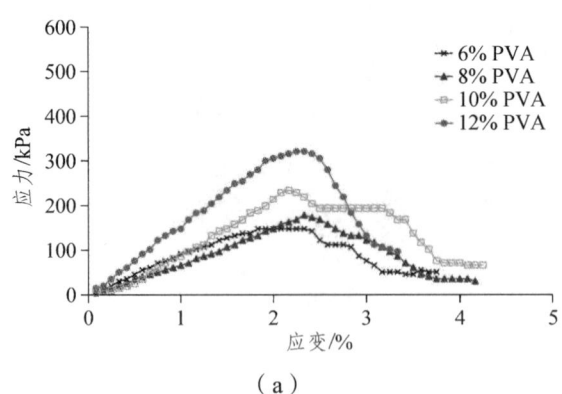

（a）

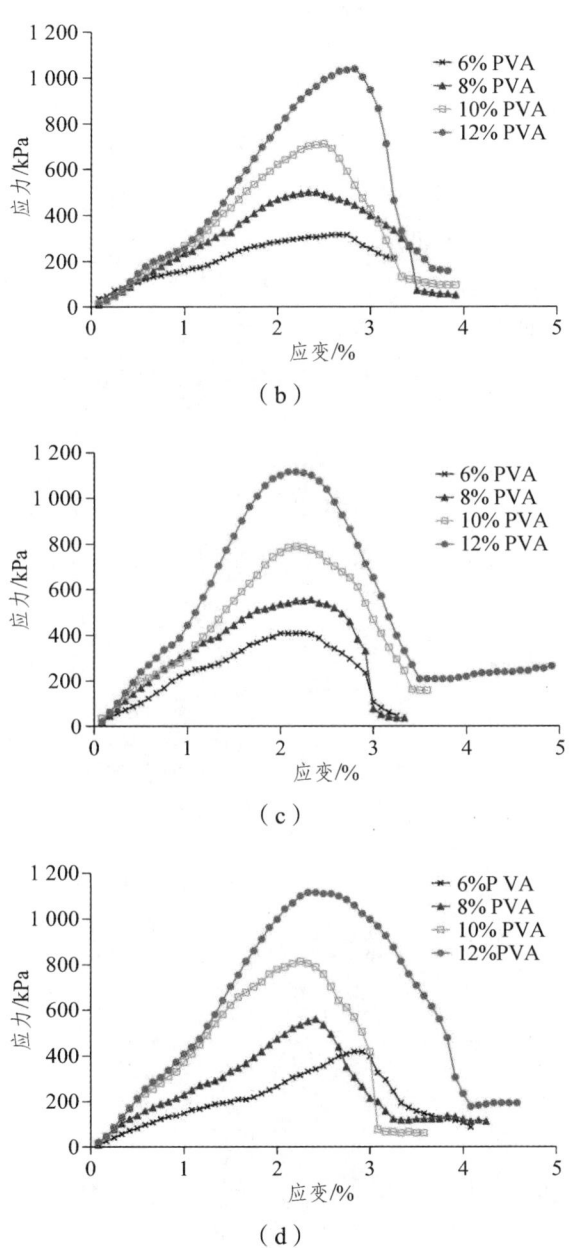

图 5-16 不同养护时间下聚乙烯醇改良土应力-应变曲线

图 5-17（a）所示为不同 PVA 掺量下无侧限抗压强度随养护时间的变化曲线。从图中可以看出，风干养护 3~7 d 阶段强度增长较快，养护 7~14 d 阶段改良土无侧限抗压强度增长变缓，养护 14 d 以后各掺量下无侧限抗压强度趋于稳定，养护 28 d 无侧限抗压强度与养护 14 d 无侧限抗压强度基本相同。

图 5-17（b）所示为不同养护龄期下改良土无侧限抗压强度与 PVA 掺加量变化曲线。从图中可以看出，风干养护 3 d 时，由于此时试样中含有较多水分，水在土颗粒间的润滑作用为主要控制因素，随着聚乙烯醇溶液掺量的增加，强度增加不明显。含水率均匀之后 PVA 形成弹性立体丝网以提高强度，此时 PVA 含量成为主要控制因素，随着聚乙烯醇溶液掺加量的增加，改良土的无侧限抗压强度增加明显。

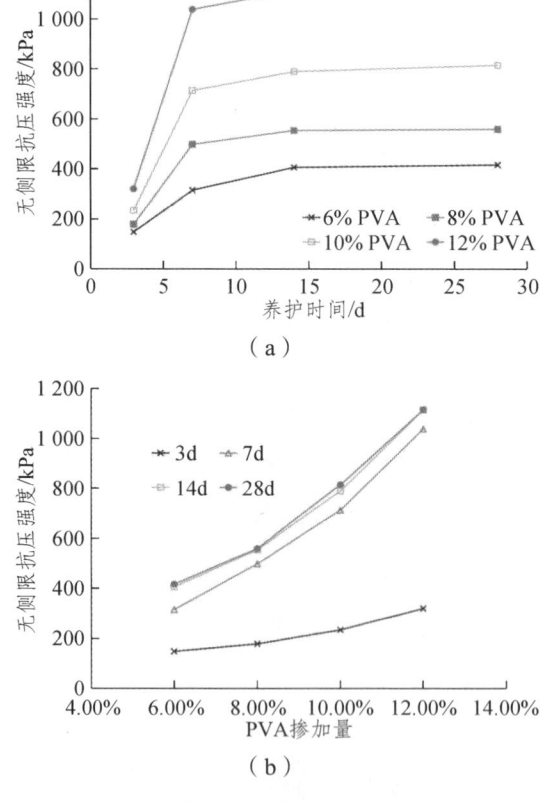

图 5-17 聚乙烯醇改良试样无侧限抗压强度与养护龄期关系

5.3.4 聚乙烯醇（PVA）和氧化镁复合改良

图 5-18 所示为 12%聚乙烯醇溶液掺量下与不同氧化镁掺量的试样。从图中可以看出，随着氧化镁掺加量的增加，试样颜色逐渐变白，与活性氧化镁单独改良相比，试样表面光滑致密。

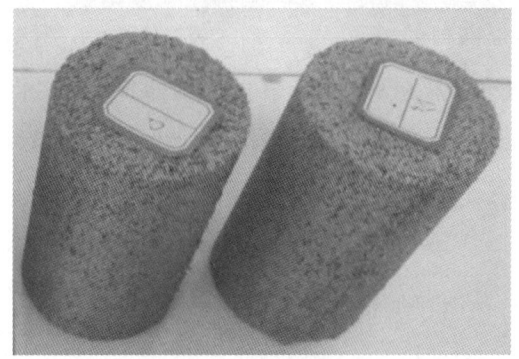

图 5-18　聚乙烯醇与活性氧化镁复合改良试样

图 5-19 所示为养护 3 d 的 PVA + 氧化镁复合改良应力-应变曲线。12%PVA 与 4%氧化镁复合改良下无侧限抗压强度达到 487.74 kPa，高于 12%PVA 单独改良时的 320.86 kPa 和 4%氧化镁单独改良时的 50.02 kPa，也大于二者之和，一定程度上说明二者复合改良效果较好。由于养护 3 d 时试样含水率较高，并且 PVA 没有完全脱水形成弹性丝网以提高强度，氧化镁也没有完全反应以提高强度，仍然以氧化镁与氢氧化镁为主要存在形式，应力-应变曲线较平缓，峰值起伏不大。

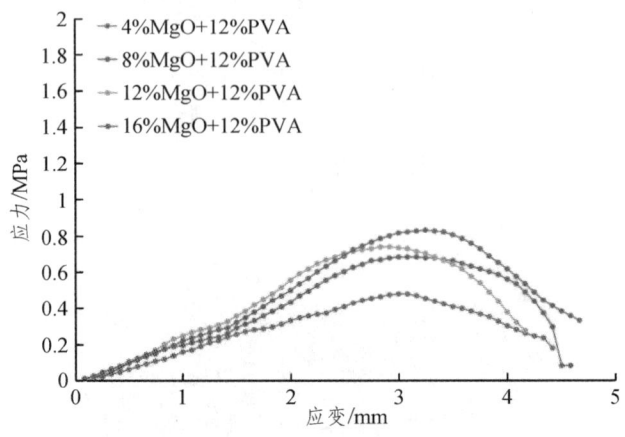

图 5-19 复合改良养护 3 d 应力应变曲线

图 5-20 所示为养护 7 d 的 PVA + 氧化镁复合改良应力-应变曲线。12%PVA 与 4%氧化镁复合改良下无侧限抗压强度达到 718.11 kPa,与养护 3 d 相比,有较大提升但不及 12%PVA 单独改良时的 1 038.96 kPa。分析原因主要是氧化镁的加入使试样更加密实,孔隙变少,试样内部的 PVA 脱水速度变缓,氧化镁反应也较慢,二者共同作用导致强度增长速度变缓。

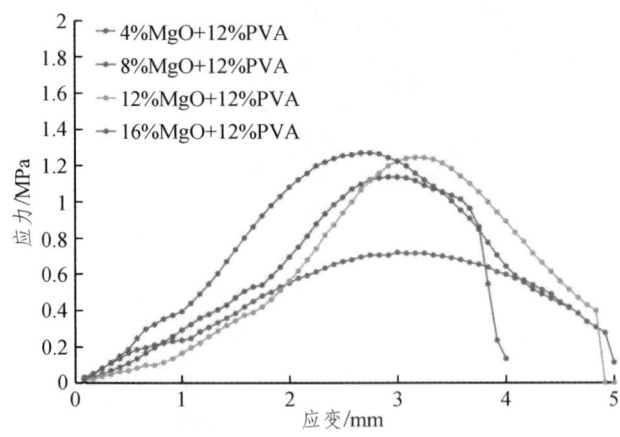

图 5-20 复合改良养护 7 d 应力-应变曲线

养护 14 d 后应力-应变曲线如图 5-21 所示,12%PVA 与 4%氧化镁共同改良下无侧限抗压强度达到 1 069.52 kPa,与 PVA 单独改良时的 1 115.36 kPa

相差不大。不同掺量下的应力-应变曲线到达峰值的时间出现明显差别,与单掺 8%与 12%氧化镁掺量下的无侧限抗压强度差别不大。

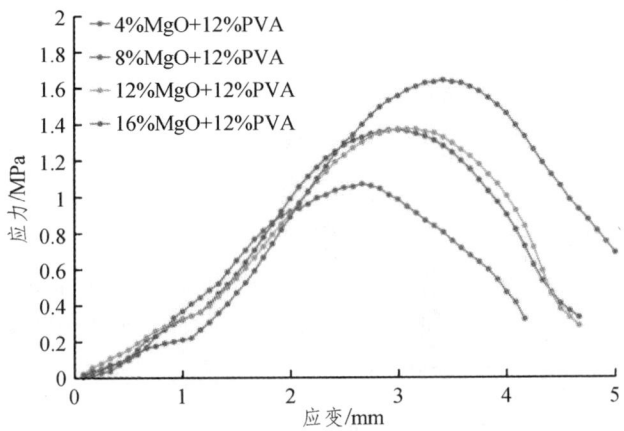

图 5-21　复合改良养护 14 d 应力-应变曲线

养护 28 d 后应力-应变曲线如图 5-22 所示,无侧限抗压强度进一步提升,其中 12%聚乙烯醇与 4%氧化镁共同改良下无侧限抗压强度达到 1 527.89 kPa,与 12%聚乙烯醇单独改良时的 1 115.36 kPa 相比,强度提高明显。主要原因是在较长的养护周期内氧化镁在试样中持续反应带来了强度增加。

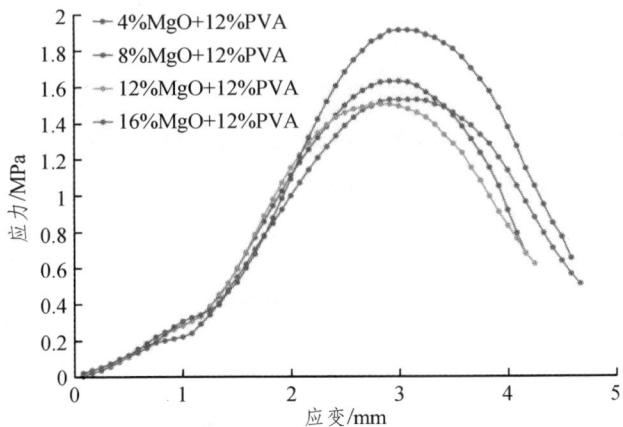

图 5-22　复合改良养护 28 d 应力-应变曲线

图 5-23 所示为复合改良下无侧限抗压强度与养护时间的关系曲线。从图中可以明显看出，不论改良剂的掺加量为多少，随着养护时间的增加，无侧限抗压强度的增长都十分明显。在聚乙烯醇掺量固定为 12% 的条件下，4% 氧化镁掺加量的试样强度增长在整个养护周期内的 14~28 d 最快，其他氧化镁掺量下养护 14~28 d 的强度增长速度都出现下降。原因是氧化镁掺加量决定试样内孔隙的大小与分布，4% 氧化镁掺量下的试样中氧化镁颗粒含量较少，氧化镁反应前与反应后的产物都不能完全填充砂土颗粒间的孔隙，随着聚乙烯醇溶液脱水形成弹性丝网附着于砂土颗粒上，更多的孔隙出现连通，氧化镁可以更易吸收空气中的水分子并且中间反应产物氢氧化镁也可以更易吸收空气中的二氧化碳，在更高氧化镁掺量下，氧化镁颗粒本身会填充一部分孔隙，中间反应产物氢氧化镁与最终产物碱式碳酸镁也会阻塞更多孔隙，导致后续反应速度降低。从图 5-24 中可以看出，养护 14 d 后，8% 氧化镁掺量的无侧限抗压强度超过了 12% 氧化镁掺量下的强度，这是由两方面造成的：一方面，氧化镁颗粒的增多，部分氧化镁颗粒存在于砂土颗粒间的接触点或接触面上造成试样密实度的降低；另一方面，随着氧化镁碳化反应的进行，反应产物会发生体积变化，导致试样内部结构的破坏，尤其是氧化镁颗粒形成的团聚体会出现外表反应已结束，但内部反应仍在进行的情况，从而导致已生成的氢氧化镁或碳酸镁结构出现破坏，二者共同作用导致试样强度增长缓慢，而掺量进一步增加后氧化镁的掺量达到 16%，较多的活性氧化镁颗粒存在于改良试样中，碳化反应过程中生成的氢氧化镁和碱式碳酸镁已经能够相互联结形成结构，即使反应过程的体积膨胀会破坏一部分砂土颗粒间的接触，但反应生成的胶结物质自身的强度已经逐渐成为控制因素，即 12% 活性氧化镁掺加量改良效果最差，跨过此掺量后仍然存在反应产物阻塞孔隙等问题阻碍反应进一步进行，使后期反应速度减缓。

5.3.5 聚乙烯醇（PVA）-硅灰复合改良

基于前节试验分析内容，PVA 添加量定为 12%，通过添加不同含量的硅灰进一步分析聚乙烯醇（PVA）和硅灰作为复合改良剂组合对粗颗粒土的改良效果。

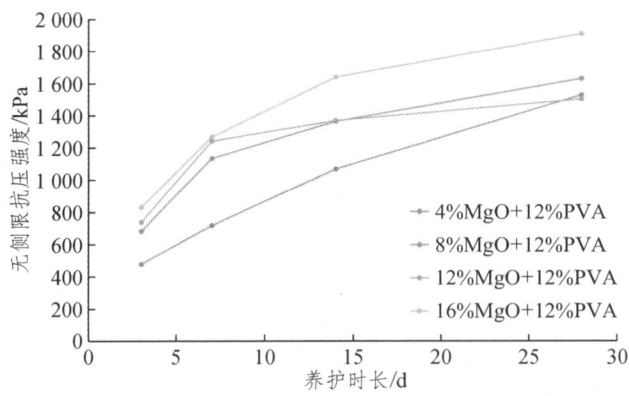

图 5-23 无侧限抗压强度随养护时间增长曲线

图 5-24 所示为 PVA-硅灰复合改良试样在无侧限抗压试验后被破坏的情况。与单独掺加 PVA 的改良试样相比，添加硅灰的试样具有较少的裂缝。在试验过程中，试样的主要变化是在竖向荷载的作用下周围土体向四周移动，而不是土颗粒之间的连接断裂导致产生贯穿裂缝。这一现象表明硅灰的加入提高了试样的完整性，硅灰颗粒极细，有效填充了土颗粒之间的孔隙，既对 PVA 胶体有一定程度的保护，同时又使颗粒结构更为紧密，加强了土颗粒之间的咬合。

图 5-24 PVA-硅灰复合改良试样破坏情况

图 5-25（a）所示为 12%PVA 与不同硅灰含量下无侧限抗压强度随养护时间的变化曲线。从图中可以看出，改良试样的无侧限抗压强度在自然养护 3~7 d 的时间内，增长幅度最大，增长率皆超过 80%，增长率与单独添加 PVA 材料改良的试样相比较小。分析原因是试样在养护 3 d 后的强度得到了显著提升，相较单独添加 PVA 强度提升 65%~90%，说明硅灰的加入加快了固化的进程，同时填充了土颗粒间的孔隙，试样更加密实。养护时间超过 7 d 后，强度增长幅度明显减小，随着试样内含水率的不断降低，PVA 逐渐形成完整的弹性丝网，对土颗粒进行包裹，同时硅灰逐渐反应形成胶凝体对土颗粒进行填充，提升整体强度。强度基本在养护 14 d 后达到峰值，例如 12%PVA + 6%硅灰的试样在养护 14 d 后的强度已达到养护 28 d 强度的 99%。

图 5-25（b）所示为相同的养护时间下，试样无侧限抗压强度随硅灰掺量的变化曲线。从图中可以看出，随着硅灰掺量的增加，试样无侧限抗压强度先升高再降低，12%PVA + 6%硅灰的试样强度在各养护龄期下皆为最高，养护 28 d 后达到 1 543.17 kPa。这是因为硅灰材料细度较低，对强度的提升主要是通过填充作用，在硅灰达到 6%时，颗粒间孔隙基本被填满，使得试样内 PVA 脱水速度变慢，未能形成更加完整的弹性丝网，同时由于硅灰具有活性，产生了一部分胶凝体，过多的硅灰填充孔隙的同时，胶凝体对提高强度的聚乙烯醇丝网进行破坏，导致试样无侧限抗压强度在一定程度上有所下降。

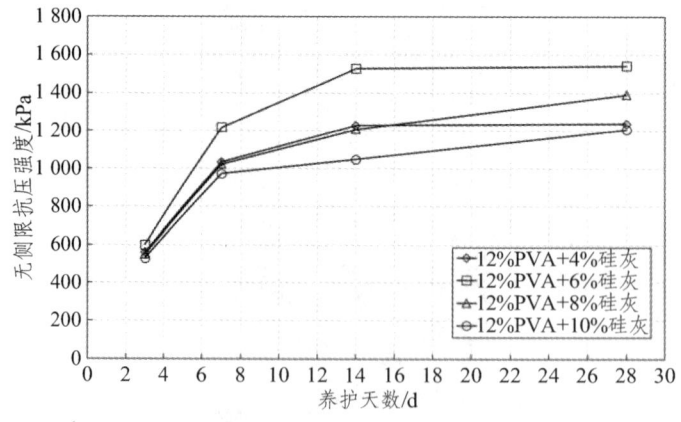

（a）不同养护时间无侧限抗压强度变化曲线

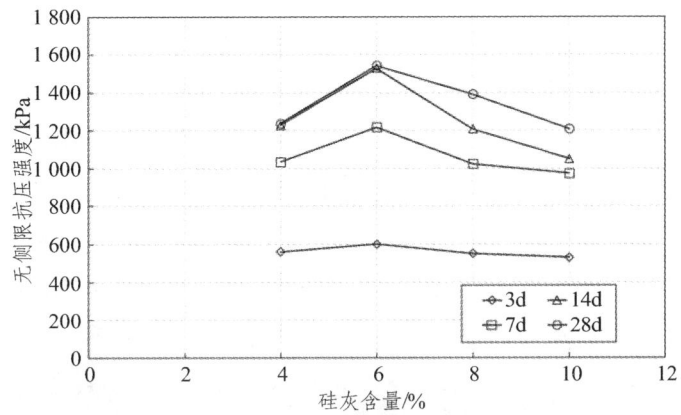

（b）不同硅灰掺量无侧限抗压强度变化曲线

图 5-25 硅灰掺量及养护时间与改良试样无侧限抗压强度的关系

不同硅灰含量改良土试样的应力-应变关系如图 5-26 所示，各曲线皆呈现应变软化型。图 5-26（a）所示为自然养护 3 d，在 12%PVA 掺量下不同掺量硅灰的应力-应变曲线。12%PVA 分别和 4%、6%、8%和 10%的硅灰进行复掺改良砂土，复合改良砂土试样自然养护 3 d 无侧限抗压强度分别为 560.23 kPa、600.94 kPa、550.04 kPa 和 529.67 kPa，在同等养护时间下，对比单独添加 12%PVA 改良试样的无侧限抗压强度，分别提高了 74.7%、87.3%、71.43%和 65.08%。自然条件下养护 3 d 时，试样内部的含水率较高，部分 PVA 仍以溶液形式存在，没有形成完整的弹性立体丝网，大部分硅灰还未发生反应，以细小颗粒的形式填充着土颗粒之间的孔隙，随着应变的增加已形成的弹性立体丝网及土体骨架被破坏，导致强度下降，总体应力-应变曲线峰值起伏不大。

图 5-26（b）所示为自然养护 7 d，在 12%PVA 掺量下不同掺量硅灰的应力-应变曲线。12%PVA 分别和 4%、6%、8%和 10%的硅灰进行复掺改良砂土，复合改良砂土试样自然养护 7 d 无侧限抗压强度分别为 1 033.87 kPa、1 217.22 kPa、1 023.66 kPa 和 972.76 kPa，强度较自然养护 3 d 时的强度有较大幅度的提升，只有 12%PVA 和 6%硅灰复合改良的强度较 12%PVA 单独改

良的强度有所提升,其他 3 个比例的强度均有所不及。主要原因在于硅灰的加入填充了土颗粒间的孔隙,试样更加密实,使得试样内 PVA 脱水速度变慢,未能形成更加完整的弹性丝网,同时由于硅灰具有活性,产生了一部分胶凝体,过多的硅灰填充孔隙的同时,胶凝体对提高强度的聚乙烯醇丝网进行破坏,导致强度反而不如单独添加 PVA 高。

图 5-26(c)所示为自然养护 14 d,在 12%PVA 掺量下不同掺量硅灰的应力-应变曲线。12%PVA 分别和 4%、6% 和 8% 的硅灰进行复合改良时,其相应的强度较单独添加 12%PVA 的强度均有所提高,12%PVA 和 6%硅灰的改良试样,在养护 14 d 后强度达到 1 527.89 kPa,较 12%PVA 的改良试样,强度提高了 36.99%。12%PVA 和 10%硅灰改良试样较 12%PVA 试样强度有所降低,不同掺量下应力-应变曲线到达峰值的时间有明显差异,且各曲线峰值起伏较大。

图 5-26(d)所示为自然养护 28 d,在 12%PVA 掺量下不同掺量硅灰的应力-应变曲线。12%PVA 分别与 4 种比例硅灰进行复掺时,其相应强度为 1 237.59 kPa、1 543.17 kPa、1 390.38 kPa 和 1 207.03 kPa,与 12%PVA 的 1 115.36KPa 相比,均有所提高。在相对较长的养护时间里,随着试样内含水率的不断降低,PVA 逐渐形成完整的弹性丝网,对土颗粒进行包裹,同时硅灰逐渐反应形成胶凝体对土颗粒进行填充,提升了整体强度。

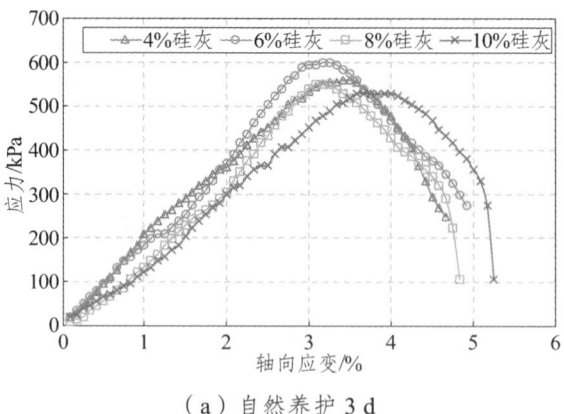

(a)自然养护 3 d

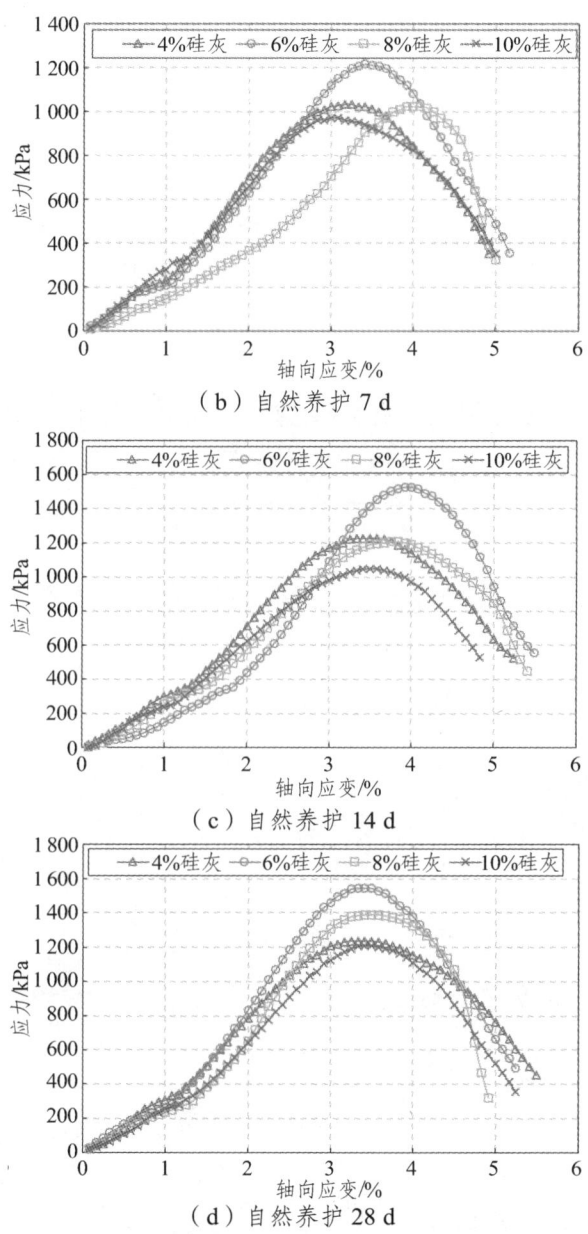

(b) 自然养护 7 d

(c) 自然养护 14 d

(d) 自然养护 28 d

图 5-26 不同硅灰含量改良土试样应力-应变关系

典型的应力-应变关系如图 5-27 所示，试样的应力-应变曲线总体可简化为 4 个阶段。

(1) 接触阶段：位于轴向应变 0~1%，该阶段试样内部的孔隙在轴向压力的作用下被逐步压实，初步形成骨架，应力上升，且硅灰添加量越高，由于孔隙被填充曲线斜率越大。

(2) 密实阶段：位于轴向应变 1%~2.8%，颗粒之间互相接触并开始承担竖向荷载，应力数值在该阶段迅速增大，曲线呈线性增长。

(3) 峰值段：位于轴向应变 2.8%~3.5%，土颗粒之间由于互相挤压开始发生位移，应力的增长不断减小并达到峰值，可以观察到试样顶部出现裂纹且有土块剥落。

(4) 破坏段：位于轴向应变 3.5%之后，由于土骨架承担的荷载达到极限，土颗粒的位移进一步加大，裂缝逐渐贯穿整个试样，使得强度迅速下降。

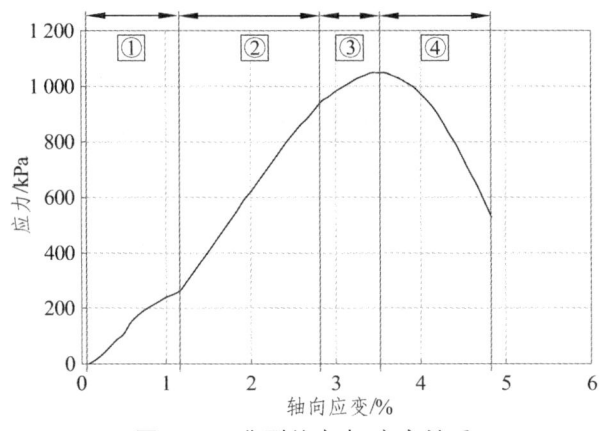

图 5-27　典型的应力-应变关系

对试样达到峰值时的割线模量进行计算，结果汇总于表 5-5 中。

表 5-5　各试样割线模量汇总　　　　　单位：kPa

硅灰掺量/%	养护龄期			
	3 d	7 d	14 d	28 d
4	160.1	318.1	342.5	353.6
6	184.9	356.3	382.0	440.9
8	169.2	261.4	314.9	397.3
10	132.4	315.5	292.8	344.9

可以发现,割线模量随着硅灰掺量的增加先增大后减小,这一点与无侧限抗压强度的增长类似,与龄期的增长则近似呈双曲线关系,因此,三者的关系可采用经验公式(5-1)进行拟合:

$$E = [1-\exp(ay)](bx+cx^2+dx^3)+e \qquad (5\text{-}1)$$

式中,x 为硅灰掺量;y 为养护龄期;E 为割线模量;a、b、c、d、e 为经验参数,针对本书研究的改良粗颗粒砂土,可取 $a = -0.3534$,$b = 272.7$,$c = -38.04$,$d = 1.628$,$e = -222.6$。

5.3.6　聚乙烯醇(PVA)-聚丙烯纤维复合改良

图 5-28 为 10 mm 与 20 mm 两种纤维长度在不同掺加量下的密实度变化图,两种纤维长度下,改良土的密实度均随着纤维掺量的增加而降低。其中,当纤维长度为 20 mm,纤维掺加量达到 1%时,土样密实度仅为 1.59 g/cm³;当纤维长度为 10 mm,掺量达到 1%时,密实度为 1.65 g/cm³。如图 5-29 所示,更长的纤维会与更多的土颗粒接触,在增加接触面积的同时也会因维持自身形态而作用于土颗粒,使土颗粒间距增大,密实度降低,纤维长度减半后,纤维在土体中的分布更为随机,搭接作用减弱,但与素土密实度 1.79 g/cm³ 相比,两种纤维长度掺入后密实度均下降明显。

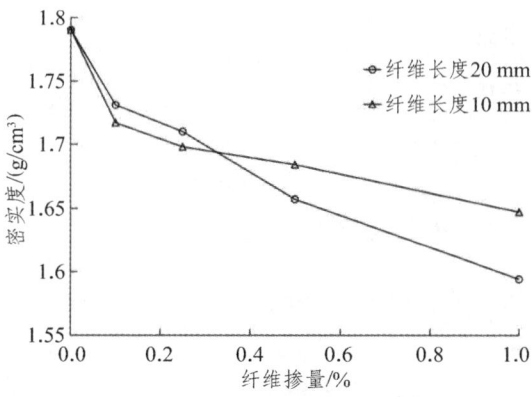

图 5-28　不同纤维掺量的密实度

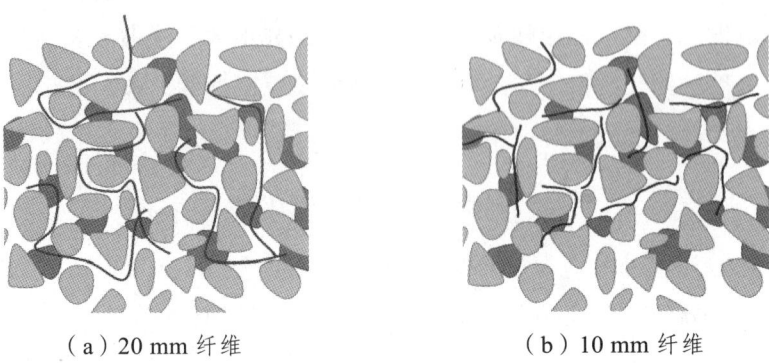

（a）20 mm 纤维　　　　　　　（b）10 mm 纤维

图 5-29　不同长度的纤维在土颗粒中的状态

从图 5-30 中可以看出，试验用砂土细颗粒含量较少，黏聚力较低，无侧限抗压强度仅有 25.46 kPa，随着纤维掺加量的增加，无侧限抗压强度略有增加，最高为 50.93 kPa。分析原因是纤维的加入增加了土体内部的摩擦力，摩擦力带来的假性黏聚力使无侧限抗压强度略有增加。当纤维掺加量超过 0.5%后，纤维的加入使试样密实度降低，砂土颗粒间距增加导致颗粒间的摩擦力下降，从而使无侧限抗压强度降低。

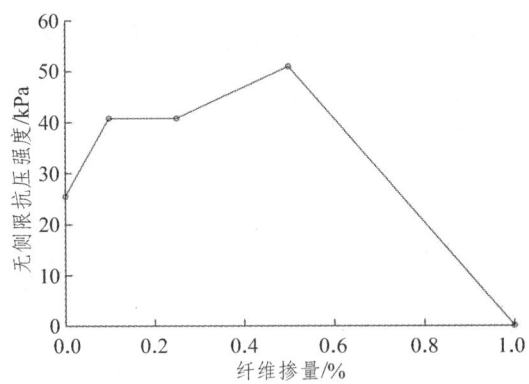

图 5-30　纤维掺量与无侧限抗压强度的关系

PVA 与聚丙烯纤维掺量对无侧限抗压强度均有明显影响。图 5-31 所示为 20 mm 纤维在不同掺量下的无侧限抗压强度随 PVA 掺量的变化曲线。从图中可以看出，纤维掺量为 0.1%、0.25%时，随着 PVA 掺量的增加无侧限抗压强度增长明显。0.5%纤维掺量下的无侧限抗压强度随 PVA 掺量的增加幅度较小。1%纤维掺量下的无侧限抗压强度仅在 PVA 掺量在 6%~8%时有增长,之后随着 PVA 掺量的增加无侧限抗压强度几乎不变。0.25%纤维掺量与各比例 PVA 掺量下的试样无侧限抗压强度均高于其他纤维掺量下的强度,其中,0.25%纤维与 12%PVA 复合掺量下的无侧限抗压强度可达 1 716 kPa,与素土相比强度增长达 67 倍,与单独掺入 0.25%纤维的改良土相比强度增长达 42 倍,与单独掺加 12%聚乙烯醇溶液的 1 115.36 kPa 相比增加超过 50%。

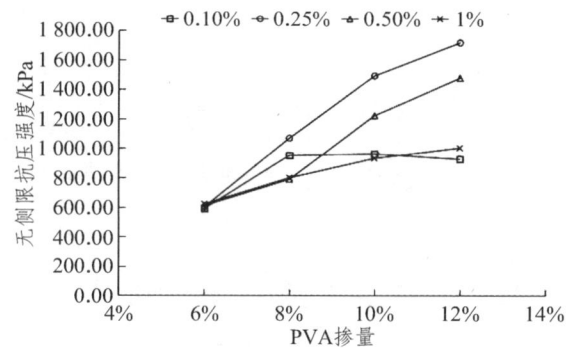

(a) PVA 掺量对试样强度的影响

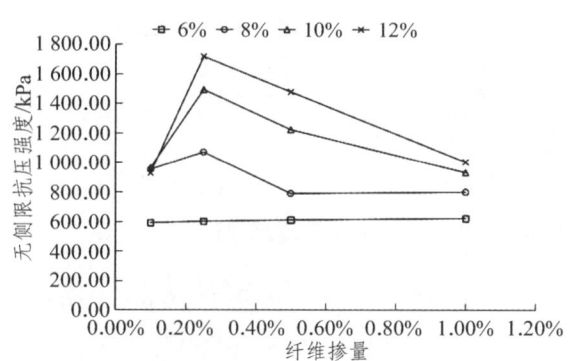

(b) 纤维掺量对试样强度的影响

图 5-31 PVA、20 mm 纤维改良砂土无侧限抗压强度

当掺入纤维的长度减半为 10 mm 时,掺入同样质量的纤维,无侧限抗压强度下降明显,最高仅为 1 476 kPa。图 5-32 为 10 mm 纤维在不同掺量下的复掺试样无侧限抗压强度变化曲线,从图 5-32(b) 中可以看出,随着纤维

掺量的增加，复合改良试样的无侧限抗压强度持续降低，在 12%PVA 掺量固定的条件下由 1 476 kPa 逐步下降到 1 033 kPa。

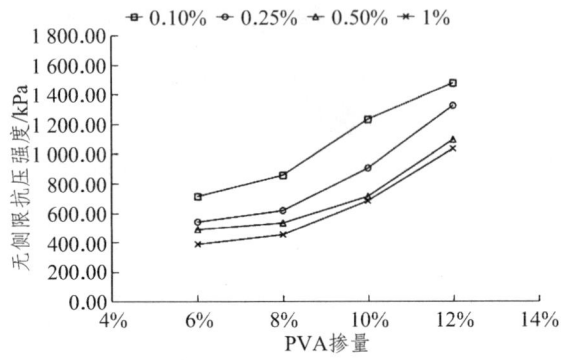

（a）PVA 掺量对试样强度的影响

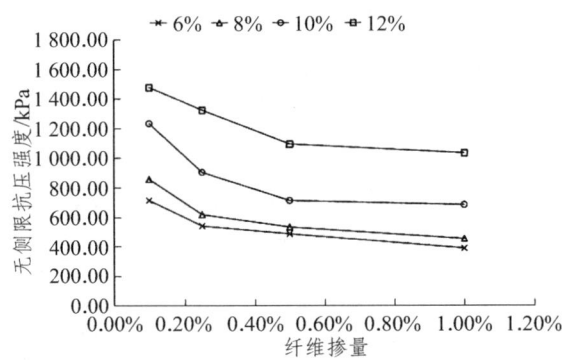

（b）纤维掺量对试样强度的影响

图 5-32　PVA、10 mm 纤维改良砂土无侧限抗压强度

图 5-33 和图 5-34 所示为同一坐标系下的 20 mm、10 mm 纤维与 PVA 复合改良土应力-应变曲线。以掺量为 0.25%和 0.5%的纤维为例，可以看出，聚丙烯纤维与 PVA 复合改良土具有明显的峰值点，但随着纤维掺量的增加，峰值点对应的应变值更大，说明纤维掺量的增加使改良土更具韧性。但当纤维长度为 10 mm 时，随着纤维掺量的增加，峰值点对应的应变值增加较小，说明较短长度的纤维对改良试样的韧性增加影响减弱。在应力上升与下降的两个阶段，应力-应变曲线都没有发生突变，整条曲线光滑连贯，表现为明显的塑性破坏特征。

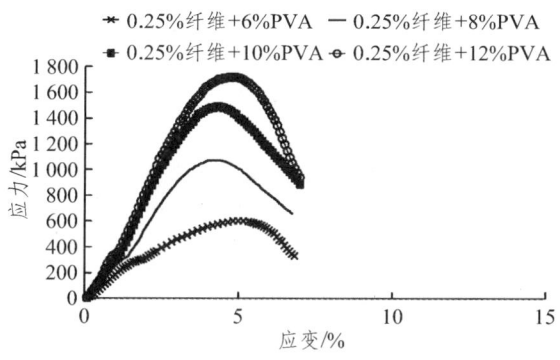

（a）0.25%纤维应力-应变曲线

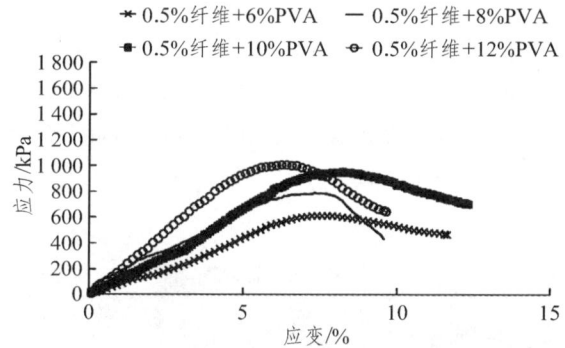

（b）0.5%纤维应力-应变曲线

图 5-33　20 mm 纤维不同掺量改良试样应力-应变曲线

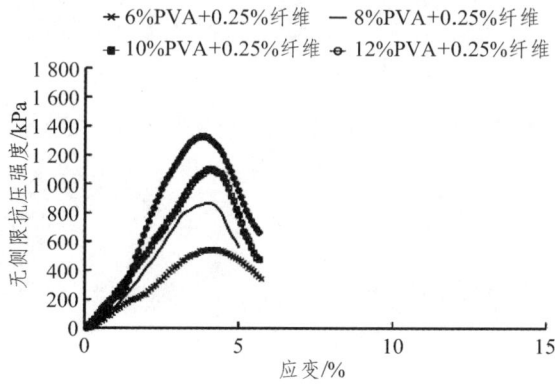

（a）0.25%纤维应力-应变曲线

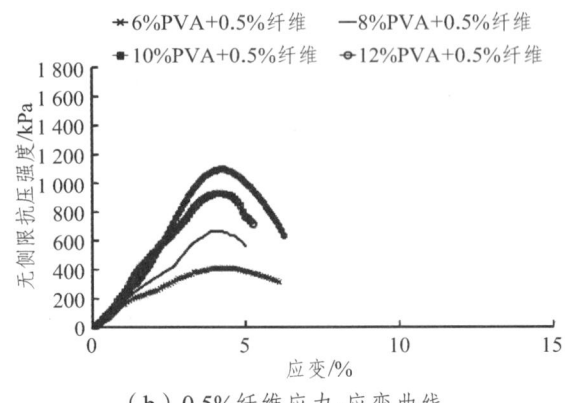

（b）0.5%纤维应力-应变曲线

图 5-34　10 mm 纤维不同掺量改良试样应力-应变曲线

图 5-35 为不同纤维掺量下试样破坏前后对比图。从图中可以看出，随着纤维掺量的增加，试样表面可以观察到更多纤维，纤维掺入后会在砂土颗粒间互相搭接并与土颗粒产生界面摩擦，掺入过量的纤维后会使试样无法压实，并且纤维会在试样中发生团聚，导致无侧限抗压强度降低，试样的破坏形式主要是鼓胀变形。

（a）不同纤维掺量试样破坏前

（b）不同纤维掺量试样破坏后

图 5-35　不同纤维掺量试样无侧限抗压试验

5.4 干湿循环作用改良土强度试验研究

藏东南降雨频繁,但日降雨量不大且空气干燥、日照强烈,频繁发生的干湿交替使干湿循环作用强烈,干湿循环过程的进行会使土体中细颗粒被冲刷,导致微观结构尺度特征的改变,最终引发宏观尺度上的物理参数和工程建设特性的改变,包括渗透性、抗剪强度、内摩擦角和黏聚力等。

5.4.1 试验方法及流程

试验所用砂土经风干后,根据其最优含水率,在土体中分别添加 6%、8%、10%、12%的 PVA 溶液,搅拌均匀后将配置后的土样密封,防止水分散失,静置 24 h,利用静压制土器制作 $\phi \times h = 50\ mm \times 100\ mm$ 圆柱体试样,制样完成后模拟自然条件(温度 20 ℃,湿度 40%)分别养护 3 d、7 d、14 d、28 d。

试样养护完成后进行无侧限抗压强度试验,确定 PVA 的最佳掺比及适宜的养护时间,同时以固定 PVA 最佳掺量的情况添加不同比例的氧化镁、硅灰,每组添加量制作 3 个试样。试样制作完成后按照试验方案养护 3 d、7 d、14 d、28 d。

部分试样自然条件下养护 7 d 后进行干湿循环试验,干湿循环试验分为吸水饱和和风干两个过程。

吸水饱和过程如下:

(1)在容器底部放置透水石后向容器加水至水面与透水石等高,将试样置于透水石上。

(2)逐步加水至试样完全淹没在水中,在试样顶部放置透水石。

(3)每隔 2 h 向容器中添加一定量的水,保持容器中水位不变。

(4)饱和 24 h 后将试样取出。

风干过程如下:

(1)将浸水饱和后的试样放置于干燥箱中,干燥箱温度设置为 40 ℃。

(2)干燥过程中每隔 4 h 对试样进行称重,以确保含水率达到试验要求。

(3)当含水率不再发生变化后,停止干燥。

试样完成干湿循环后进行无侧限抗压强度试验,以确定干湿循环对复合改良试样强度的影响。

5.4.2 干湿循环对砂土的影响

试验用砂土细颗粒含量较低,当含水率较低时,试样的无侧限抗压强度来自颗粒间的摩擦力带来的假性黏聚力,这是因为较低的含水率的存在使颗粒间存在一层水膜,由于水膜的存在,使颗粒间出现相互吸引的作用,砂土颗粒在外力作用下发生位移后颗粒间的摩擦力下降明显,故无侧限抗压强度很低。而较高的含水率使得颗粒分散在水膜中,过多的水分致使颗粒表面的粗糙程度降低,颗粒间的接触点变少,由摩擦力带来的假性黏聚力无法发挥作用。试验中,砂土试样置于水中后随即发生崩解,无法维持其本身试样性状,故无法对素土开展干湿循环。

5.4.3 干湿循环对氧化镁改良土强度的影响

由于活性氧化镁掺入后的改良试样随干湿循环次数的增加,前期出现较大程度的强度增长,故将干湿循环试验上限设置为20次,其中选择1、3、5、7、10、15、20次干湿循环后的试样进行无侧限抗压强度试验。

图 5-36 所示为不同活性氧化镁掺量下无侧限抗压强度随干湿循环次数的变化关系曲线。在4%~16%活性氧化镁掺量下,随着干湿循环次数的增加,改良土试样的无侧限抗压强度先上升再下降。

不同氧化镁掺量下,初始几次干湿循环均使无侧限抗压强度上升,且上升幅度很大,经历5次干湿循环后,4%、8%、12%、16%氧化镁掺量下强度提升分别为素土的 12.94 倍、10.72 倍、7.01 倍和 8.46 倍。这是由于干湿循环的过程为活性氧化镁的反应提供了充足的水分、二氧化碳和适宜的反应温度,其中水分与二氧化碳是活性氧化镁反应生成碳酸镁的必要物质,风干过程提供的 40 ℃温度可以加速反应的进行,充足的反应必需物质及适宜的反应条件使原本在自然环境中已养护 7 d 的改良试样中的活性氧化镁进一步反应,致使干湿循环前期试样的无侧限抗压强度出现持续增长,干湿循环 5 次左右,试样强度达到最高值。

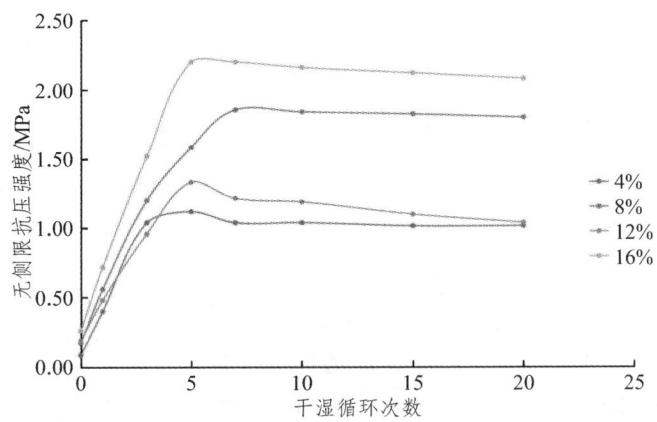

图 5-36 活性氧化镁改良试样无侧限抗压强度随干湿循环变化曲线

从图 5-36 中可以看出，改良试样无侧限抗压强度到达最高值后，直至 20 次干湿循环结束，随着干湿循环次数的增加，强度出现持续的降低。分析原因主要是随着干湿循环的进行，改良试样的劣化作用导致的强度下降已明显于活性氧化镁进一步反应导致的强度增长，其中干湿循环对于活性氧化镁改良试样的劣化作用分为两个方面：一个是干湿循环过程会使改良试样中的细颗粒、可溶性物质出现损失，导致试样的表层或内部出现薄弱点，使无侧限抗压强度降低；二是随着干湿循环过程的进行，改良试样中的活性氧化镁持续反应，活性氧化镁的持续反应会造成前期已经反应完成提高强度的碱式碳酸镁结构发生破坏，导致改良试样强度出现下降，即随着反应的进一步加深，强度出现不升反降的情况。

4%活性氧化镁掺量下，养护 7 d 后无侧限抗压强度为 86.58 kPa，1～5 次干湿循环强度持续增长，在干湿循环 5 次后无侧限抗压强度出现最大值 1 120 kPa，与养护 7 d 相比有大幅度增长，随后强度出现少量下降，下降至 1 016 kPa，在 4%掺加量下即可表现出十分优秀的抗干湿循环破坏效果。

8%活性氧化镁掺量下，养护 7 d 后无侧限抗压强度为 173.16 kPa，随着干湿循环次数的增加，在第 7 次干湿循环后到达最大值 1 856 kPa，由于掺加了更多的活性氧化镁，导致与 4%掺量相比，强度峰值出现的时间更晚，峰值强度更高。

12%活性氧化镁掺量下，养护 7 d 后无侧限抗压强度为 190 kPa，经历 5 次干湿循环后强度增长至 1 332 kPa，之后随着干湿循环试验的进行强度出现下降，此掺加量下的强度不及 8%活性氧化镁掺量下的峰值 1 856 kPa，仅比 4%活性氧化镁掺量的峰值强度 1 120 kPa 提高了 20%，但活性氧化镁的掺加量增长至 3 倍。这是由于 12%活性氧化镁掺量导致改良试样的密实度出现降低，且这个掺加量下的活性氧化镁不能反应形成足够弥补土体密实度，从而导致强度降低。

16%活性氧化镁掺量下，养护 7 d 后无侧限抗压强度为 260 kPa，经历 5 次干湿循环后强度增长至 2 200 kPa，该强度与其他掺量的改良试样相比较有明显提高，且没有在 12%掺量的基础上继续下降。分析原因主要是此掺量下的活性氧化镁的反应带来的强度提升已经成为主要控制因素，峰值出现之后，随着干湿循环试验次数的增加，改良试样的无侧限抗压强度呈现出缓慢下降趋势，这也是由于活性氧化镁进一步反应发生的体积膨胀破坏了前期已经形成的结构与干湿循环对土体的侵蚀共同作用导致的。

经历 20 次干湿循环后活性氧化镁改良土试样仍然保持较高的无侧限抗压强度，其中，4%活性氧化镁掺量下强度为 1 000 kPa，与峰值相比下降 120 kPa，8%活性氧化镁掺量下强度为 1 800 kPa，与峰值相比下降 56 kPa，12%活性氧化镁掺量下强度为 1 040 kPa，与峰值相比下降 292 kPa，16%活性氧化镁掺量下强度为 2 080 kPa，与峰值相比下降 120 kPa，各掺加量下强度的总降低比分别为 11%、3%、22%、5%，仍然远高于素土 7 d 养护试样的无侧限抗压强度 10.19 kPa。

5.4.4　干湿循环对聚乙烯醇（PVA）改良土强度的影响

图 5-37 所示为随着干湿循环次数的增加，单独添加 PVA 试样无侧限抗压强度的变化情况。随着干湿循环次数的增加，无侧限抗压强度逐渐降低。当 PVA 含量低于 12%，每次循环会导致强度下降 5%~13%，尤其是第 1 次循环，通常强度下降率超过 10%。而 PVA 含量达到 12%后，每次循环导致的强度下降率在 4%左右，说明 12%的 PVA 添加量使得试样具有较高的水稳定性。由于砂土为无黏性土，土颗粒之间没有黏聚力，未改良土试样在一次干湿循环后基本崩解，没有无侧限抗压强度，水稳定性极差。

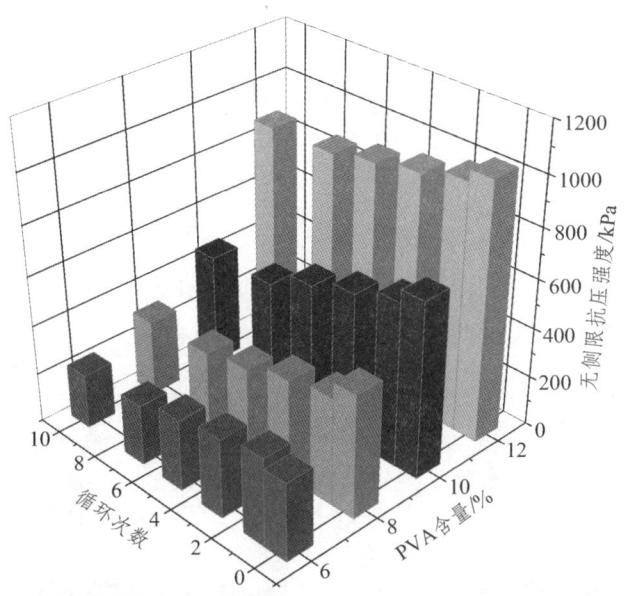

图 5-37　PVA 改良试样无侧限抗压强度随干湿循环次数的变化

若将干湿循环以 5 次为界限，人为分为前期与后期。前期强度下降较明显，下降幅度占强度下降总量的 60% 以上，8%PVA 掺量下前期下降接近 80%，前期改良试样对干湿循环作用敏感。干湿循环对改良土试样的劣化作用主要集中在干湿循环的前期，随着干湿循环的进行，改良土试样的无侧限抗压强度下降趋势变缓，强度逐渐趋于稳定。

经历 10 次干湿循环后改良土试样仍然保持较高的无侧限抗压强度，其中，6%PVA 掺量下 10 次干湿循环后强度为 219 kPa，与养护 7 d 试样相比下降 188.44 kPa，8%PVA 掺量下 10 次干湿循环后强度为 305.58 kPa，与养护 7 d 试样相比下降 193.53 kPa，10%PVA 掺量下 10 次干湿循环后强度为 448.18 kPa，与养护 7 d 试样相比下降 264.83 kPa，12%PVA 掺量下 10 次干湿循环后强度为 875.99 kPa，与养护 7 d 试样相比下降 163 kPa。各掺加量下 10 次干湿循环造成的强度总降低比分别为 46%、39%、37%、16%，可以看出，随着 PVA 掺加量的增加，干湿循环对改良土试样的劣化作用逐步降低，最低掺量（6%）下的改良试样经过 10 次干湿循环后的无侧限抗压强度仍然远高于素土 7 d 养护试样的 25.46 kPa，这是由于聚乙烯醇凝胶在干燥过程中会失水紧贴于土颗粒表面,从分子角度上来说,聚乙烯醇的大分子量聚合物分子在溶于沸水后互相链接,最终脱水形成弹性立体网状结构,限制土颗粒移动,使土颗粒排列更紧密,并因自身不溶于水使干湿循环对改良土的劣化变缓。

图 5-38 所示为 PVA 改良试样在进行无侧限抗压试验后的破坏情况。试样上可以观察到非常明显的贯穿裂缝,表明试样内部仍存在孔隙,在竖向荷载作用下,PVA 胶体与土颗粒之间的胶体连接断裂,孔隙相互贯通,形成贯穿裂缝。此外,经历干湿循环后的试样上可以观察到的裂缝数量明显更多,主要原因在于土颗粒与 PVA 胶体胶结的破坏,在多次干湿循环之后,土颗粒没有与 PVA 胶体形成整体结构,孔隙之间的渗透加快,造成大量裂缝发育。

 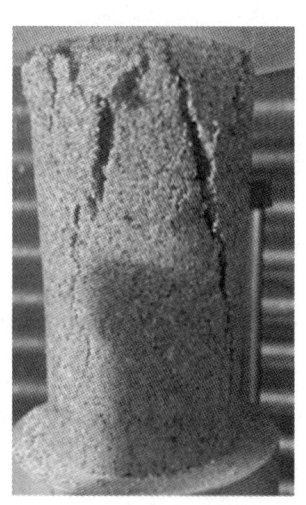

(a) 干湿循环前　　　　　　　　(b) 干湿循环后

图 5-38　PVA 改良试样无侧限抗压试验破坏裂缝发育情况

综上所述,结合龄期及干湿循环次数对不同 PVA 含量的试样强度影响,可以得出结论,在 12% 的 PVA 添加量下,试样具有较高的强度和水稳定性,继续添加 PVA 含量性价比不高,对于 PVA 改良土试样,最适宜的养护龄期为 7 d。

5.4.5 干湿循环对聚乙烯醇（PVA）-氧化镁复合改良土强度的影响

复合改良试样浸水后没有出现表层的开裂，也没有出现剥落现象（见图 5-39），十分致密。图 5-40 所示为不同掺量聚乙烯醇与 12%活性氧化镁掺量下复合改良试样，无侧限抗压强度随干湿循环次数的变化关系曲线。无侧限抗压强度随干湿循环次数的增加变化趋势基本相同，随着干湿循环次数的增加，改良土试样的无侧限抗压强度出现先上升后下降的趋势，经历 1~5 次干湿循环后改良土试样普遍出现抗压强度上升的情况，并且上升幅度均较大。这是由于复合改良试样中加入的活性氧化镁养护 7 d 后不能完全反应生成碱式碳酸镁，干湿循环过程中的浸水过程为氧化镁生成氢氧化镁提供了充足的水分，风干过程的 40 ℃风干温度也为反应提供了理想的反应温度，促使反应进行，经过多次浸水与风干过程后，复合改良试样中的活性氧化镁逐步转变为碱式碳酸镁，这个过程中试样的抗压强度先增长，达到峰值后因为过量活性氧化镁进一步反应使试样内部结构出现破坏与干湿循环过程中水对试样的侵蚀共同作用使试样抗压强度出现下降，直至 20 次干湿循环后基本达到稳定。

图 5-39　复合改良试样干湿循环

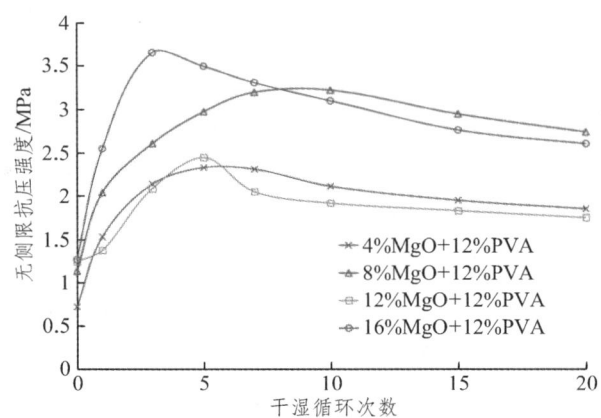

图 5-40　复合改良试样无侧限抗压强度随干湿循环变化曲线

从图 5-40 中可以看出，12%PVA + 4%活性氧化镁改良试样干湿循环 5 次后达到峰值 2 327 kPa，与养护 7 d 相比增长 1 609 kPa；12%PVA + 8%活性氧化镁改良试样在干湿循环 10 次后才出现峰值 3 219 kPa，与养护 7 d 相比增长 2 083 kPa；12%PVA + 12%活性氧化镁改良试样干湿循环 5 次后达到峰值 2 445 kPa，与养护 7 d 相比增长 1 022 kPa；12%PVA + 16%活性氧化镁改良试样干湿循环 3 次后强度达到峰值 3 652 kPa，与养护 7 d 相比增长 2 384 kPa。

12%PVA + 8%活性氧化镁改良试样在干湿循环 10 次后才出现峰值，强度上升速度较缓慢，到达峰值后强度下降幅度较小，而 12%PVA + 16%活性氧化镁改良试样在干湿循环 3 次后就出现峰值，且强度增长阶段强度增长迅速，强度出现峰值后随着干湿循环试验的进行出现均匀下降，下降速度明显较快，说明不同复合改良掺量下随着干湿循环的进行峰值出现的时间不同。

12%PVA + 4%活性氧化镁改良试样强度在增长阶段增长速度较缓，峰值强度为养护 7 d 强度的 104.93%，即干湿循环使复合改良试样的无侧限抗压强度增长 1 倍左右，与单独掺加活性氧化镁经过干湿循环后的峰值 1 120 kPa 相比增加了 1 207 kPa，略大于 PVA 单独改良试样养护 7 d 的无侧限抗压强度 1 039 kPa。这说明活性氧化镁与 PVA 复合改良具有良好的相容性，在掺量为 12%PVA + 4%活性氧化镁复合改良下，PVA 作为高分子聚合物在养护 7 d 后脱水基本完成，为改良试样提供较强的抗干湿循环耐久性，并因为脱掉水分使自身对于孔隙的封闭作用减弱，使更多的孔隙连通，为活性氧化镁的反应创造条件，使其能吸收空气中的水分及二氧化碳而进一步反应。20次干湿循环后强度下降幅度为峰值强度的 20.57%。4%的活性氧化镁掺量较少，不能完全将孔隙填满，同时也不会因反应发生的体积膨胀使PVA已经形成的结构发生明显破坏。

12%PVA + 8%氧化镁改良试样强度增长较慢，在干湿循环 10 次后才达到峰值，峰值强度为养护 7 d 强度的 134.94%。从图 5-40 中可以看出，强度增长与下降阶段均较平缓，但峰值远高于 12%PVA + 4%活性氧化镁复合改良。分析原因主要是：一方面，活性氧化镁掺量的增加带来的总反应物质的增加，需要更长的反应时间来生成碱式碳酸镁填充试样中的孔隙；另一方面，氧化镁掺量的增加使反应生成的碱式碳酸镁的含量也增加，由于活性氧化镁生成碱式碳酸镁的过程中会发生体积膨胀导致部分孔隙被堵塞，封闭导致反应速率变缓并导致部分活性氧化镁不能充分反应生成碱式碳酸镁，而是以氧化镁或氢氧化镁的形式存在于试样中，所以活性氧化镁在此掺量下反应较平缓。与单独掺加活性氧化镁经过干湿循环后的峰值 1 856 kPa 相比增加了 1 363 kPa，在复合改良中氧化镁的加入有效改善了 PVA 单独改良试样因干湿循环侵蚀造成的强度降低，20 次干湿循环后强度下降幅度为峰值强度的 15.03%，试样受活性氧化镁持续反应造成强度降低的影响较小。

12%PVA + 12%氧化镁改良试样前期强度增长较快，但干湿循环 5 次后强度就出现明显下降，仅在峰值时超过 12%PVA + 4%氧化镁改良试样，随后强度下降至 4 种掺量中最低，峰值强度为养护 7 d 强度的 240.43%，20 次干湿循环后强度下降幅度为峰值强度的 28.54%。

12%PVA + 16%氧化镁改良试样抗压强度达到峰值后，20 次干湿循环后强度变为 2 602.5 kPa，下降幅度为 28.73%，主要是由于过量掺入的活性氧化镁进一步反应导致试样中 PVA 与已完成反应的碱式碳酸镁生成的结构出现一定程度的破坏，使强度降低。峰值强度为养护 7 d 强度的 187.95%，20 次干湿循环后强度下降幅度为峰值强度的 28.73%，为养护 7 d 强度的 2.88 倍，在各掺量中增长幅度最大。

5.4.6 干湿循环对聚乙烯醇（PVA）-硅灰复合改良土强度的影响

图 5-41 所示为不同掺量的硅灰改良试样经过 10 次干湿循环后进行无侧限抗压试验的破坏情况。可以清楚地看到，当硅灰含量小于 6%时，剪切破坏的试样外围出现了明显的 Y 形裂纹，主要原因为较低的硅灰含量不能充分填充土颗粒间的孔隙，为水分流动和蒸发提供了通道。在多次干湿循环过程中，试样周边的含水率变化最大；在烘干过程中，土体结构劣化，试样周边出现收缩裂缝。随着硅灰含量的增加，剪切破坏试样表面裂纹的数量和尺寸都在减少，但颗粒剥落现象加剧。加入 6%的硅灰，破坏后试样的完整性得到改善，颗粒的剥落和裂纹的产生减少。

(a) 4%硅灰　　　　　　(b) 6%硅灰

(c) 8%硅灰　　　　　　(d) 10%硅灰

图 5-41　10 次干湿循环后改良试样剪切破坏情况

由于硅灰的加入，复合改良的试样整体致密性很好，因此在干湿循环试验过程中，试样表层未曾出现剥落或开裂，水稳定性较好。12%PVA 与 4 种比例硅灰复合改良试样的无侧限抗压强度随干湿循环次数的变化情况如图 5-42 所示。

4 种比例试样的无侧限抗压强度随干湿循环次数的增加，其变化趋势基本一致，试样的无侧限抗压强度先上升后下降。在 1～3 次干湿循环过程中，强度呈上升趋势，之后强度随干湿循环次数的增加开始下降，整体强度在第 3 次干湿循环之后达到峰值。对强度上升段和下降段曲线的斜率分别进行了计算，可以发现上升段的斜率明显高于下降段，意味着少量的干湿循环次数能够对复合改良试样的强度产生显著的提升作用。4%、6%、8%、10%的硅灰添加量下，经历 3 次干湿循环后，试样的强度较自然养护 7 d 分别增加了 51.72%、39.75%、44.78%、45.03%。尽管试样强度在多次干湿循环后有所下降，但下降幅度明显较小。10 次干湿循环后，4%、6%、8%、10%的硅灰添加量下的试样强度皆超过 1 MPa，强度较自然养护 28 d 降低了 3.70%、1.32%、14.05%、12.24%，整体强度衰减在自然养护峰值强度的 15%以内。

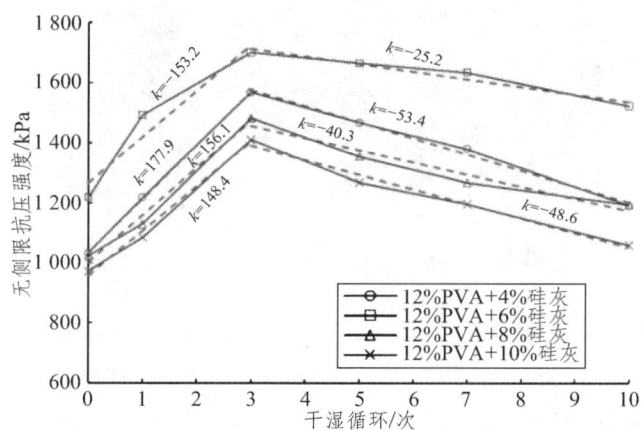

图 5-42　无侧限抗压强度随干湿循环次数变化曲线

5.5　改良机理研究

采用扫描电子显微镜（SEM）试验分析方法，对比试验用素土与聚乙烯醇、活性氧化镁及硅灰三种改良材料改良后的微观结构变化，分析其宏观强度特性变化的内在机制，明确不同的改良材料在土体中的作用机理，验证不同类型改良材料在砂土中的改良效果，为其复合改良的有效性提供有力论据。

5.5.1 聚乙烯醇（PVA）改良试样加固机理分析

图 5-43 所示为试验用砂土放大 150 倍后的 SEM 扫描图像。从图中可以看出，试验用砂土稳定性差，松散颗粒堆积于平面之上，颗粒边界不规则但清晰明显，颗粒级配良好，没有集中在同一粒径中，砂土颗粒间无胶结物质形成的胶结，存在少量小于 0.075 mm 的颗粒，大部分颗粒大于 0.075 mm，符合砂土的特征。

图 5-43　试验用素土 SEM 扫描图像（150 倍）

图 5-44 所示为掺加 6%PVA 改良后的 SEM 扫描图像。此时土颗粒的边界已经因为 PVA 的存在出现模糊，部分孔隙中存在连接砂土颗粒的丝状物，部分砂土颗粒被 PVA 形成的丝网连接在一起，土颗粒不再是以松散状态堆积于平面之上，而是存在立体堆叠结构，但 PVA 形成的胶结丝网在砂土颗粒间存在较少，还不能有效连接砂土颗粒，仍有部分砂土颗粒没有被 PVA 丝网粘连。此掺量下的 PVA 不能将试样中砂土连接为整体，对于改良试样的强度提升影响有限。

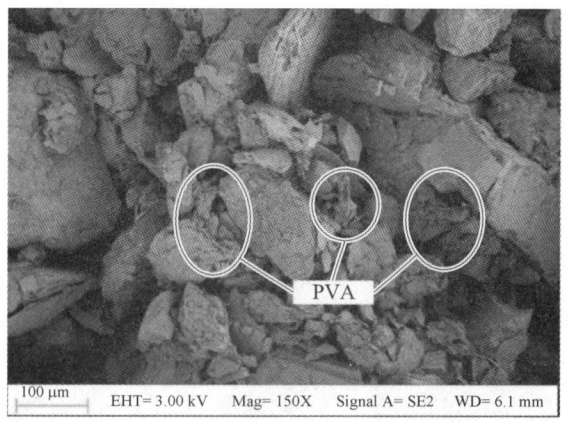

图 5-44　聚乙烯醇 6%掺量改良土 SEM 扫描图像（150 倍）

图 5-45 所示为放大 150 倍后的掺加 12%PVA 的 SEM 扫描图像。此时土颗粒间存在明显的胶结物质，且能看出 PVA 凝胶产生的网状结构缠绕包裹土颗粒。与 6%PVA 掺量相比，更多的砂土颗粒被 PVA 连接，PVA 脱水形成的弹性胶结丝网更明显且有效直径比 6%掺量下的更粗，可以更有效地连接砂土颗粒。

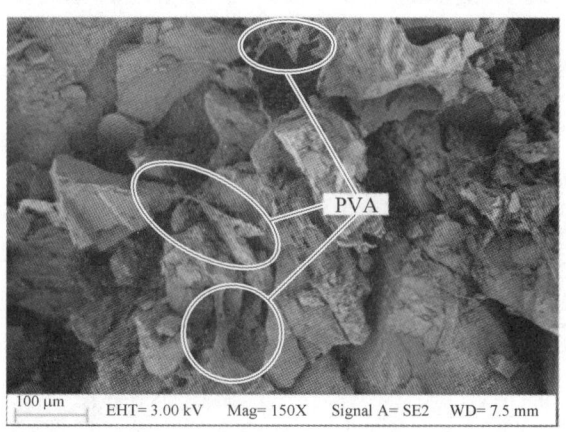

图 5-45　聚乙烯醇 12%改良土 SEM 扫描图像（150 倍）

图 5-46 所示为放大 500 倍后的掺加 12 %PVA 的 SEM 扫描图像。从图中可以明显看出，PVA 在孔隙中以网状结构的状态存在，由于加入的是凝胶状

态的 PVA，随着水分的散失 PVA 凝胶所占的体积会发生收缩，并最终形成紧贴于砂土颗粒表面的完整的立体网状结构，从而限制土颗粒的位移，并通过自身抗拉伸强度使土体强度增加。但经过 PVA 凝胶固化的试样中仍然存在数量较多的孔隙，致密程度较低，对应 PVA 有效物质的掺量比较少，凝胶中水分散失后对孔隙的填充效果有限，且由于 PVA 凝胶加入试样后依靠脱水后形成完整的立体网状结构加强土体强度，连通的网状结构也会形成连通的孔隙，导致改良试样维持较高的孔隙度。

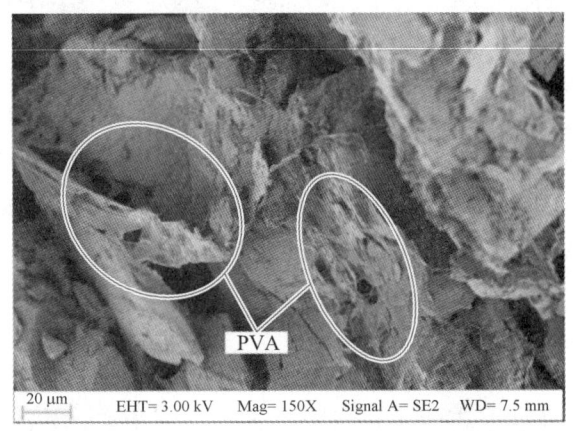

图 5-46　聚乙烯醇 12%改良土 SEM 扫描图像（500 倍）

5.5.2　氧化镁改良试样加固机理分析

单独掺加活性氧化镁后，氧化镁颗粒呈棒状，一部分存在于砂土颗粒之间的孔隙中，还有一部分存在于砂土颗粒的接触面上。存在于孔隙中与存在于接触面上的活性氧化镁颗粒都会在养护过程中发生体积膨胀，孔隙中的活性氧化镁颗粒在反应过程中发生的体积膨胀会逐渐将孔隙填充，而存在于砂土颗粒接触面上的活性氧化镁颗粒在反应的过程中会使砂土颗粒的相对位置发生移动，从而破坏试样的结构，导致试样内部出现细微裂缝及缺陷。但是，若活性氧化镁掺加越多，孔隙与接触面上的氧化镁颗粒在反应过程中会胶结整体，如图 5-47 所示，在改良试样受力过程中分担原本加载于砂土颗粒上的有效应力。

活性氧化镁首先吸收水分发生初步反应生成氢氧化镁，氢氧化镁晶体呈六边形，在活性氧化镁颗粒反应生成氢氧化镁晶体的过程中体积会发生膨胀，但氢氧化镁本身胶结能力较弱，仅能填充砂土颗粒间的孔隙，不能有效提升试样的无侧限抗压强度。氢氧化镁晶体会缓慢吸收空气中的二氧化碳生成碱式碳酸镁，三水碳酸镁晶体是碳酸镁单晶，其晶体发育完整、无色透明、缺陷少、强度高。从图 5-48 中可以清楚看出活性氧化镁颗粒、氢氧化镁晶体与碱式碳酸镁晶体共存的状态，碱式碳酸镁会提供较高的胶结强度使试样无侧限抗压强度显著提高，最适宜的碳化环境是 60%湿度，20% CO_2 浓度和 20 ℃ 温度，过高的温度会使氧化镁反应速度加快导致开裂。

活性氧化镁与初步反应产物氢氧化镁颗粒的粒径越小，反应过程越迅速且完全，而呈团聚状态存在的活性氧化镁颗粒无法有效充分地与空气中的水分及二氧化碳接触，反应过程会使团聚状态存在的活性氧化镁外表面的颗粒首先反应而对团聚体内部表现出一定的封闭作用，使内部颗粒反应进行过程出现一定程度的阻碍，导致内部颗粒无法充分反应，且当外部颗粒反应至一定程度后，内部颗粒反应的滞后性会使团聚体内部出现的体积膨胀最终导致团聚体出现缺陷，使团聚体整体强度出现下降。

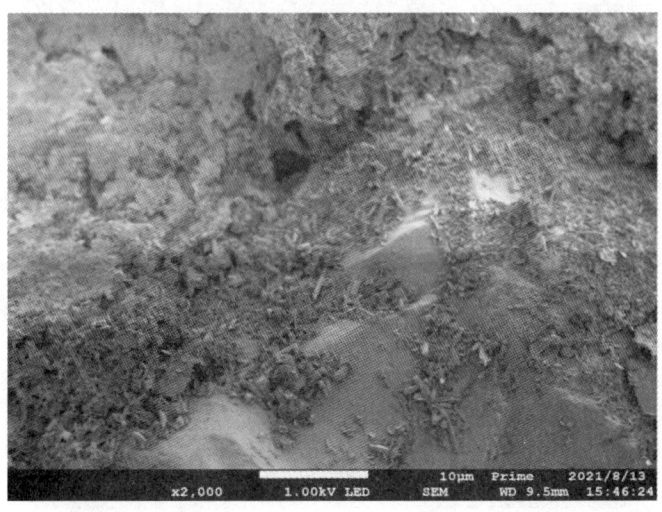

图 5-47　活性氧化镁改良土 SEM 扫描图像（2 000 倍）

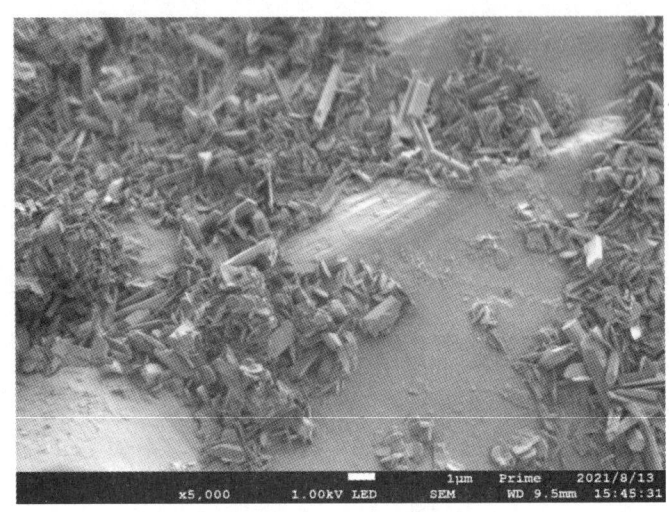

图 5-48　活性氧化镁改良土 SEM 扫描图像（5 000 倍）

5.5.3　聚乙烯醇（PVA）-氧化镁复合改良试样加固机理分析

图 5-49、图 5-50、图 5-51 均为聚乙烯醇与活性氧化镁复合改良试样的 SEM 扫描图像，其中，图 5-49、图 5-50 为经历干湿循环后的试样，图 5-51 为没有经历干湿循环的同龄期养护试样。从图中可以看出，试验范围内所加的改良材料都使土颗粒的边界模糊，土颗粒间的孔隙得到填充。

（a）

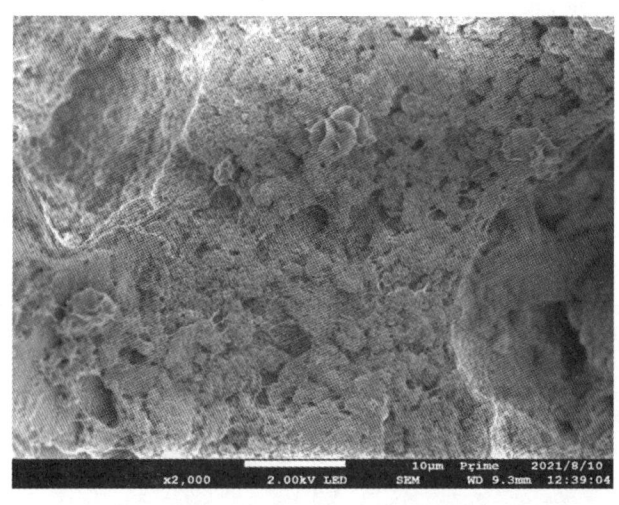

（b）

图 5-49 12%聚乙烯醇 + 4%活性氧化镁复合改良 SEM 扫描图像

图 5-49（a）所示为 12%PVA + 4%活性氧化镁掺量下复合改良试样经过 500 倍放大后的 SEM 扫描图像。从图中可以看出，此复合改良掺加量下，改良材料对孔隙填充不完全，胶结物质内部及胶接物质与砂土颗粒间存在孔隙与薄弱点，对改良试样的胶结作用有限。

图 5-49（b）所示为 12%PVA + 4%活性氧化镁掺量下复合改良试样经过 2 000 倍高倍放大图。从图中可以看出，活性氧化镁与 PVA 复合胶结物质生成的立体结构，但这种结构仅少量存在，胶结物质内部存在立体结构，但绝大多数胶结物质发育不完全，胶结物质内部存在十分明显的孔隙与薄弱点。

图 5-50（a）所示为 12%PVA + 8%活性氧化镁掺量下试样经过 500 倍放大后的 SEM 扫描图像。从图中可以看出，虽然土颗粒间仍然存在部分孔隙，但在土颗粒间存在致密且均匀的胶结物质，将砂土颗粒连接为整体。砂土颗粒被胶结物质包裹，边界消失。

图 5-50（b）所示为 12%PVA + 8%活性氧化镁掺量下试样经过 2 000 倍放大后的 SEM 扫描图像。高倍放大下可以看出 PVA 与活性氧化镁生成的胶结物质发育完全，呈现出均匀的网格状，反应产物碱式碳酸镁晶体与 4%活性氧化镁掺量相比数量更多且均匀，当改良试样受力时，均匀的胶结物质可以有效分担试样所受的应力。

(a)

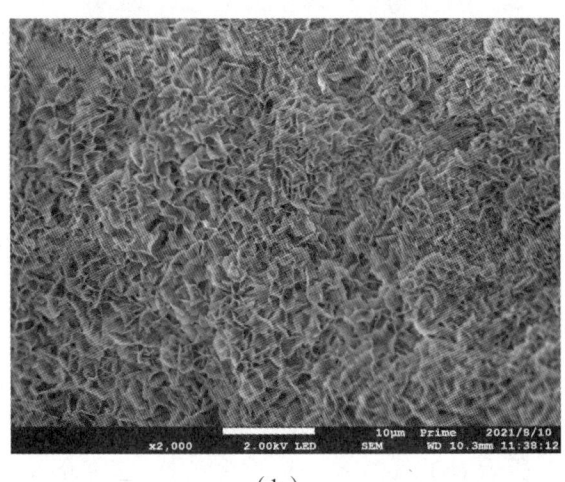

(b)

图 5-50　12%聚乙烯醇+8%活性氧化镁复合改良 SEM 扫描图像

图 5-51（a）所示为 12%PVA+8%活性氧化镁掺量下养护 7 d 后，没有经过干湿循环的试样，经过 500 倍放大后的 SEM 扫描图像。虽然从图中可以看出砂土颗粒间存在胶结材料且将砂土颗粒包裹，砂土颗粒没有明显的边界，但自然条件下养护 7 d 的复合改良试样中没有形成致密的胶结物质，PVA 与活性氧化镁的混合物在试样中存在状态较松散，不能为改良试样提供较好的加固效果。

图 5-51（b）所示为 12%PVA + 8%活性氧化镁掺量下养护 7 d 后，没有经过干湿循环的试样，经过 2 000 倍放大后的 SEM 扫描图像。在此放大倍数下可以明显看出 PVA 与活性氧化镁在砂土颗粒间的存在状态，二者形成的胶结材料中存在大量孔隙与缺陷。

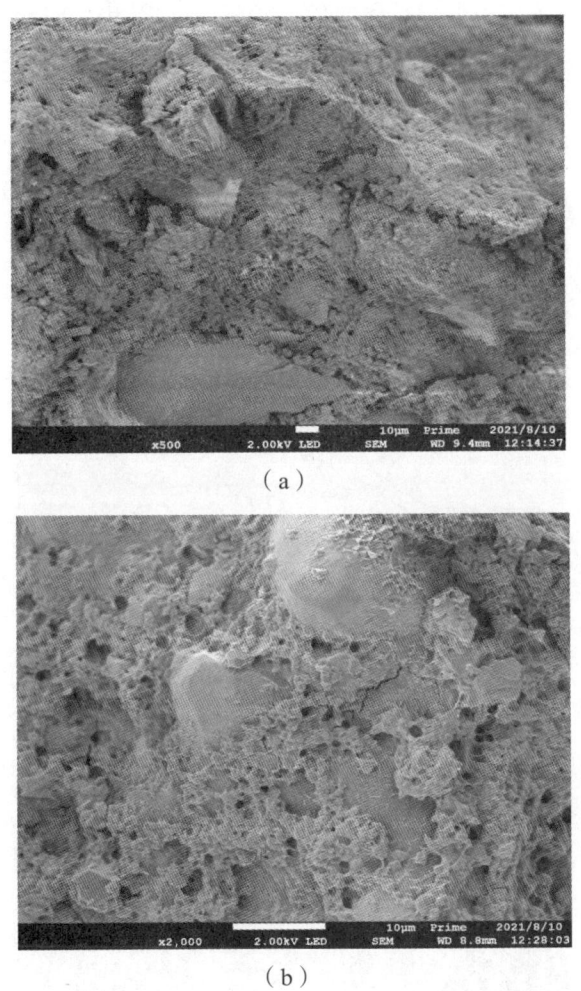

图 5-51　12%聚乙烯醇 + 8%活性氧化镁复合改良未经过干湿循环试样 SEM 扫描图像

图 5-52（a）所示为 12%PVA + 12%活性氧化镁掺量下的试样，经过 150 倍放大后的 SEM 扫描图像。图中砂土颗粒被胶结物质严密包裹，砂土间不

存在边界，但从图中可以明显地看出裂缝的存在。裂缝是由于活性氧化镁在砂土颗粒间反应产生的体积膨胀对前期已经反应完全的胶结物产生破坏。

图 5-52（b）所示为 12%PVA + 12%活性氧化镁掺量下的试样，经过 500 倍放大后的 SEM 扫描图像。从图中可以明显看出裂缝两端形状的吻合，可以确定胶结物质先反应形成整体结构，后因内部活性氧化镁持续反应对前期已形成的结构造成破坏产生可见裂缝，导致试样整体强度降低，符合此掺量下的复合改良强度不及更少掺量 12%PVA + 8%活性氧化镁改良试样的强度，在所有复合改良试样中改良效果最差。

(a)

(b)

图 5-52　12%聚乙烯醇 + 12%活性氧化镁掺量试样 SEM 扫描图像

图 5-53（a）、(b) 所示为 12%PVA + 16%活性氧化镁掺量下的试样，经过 500 倍和 1 000 倍放大后的 SEM 扫描图像。此掺量下可见范围内均被胶结物质填满，胶结物质紧密包裹砂土颗粒，已没有明显出现在视野中的砂土颗粒，生成的胶结物质十分致密，胶结物质内仍然存在少量裂缝，但裂缝的宽度与长度都明显小于 12%活性氧化镁掺加量下的改良试样，裂缝与裂缝间也没有出现连接与贯通，细小裂缝零星分布于胶结物质中。

(a)

(b)

图 5-53　12%聚乙烯醇 + 16%活性氧化镁掺量试样 SEM 扫描图像

5.5.4　聚乙烯醇（PVA）-硅灰复合改良试样加固机理分析

研究硅灰和聚乙烯醇（PVA）复合改良对砂土强度和水稳性改良效果及相关机理，通过 SEM 扫描观察改良试样微观结构。图 5-54 所示为 PVA、硅灰复合改良试样在自然养护 3 d、7 d、28 d 后的微观结构。如图 5-54（a）所示，SEM 中未观察到网状结构，PVA 凝胶没有充分、完整的弹性丝网，导致试样在自然养护 3 d 时的无侧限抗压强度较低。随着养护龄期的增加，观察到了明显的 PVA 凝胶，如图 5-54（b）、（c）所示，这些凝胶在土体内部形成了更加完整的弹性三维网格，同时硅灰颗粒对土颗粒之间的孔隙进行了填充，从而形成了硅灰-PVA 弹性立体丝网-土壤颗粒三者组成的致密结构，极大限度地提高了试样的强度。

（a）自然养护 3 d

（b）自然养护 7 d

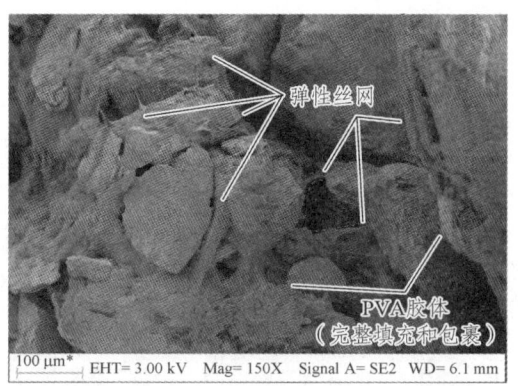

(c) 自然养护 28 d

图 5-54 不同养护龄期改良试样 SEM 扫描图像

图 5-55 所示为不同掺量的硅灰、聚乙烯醇（PVA）复合改良试样经过 10 次干湿循环后内部的微观结构，硅灰的掺加比例分别为 4%、6% 和 8%。如图 5-55（a）所示，在经历 10 次干湿循环后，土体结构表现出不同程度的劣化，这取决于硅灰的含量，当硅灰含量为 4% 时，经过几次干湿循环后，硅灰经过水化作用生成的凝胶未能充分填充土颗粒之间的孔隙，土体颗粒之间存在各种孔隙。随着硅灰含量的增加，土体结构中未被填充的孔隙减少。如图 5-55（b）所示，由硅灰-PVA 弹性立体丝网-土壤颗粒形成的致密结构在多次干湿循环后仍具有良好的完整性。然而，当硅灰含量超过 6% 时，较低强度的硅灰凝胶挤压 PVA 弹性丝网的空间结构，甚至破坏已形成的 PVA 弹性丝网与土颗粒之间的连接，如图 5-55（c）所示，导致微裂纹的产生，结果表明过量的硅灰会导致强度降低。

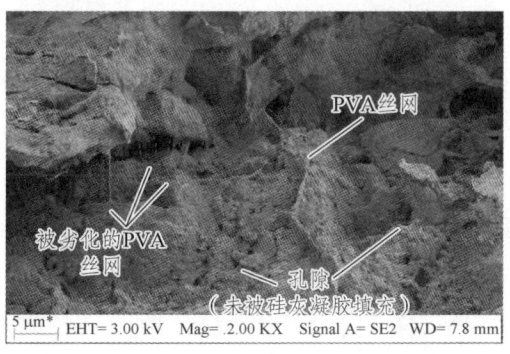

(a) 4% 硅灰试样干湿循环 10 次

（b）6%硅灰试样干湿循环 10 次

（c）8%硅灰试样干湿循环 10 次

图 5-55　不同比例硅灰改良试样 SEM 扫描图像

图 5-56 为添加了 PVA 溶液和硅灰进行复合改良，对砂土强度机理和水稳性增强的简单示意图。在干湿循环试验下，总体强度先上升再下降的主要原因是复合改良试样在养护 7 d 的时候，大部分硅灰并未发生反应，仍以细小颗粒的形式填充于孔隙之间，对土体强度的提升有限，干湿循环过程中试样的充分饱和与风干时良好的温度条件，有助于激发硅灰自身活性，生成凝胶体，有效填充颗粒孔隙，与 PVA 生成的弹性丝网更好地结合在一起提高试样的抗压强度。随着干湿循环次数的进一步增加，伴随着颗粒流失，凝胶体产生一定的劣化，但仍能和土颗粒保持较好的稳定结构。

但当硅灰掺量大于 6%时，过量硅灰所形成的凝胶体会挤压 PVA 胶体的空间，对所形成的弹性丝网造成一定的破坏，颗粒之间的连接主体由高强度的 PVA 转为黏聚力较差的硅灰胶体。同时溢出孔隙的硅灰凝胶体也对原先的密实结构产生了一定的破坏，这也导致了在后续的干湿循环过程中颗粒的损失增多，强度下降。

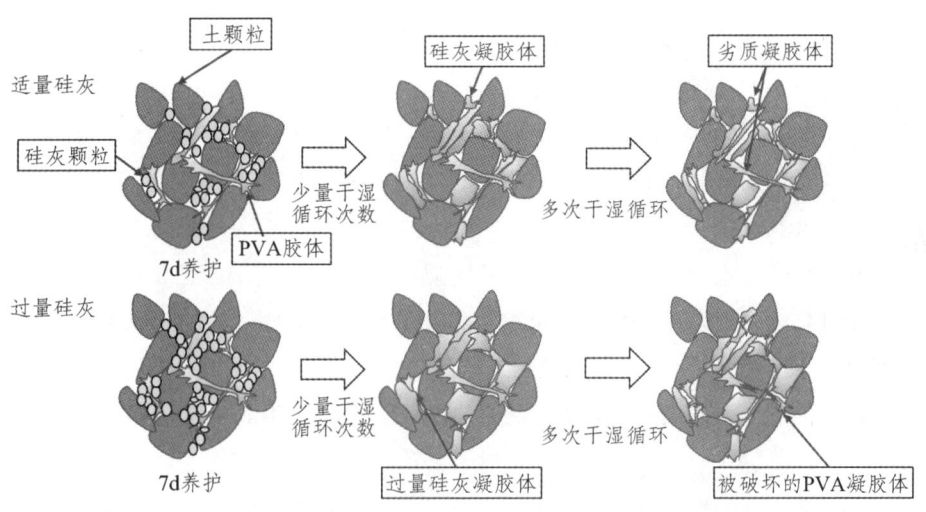

图 5-56 干湿循环对复合改良试样强度影响机理示意图

5.6 取得的成果

以藏东南粗颗粒砂土作为研究对象，进行了实地调查取样。使用聚乙烯醇配置的聚乙烯醇溶液、活性氧化镁、聚丙烯纤维以及硅灰对砂土分别进行单独和复合改良下的无侧限抗压强度试验，绘制轴向应力与轴向应变之间的变化曲线，确定应力与应变之间的关系。之后对改良试样开展干湿循环试验，确定改良试样对干湿循环侵蚀的耐久性。最后使用 SEM 对几种不同改良材料单独改良的机理与复合改良的机理进行分析。依据试验结果，得到不同类型的改良材料的复合改良结果，提出符合实际情况的改良配比。取得的成果如下：

（1）对 4 种不同聚乙烯醇掺量的砂土开展无侧限抗压强度试验，研究聚乙烯醇改良砂土的改良效果，实验结果表明：相较于素土，4 种聚乙烯醇掺量下改良土试样的无侧限抗压强度均有不同程度的提高，且随着聚乙烯醇掺量的增加，无侧限抗压强度增加，试验 4 种掺量 6%、8%、10%、12% 中 12% 聚乙烯醇溶液掺量下无侧限抗压强度最高，由于使用的聚乙烯醇溶液有效物质含量为 5.34%，最终 0.64% 聚乙烯醇有效掺量即可使改良试样无侧限抗压强度由 25.46 kPa 提升至 1 115.36 kPa。

（2）对 4 种活性氧化镁掺量下的改良砂土进行无侧限抗压强度试验，随着活性氧化镁掺加量的增加，改良试样的无侧限抗压强度先增加后降低，12% 活性氧化镁掺量下的改良试样强度与 4% 活性氧化镁改良试样强度相近。

（3）研究了不同养护时间对改良试样的影响，将改良试样置于自然环境（20 ℃、40% 湿度）中风干养护，随着养护时间的增长，聚乙烯醇、活性氧化镁和二者的复合改良试样无侧限抗压强度均增长，其中聚乙烯醇改良试样在养护 14 d 后强度基本维持稳定，活性氧化镁改良试样在 0~28 d 随着养护时间的增长，无侧限抗压强度持续增长，复合改良试样在风干条件下养护不能发挥全部改良效果，为反应提供充足的水分及二氧化碳可以显著提高改良效果。

（4）硅灰的加入对于砂土改良而言有着明显的正向作用，最优掺比为 12%PVA + 6%硅灰，无侧限抗压强度为 1 543.17 kPa。改良试样在自然养护条件中，随着养护时间的增加，无侧限抗压强度随之增加，养护 3~7 d 强度增长幅度较大，养护 14 d 后强度趋于稳定。

（5）单独添加聚丙烯纤维会使砂土颗粒间距变大，土体密实度降低，少量的纤维可以填充砂土颗粒间的孔隙，并通过与砂土颗粒间的界面摩擦使无侧限抗压强度小幅度增加，但过多的纤维会使试样密实度显著下降并在试样中团聚，从而导致无侧限抗压强度降低，故随着纤维掺量的增加，无侧限抗压强度先少量增加后下降。最优掺比为 12%PVA + 0.25%聚丙烯纤维，无侧限抗压强度为 1 716 kPa，与素土相比强度增长达 67 倍，与单独掺加 12%PVA 试样相比增长超过 50%。

（6）通过对聚乙烯醇改良土、活性氧化镁改良土及复合改良土试样进行干湿循环试验，发现活性氧化镁的加入使改良试样随干湿循环次数增加，其无侧限抗压强度先增长后降低。活性氧化镁在试样中完全反应需要较长时间，干湿循环为活性氧化镁反应提供了比自然养护更充足的水分及更适宜的反应条件，使其在干湿循环的过程中持续进行反应，弥补了干湿循环对试样的侵蚀作用，导致随干湿循环的改良试样的无侧限抗压强度出现增长，后因活性氧化镁持续导致的体积膨胀与干湿循环对试样侵蚀，使改良试样的强度降低。PVA和硅灰复合改良的砂土试样，由于干湿循环中试样的充分饱和与风干时良好的温度条件，促进硅灰激发自身的活性，生成凝胶体，有效填充颗粒孔隙，与PVA生成的弹性丝网更好地结合在一起提高试样的抗压强度，其无侧限抗压强度随干湿循环次数的增加先上升后下降，1~3次干湿循环中强度上升，之后强度逐渐下降，在干湿循环10次之后，强度衰减在自然养护条件下峰值强度的15%以内。

6 粗颗粒混合土改良加固试验研究

6.1 试验用土

由于藏东南海拔较高且滑坡、泥石流等自然灾害多发，在长期的降雨侵蚀及河流水力搬运后，当地广泛存在粗颗粒含量较高的粗颗粒混合土边坡。随着西藏铁路、水利、交通工程的不断建设，对边坡进行加固，提高其安全系数，保护通行车辆的安全，保障各类工程的顺利推进，势在必行。本章以前述环保材料对砂土进行改良加固的研究为基础，使用聚乙烯醇（PVA）、硅灰、聚丙烯纤维对易贡处所取粗颗粒混合土进行改良加固，通过叠环式剪切试验，研究改良粗颗粒混合土力学特性。

通过大型直剪试验，研究改良材料对 60 mm 以下的粗颗粒混合土改良加固效果。所用土为易贡滑坡处 60 mm 以下的粗颗粒混合土，其级配曲线如图 6-1 所示，基本物理性质见表 6-1。

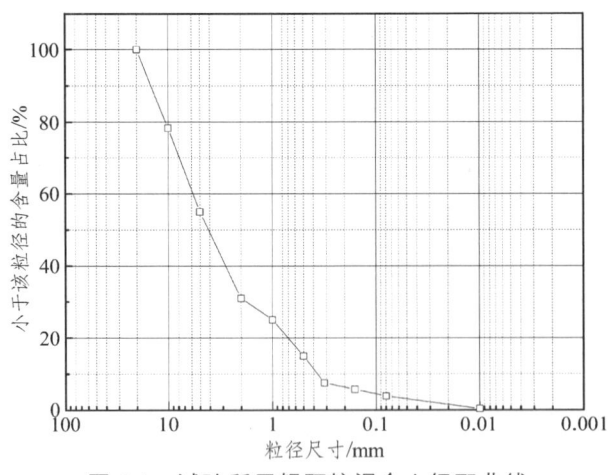

图 6-1　试验所用粗颗粒混合土级配曲线

表 6-1 试验用粗颗粒混合土基本物理性质

天然干密度/(g/cm³)	中值粒径 d_{50}/mm	不均匀系数 C_u	曲率系数 C_s
2.01	4.18	16.75	1.64

6.2 粗颗粒混合土基本力学性质

本次直剪试验采用的仪器是四川大学华西岩土仪器研究所生产的 DHJ50-2 型叠环式剪切试验机，如图 6-2 所示。剪切盒尺寸为 ϕ500 mm × 600 mm，最大容许粒径为 60 mm，最大轴向载荷为 1 000 kN，最大轴向行程为 100 mm，最大水平推力为 1 000 kN，最大水平行程为 60 mm，水平载荷控制方式为应力-应变控制。

图 6-2 DHJ50-2 型叠环式剪切试验机

不同固结压力下粗颗粒混合土试样的剪应力随剪切位移的变化曲线如图 6-3 所示。

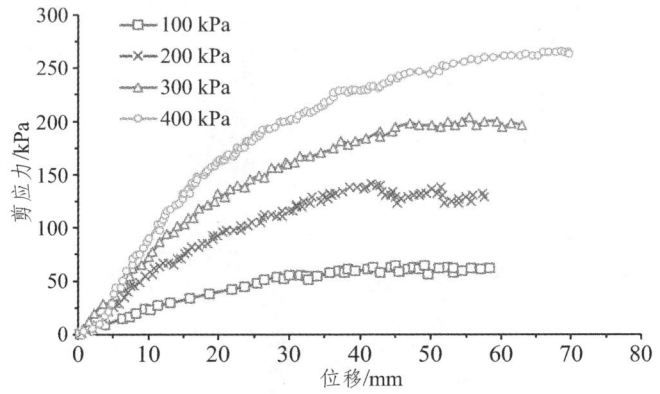

图 6-3 不同固结压力下粗颗粒混合土剪应力随剪切位移的变化

从图 6-3 中可以看出，剪应力随剪切位移的变化曲线皆为硬化型，曲线未观察到明显的峰值，这也符合粗颗粒混合土结构较为松散的特性。剪切位移小于 10 mm 时，由于试样内部存在较多孔隙，这些孔隙在剪切过程中被不断压缩，使得结构的密实度上升，进而使得强度上升，因此剪应力随剪切位移近似呈线性增长。剪切位移超过 15 mm 后，试样结构内部孔隙的压缩已逐渐完成，颗粒与颗粒之间的接触面相对稳定，剪应力的增长由颗粒与颗粒之间的接触力提供，剪应力的数值增长明显减缓，且固结压力越大，增长速率的减缓越明显。剪切位移超过 45 mm 后，除 400 kPa 压力下的试验，数值不再有明显的增长趋势，该阶段剪切破坏已经发生，试样内部的密实结构被破坏，且力链受颗粒翻越、破碎及错动的影响被不断削弱，因此数值无明显增长。值得注意的是，在剪切后期观察到了曲线产生多次数值上的波动，推测试样中的土颗粒强度分布并不均匀，存在一定数量的软弱颗粒。这些软弱颗粒在剪切后期发生破碎，导致细颗粒含量上升，进一步削弱颗粒之间力链的紧密程度。

截至试验结束，100 kPa、200 kPa、300 kPa、400 kPa 压力下监测到的剪应力峰值分别为 64 kPa、141.8 kPa、203.6 kPa、266.7 kPa。由莫尔-库仑定律对峰值剪应力和固结压力的关系曲线进行线性拟合（见图 6-4），推算出制备试样的抗剪强度参数黏聚力为 1.55 kPa，内摩擦角为 33.8°。可以发现，粗颗粒混合土的黏聚力数值极低，内摩擦角数值在粗颗粒土常见范围内，为典型的无黏性土。此类土体的稳定性较差，因此在工程应用中有必要采用改良的方式增加其黏聚力。

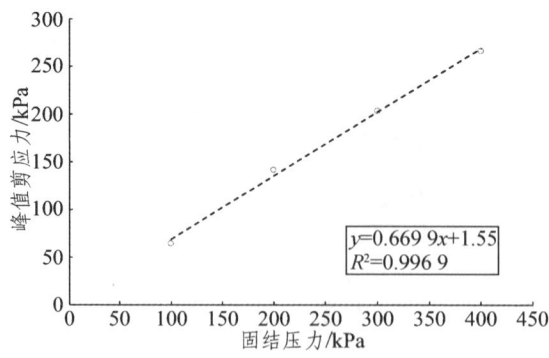

图 6-4　峰值剪应力和固结压力的关系曲线线性拟合

6.3 试验流程及方案

本次试验共制备了 10 组样品，每组样品具有不同的改良剂类型及含量，并在 4 个固结压力下进行大型直接剪切试验以研究改良效果，具体的试验参数列于表 6-2。

表 6-2 试样方案

组类	PVA/%	硅灰/%	纤维/%	固结压力/kPa
1	0	0	0	100、200、300、400
2	8	0	0	100、200、300、400
3	10	0	0	100、200、300、400
4	12	0	0	100、200、300、400
5	10	5	0	100、200、300、400
6	10	10	0	100、200、300、400
7	10	15	0	100、200、300、400
8	10	0	0.25	100、200、300、400
9	10	0	0.5	100、200、300、400
10	10	0	1	100、200、300、400

所有的试样制备相对密实度（D_r）为 0.5，以接近自然堆积状态下的土体密实度。每个样品的重量由土壤的比重（G_s）和土壤空隙率（e）确定，所述土壤空隙率由式（6-1）获得：

$$D_r = \frac{e_{max} - e}{e_{max} - e_{min}} \qquad (6\text{-}1)$$

对于样品制备，首先将预定质量的土体和 PVA 胶体混合，对于复合改良试样，同时将预定质量的硅灰或纤维加入，以达到设计的相对密实度。混合过程中使用铲子手动进行搅拌，同时通过目视检查确保纤维、硅灰在粗颗粒混合土中随机均匀分布。搅拌均匀后将土体用防水膜覆盖静置 24 h，以便其胶体和水分均匀分布。随后，将制备完成的预定质量的混合物分 5 层压实装入大型直接剪切仪中，以获得 501.4 mm 直径和 400 mm 高度的试样。样品的制作流程完全遵守《土工试验章程》中有关粗颗粒土大型直接剪切试验中的规定。从测试后样品的表面或剪切面的照片中，可以直观地观察到改良材料在样品中相对均匀地分布，如图 6-5 所示。

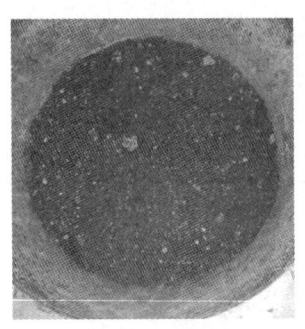 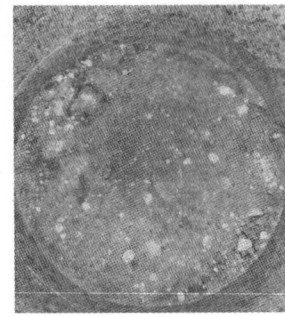 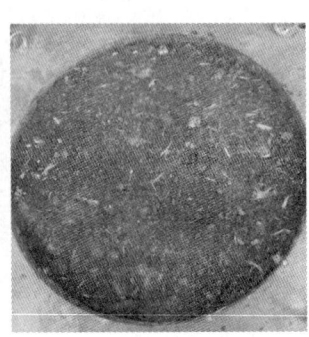

（a）PVA 改良试样　　（b）PVA-硅灰改良试样　　（c）PVA-聚丙烯纤维试样

图 6-5　改良材料在样品中均匀分布

受限于试样尺寸，样品制备后直接在仪器中静置并养护，待养护完成后进行直接剪切试验。试验流程以《土工试验章程》中有关粗颗粒土大型直接剪切试验中的规定，首先在规定的固结压力下进行固结，当每小时垂直变形小于 0.03 mm 时，认为变形稳定，此时结束固结并开始剪切试验。剪切速率设定为 0.3 mm/min，当试样的剪切位移达到 60 mm 时，试验结束。试样结束后，将水平和垂直油缸收回，取下水平拉杆、位移传感器，将剪切盒推出。将破坏后的土样取出进行下一个垂直荷载的试验。

6.4　试验结果与分析

6.4.1　剪应力-剪切位移关系曲线特性分析

图 6-6 所示为单独添加 8%、10%、12%PVA 含量下试样的剪应力与轴向应变的关系曲线。从图中可以看出，曲线在剪切后期的波动明显减小，说明试样的整体性得到改善，PVA 的加入填充了土体结构中的孔隙，具有一定强度的胶体也限制了粗颗粒的翻越行为。同时可以发现，在粗颗粒混合土中添加 PVA 能够显著增加峰值剪应力，相较未改良土，峰值剪应力的增长在 50%以上。具有峰值的应力-应变曲线在高含量试样的低压力（100 kPa）下最为明显。随着压力的增加，应力-应变曲线出现清晰峰值的趋势被降低，但峰后软化行为仍较明显。这意味着 PVA 的加入虽然提高了试样的强度，但试样脆

性较为明显。不过，即使 50 mm 位移后，剪应力的下降幅度已超过 30%，此时的剪应力数值仍大于未改良土的峰值剪应力。

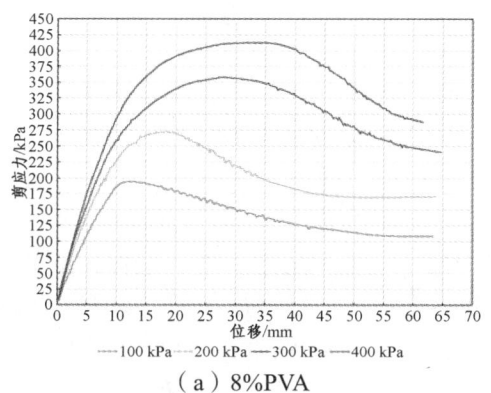

（a）8%PVA

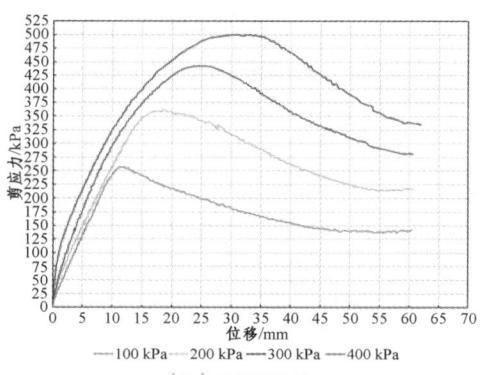

（b）10%PVA

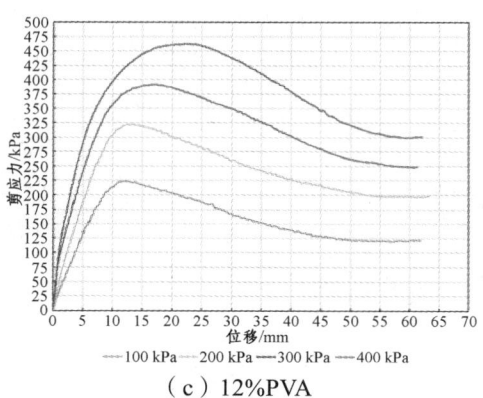

（c）12%PVA

图 6-6　不同比例 PVA 剪应力-应变关系

图 6-7 所示为添加 0.25%、0.5%、1%含量纤维和 10%PVA 的试样的剪应力与轴向应变的关系。结果表明，试样峰值剪应力通常发生在 30 mm 的水平位移之后，随着压力的增大，产生峰值剪应力的位移值也随之增大。纤维的加入也进一步提高了试样的峰值剪应力，例如 200 kPa 压力下，相较 10%PVA 单独改良的试样，添加 0.25%、0.5%、1.0%的纤维使得试样的峰值剪应力分别增加了 20.0 kPa、74.7 kPa、112.3 kPa。更为重要的是，纤维的加入改善了改良土的峰后软化行为，当纤维含量大于 0.5%时，50 mm 后剪应力的下降幅度小于 15%。

图 6-8 所示为添加 5%、10%、15%含量硅灰和 10%PVA 的试样的剪应力与轴向应变的关系。相较纤维-PVA 复合改良试样，由于硅灰促进了 PVA 的胶结，峰值剪应力进一步提升，200 kPa 压力下相较 10%PVA 单独改良的试样，添加 5%、10%、15%的硅灰使得试样的峰值剪应力分别增加了 102.6 kPa、155.5 kPa、141.7 kPa。随着强度的提高，峰值剪应力发生的位移值也提前，尤其是在低围压下，基本在 15 mm 之前试样即达到峰值并破坏。

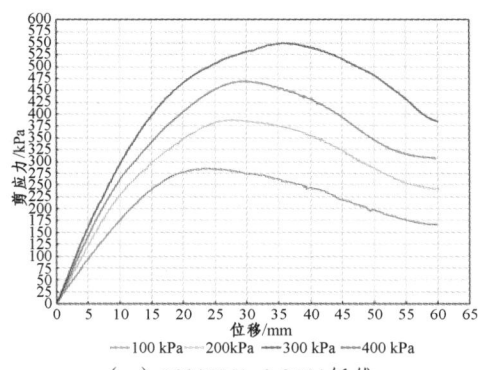

（a）10%PVA-0.25%纤维

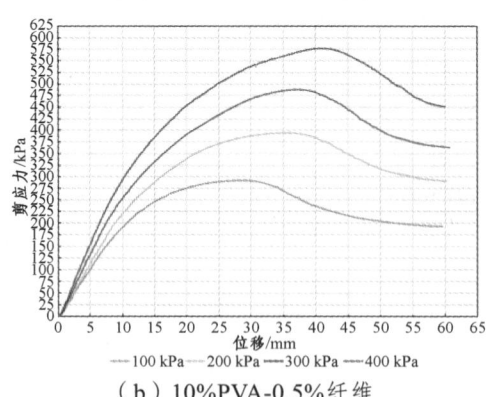

（b）10%PVA-0.5%纤维

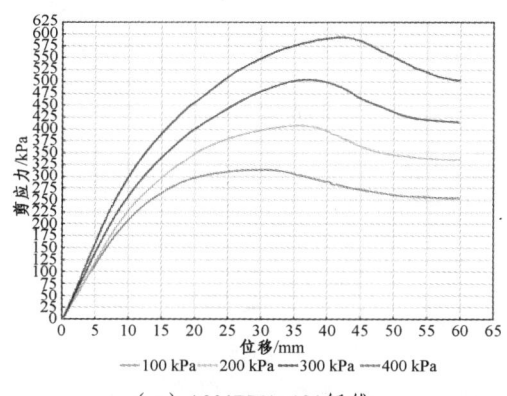

（c）10%PVA-1%纤维

图 6-7　10%PVA 和不同比例纤维改良试样剪应力-应变关系

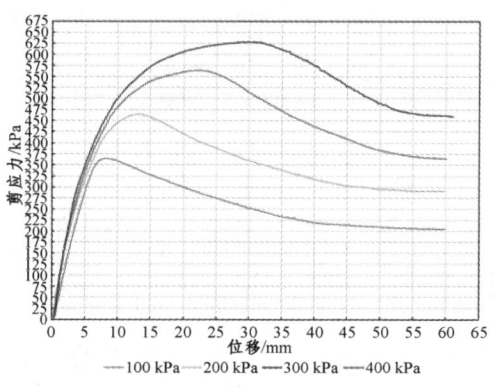

（a）10%PVA-5%硅灰

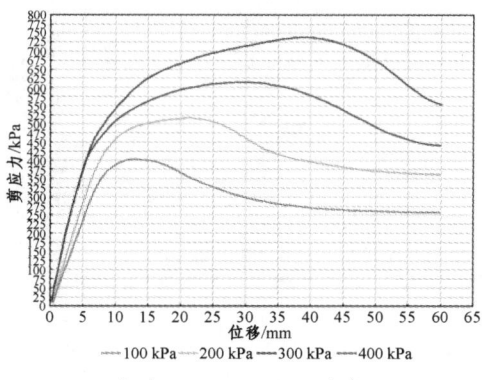

（b）10%PVA-10%硅灰

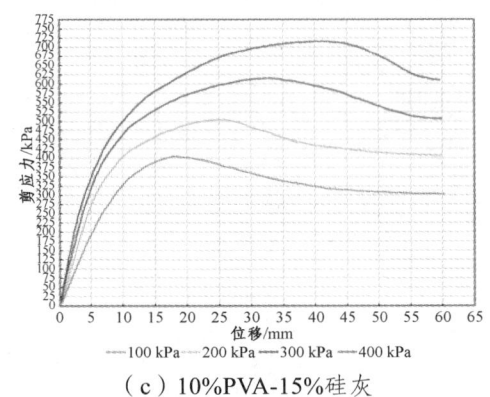

（c）10%PVA-15%硅灰

图 6-8　10%PVA 和不同比例硅灰改良试样剪应力-应变关系

图 6-9 所示为不同改良土的峰值剪应力的提高程度（各围压下的峰值偏应力与未改良土该围压下的峰值偏应力之比）。从图中可以看出，高硅灰含量的复合改良试样和高 PVA 含量的单独改良试样分别具有最高和最低的提高程度。对于同一改良剂类型及含量的试样，提高程度随压力的增大呈下降趋势，且下降斜率在低围压（100～200 kPa）最大，说明在较低的压力作用下，改良材料形成的胶结体或是充填体能够发挥承担荷载的作用，完善试样结构中的力链，提高强度。而随着压力的增大，部分胶结体或充填体破坏，一定程度上削弱了改良效果。

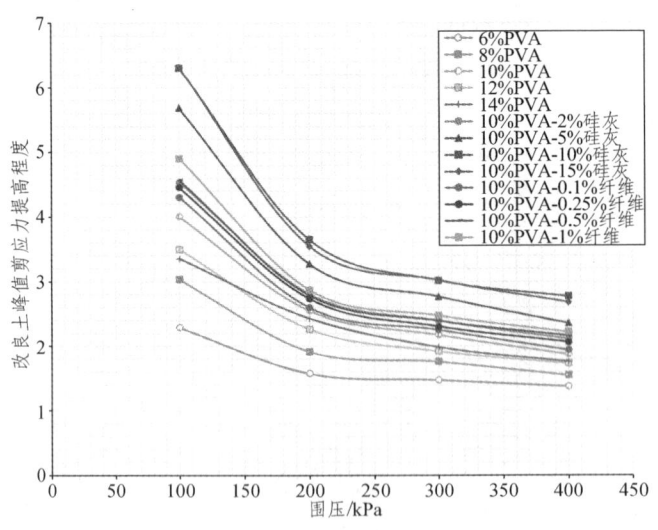

图 6-9　不同改良土峰值剪应力的提高程度

6.4.2 刚　度

为评价不同改良土试样对变形的抵抗力，引入刚度指标进行分析和对比，指标的计算方法如式（6-2）所示。

$$E = \frac{\sigma}{\varepsilon} \tag{6-2}$$

式中，E 为刚度指标，为峰值应力一半时的数值，为达到一般峰值应力时的应变数值。计算不同压力下达到一半峰值剪应力时应力-应变曲线的割线模量来确定改良土的刚度。通过应力-应变曲线画出达到轴向抗压强度50%的直线，这些直线的斜率作为割线弹性模量。图6-10所示为固结压力为100 kPa、200 kPa、300 kPa、400 kPa时，PVA单独改良、PVA-硅灰复合改良和PVA纤维复合改良样品的 E_{50} 随改良剂含量的变化，具体的数值汇总于表6-3中。

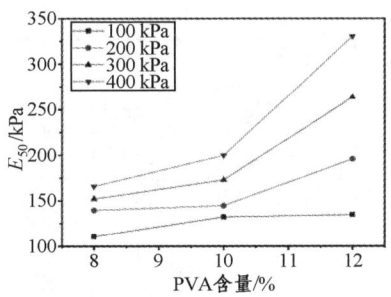

（a）PVA单独改良试样 E_{50} 变化

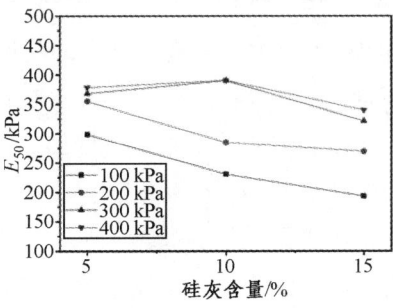

（b）PVA-硅灰复合改良试样 E_{50} 变化

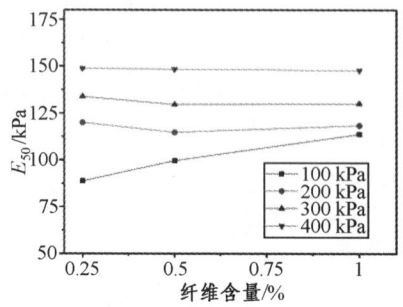

（c）PVA-纤维复合改良试样 E_{50} 变化

图 6-10　不同试样 E_{50} 随改良剂含量的变化

表 6-3　不同试样 E_{50} 具体数值

组类	PVA /%	硅灰 /%	纤维 /%	E_{50} (100 kPa)	E_{50} (200 kPa)	E_{50} (300 kPa)	E_{50} (400 kPa)
0	0	0	0	10.17	25.21	36.20	55.21
1	8	0	0	110.65	139.56	151.96	165.72
2	10	0	0	132.10	144.64	172.82	199.77
3	12	0	0	134.60	195.78	263.71	330.52
4	10	5	0	298.70	355.12	368.26	378.47
5	10	10	0	230.69	284.91	390.25	390.61
6	10	15	0	193.43	269.39	321.26	340.02
7	10	0	0.25	88.82	119.91	133.73	148.71
8	10	0	0.5	99.62	114.72	129.54	148.23
9	10	0	1	113.68	118.34	129.92	147.65

可以看出，改良剂的添加极大地提高了试样的模量，其中 PVA-硅灰复合改良试样具有最高的模量。还可以看出，在 PVA 改良试样中添加硅灰可增加模量，但模量的增长并非随着含量的增加一直增加。当硅灰含量低于 5% 时，能观察到试样的模量提升了近两倍，此后继续提高添加量至 10%，仅高压力下的试样模量有所增长，而当添加量提高至 15% 后，由于硅灰颗粒较细，过量硅灰对土体级配产生了较大的影响，挤压了胶体和粗颗粒的空间，因此模量显著下降，甚至低于 5% 添加量时的数值。

在 PVA 改良试样中添加纤维则降低了模量,这是因为纤维的加入可以使粗颗粒混合土中的细颗粒土粒具有更好的互锁性,同时也限制了土体横向运动的发生。因此,模量随着纤维含量的增加呈上升的趋势。同时,纤维的可延展性延缓了变形过程中接触力的快速上升,这导致 PVA 纤维复合改良试样刚度相较 PVA 单独改良试样有明显的下降。

6.4.3 破坏位移的对比

图 6-11 所示为不同固结压力下改良土试样在峰值强度点的轴向应变数值,其具体数值汇总于表 6-4 中。

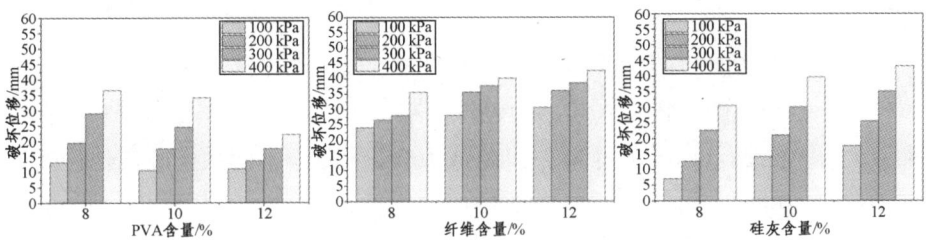

图 6-11 不同固结压力下改良土试样在峰值强度点的轴向应变数值

表 6-4 改良土试样在峰值强度点的轴向应变具体数值

组类	PVA /%	硅灰 /%	纤维 /%	100 kPa 失效应变	200 kPa 失效应变	300 kPa 失效应变	400 kPa 失效应变
2	8	0	0	13.04	19.55	29.08	36.60
3	10	0	0	10.53	17.55	24.57	34.10
4	12	0	0	11.03	13.54	17.55	22.06
7	10	5	0	7.02	12.54	22.56	30.59
8	10	10	0	14.04	21.06	30.08	39.61
9	10	15	0	17.55	25.57	35.10	43.12
11	10	0	0.25	24.07	26.57	28.08	35.60
12	10	0	0.5	28.08	35.60	37.61	40.11
13	10	0	1	30.59	36.10	38.61	42.62

对于 PVA 单独改良试样，土体结构中形成的胶体具有较强的刚度，且在达到一定剪切位移后失去完整性，通常试样剪应力达到峰值后破坏失效，此后位移的增加会使得剪应力快速下降，相较未改良试样表现出的延性，PVA 的胶结导致了脆性。100~200 kPa 压力下的试样皆在 20 mm 位移前发生破坏。随着压力的增大，破坏位移增加。值得注意的是，当压力增至 300~400 kPa 时，低含量试样的破坏位移显著延后，说明较高的压力可能会使得形成的胶结体发生破坏，使得土体结构存在一定的孔隙，延缓剪应力达到峰值，具体体现在试样的应力-应变曲线在达到峰值前出现了较长一段的缓慢增长阶段。而随着 PVA 含量的增加，破坏位移则提前，说明胶体的增多会使得试样的破坏更早发生。

对于 PVA 纤维复合改良试样，纤维的加入极大地提高了土体和胶体的延展性，含有纤维的试样具有最高的破坏位移。相较单独添加 10%的 PVA，添加 0.25%、0.5%、1.0%的纤维分别使得 100 kPa 压力下的试样破坏位移提高了 200%、300%、340%。但随着固结压力的提高，高固结压力 400 kPa 下的破坏位移提高不足 40%，且纤维含量越少，高压下的提高幅度就越小，这意味着纤维提供的延展性提高和 PVA 胶体的胶结类似，在高压力下也会被破坏。

对于 PVA 硅灰复合改良试样，硅灰添加量小于 5%时，少量的硅灰主要与 PVA 凝胶黏结促进凝胶体对土体的固化并增加胶体的刚度，这一点在刚度的数值上也有所反映，因此含有 5%硅灰的试样具有最低的破坏位移，在 100 kPa 压力下试样在 7 mm 剪切位移时即发生较为明显的脆性破坏。随着硅灰添加量的提高，破坏位移显著延后，且在 400 kPa 的高压力下，破坏位移和添加纤维的试样接近。

6.4.4 脆性指数的变化

观察所有改良土试样的应力-应变曲线可以发现，剪应力达到明显峰值后曲线的斜率发生转变，并在接近剪切位移 60 mm 时基本稳定。为评价不同试样的峰值后软化行为，采用 Consoli 等（1998 年）提出的脆性指数进行评价，其计算方法见式（6-3）。

$$I_B = \frac{q_{\max}}{q_{\text{res}}} - 1 \tag{6-3}$$

式中，I_B 是脆性指数；$q_{\max}$ 和 q_{res} 分别是峰值和残余应力。将不同围压下各试样的脆性指数汇总于表 6-5 中，其数值随改良剂含量的变化如图 6-12 所示。

表 6-5　不同围压下各试样的脆性指数

组类	PVA/%	硅灰/%	纤维/%	脆性指数（100 kPa）	脆性指数（200 kPa）	脆性指数（300 kPa）	脆性指数（400 kPa）
1	8	0	0	0.71	0.56	0.49	0.46
2	10	0	0	0.79	0.64	0.56	0.49
3	12	0	0	0.84	0.61	0.56	0.53
4	10	5	0	0.69	0.60	0.51	0.36
5	10	10	0	0.60	0.44	0.38	0.33
6	10	15	0	0.32	0.24	0.20	0.17
7	10	0	0.25	0.70	0.61	0.53	0.45
8	10	0	0.5	0.40	0.34	0.32	0.28
9	10	0	1	0.26	0.22	0.22	0.20

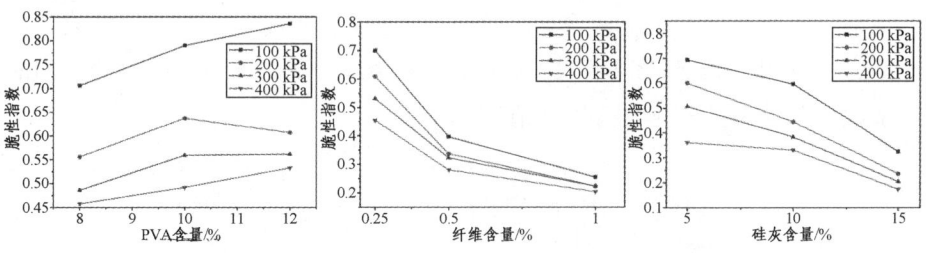

图 6-12　脆性指数随改良剂含量的变化

从表 6-5 中可以看出，所有改良剂类型的试样的脆性指数皆随着压力的增加而降低，这一趋势与众多研究一致，说明提高压力有助于将改良土的脆性向韧性转变。PVA 单独改良试样具有较高的脆性指数，其中 12%PVA 添加量下试样的脆性指数达到了 0.84，为所有试样最高，该数值甚至超过了有关水泥土研究中报道的数值。这说明 PVA 与水泥类似，虽然能够通过黏结土颗粒极大地提高土体强度，但生成的胶体缺少延展性。随着剪切位移的发展，胶结体作为土体骨架的一部分，承受的应力超过强度后即会发生脆性破坏和突然破坏，土体结构的密实性被削弱，使得强度迅速下降。PVA 单独改良试样的脆性指数随着含量的增加而增加。

从图 6-12 中可以看出，向 PVA 改良土中添加纤维能够降低脆性指数，且纤维含量由 0.25%提高至 0.5%时脆性改善最为明显，100 kPa 下的脆性指数由 0.70 直接降低至 0.40，破坏行为转变为更具延展性的行为。这是因为破坏位移之后，土壤颗粒和纤维之间的相互作用阻止了残余强度的显著降低，且纤维含量越高，剪切后期的残余强度损失越少。

添加硅灰的复合改良试样显示出了与纤维类似的特性，即脆性指数随着添加量的增加而降低。硅灰含量由 10%提高至 15%时脆性改善最为明显，100 kPa 下的脆性指数由 0.60 降低至 0.32，400 kPa 下的脆性指数也降低至 0.17，为所有试样中的最小值。这是因为硅灰含量增加至 15%时，试样结构中大部分为粒径较小的细颗粒，因此剪切后期颗粒的翻越和错动发生较少，试样的膨胀被抑制，残余强度的下降较少。

6.4.5 能量吸收

能量吸收表示改良土引起变形所需的能量，它可以通过计算应力-应变曲线下方的面积来确定。图 6-13 给出了不同固结压力下各改良土吸收能量的能力随改良剂含量的变化，具体数值汇总于表 6-6 中。

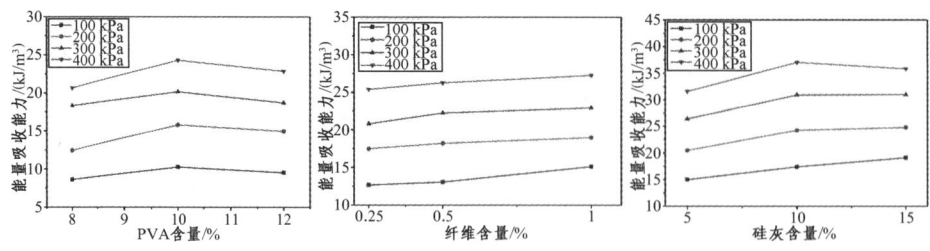

图 6-13　不同固结压力下各改良土吸收能量的能力随改良剂含量的变化

表 6-6 改良土吸收能量的具体数值

组类	PVA /%	硅灰 /%	纤维 /%	能量吸收（100 kPa）/（kJ/m³）	能量吸收（200 kPa）/（kJ/m³）	能量吸收（300 kPa）/（kJ/m³）	能量吸收（400 kPa）/（kJ/m³）
1	8	0	0	8.63	12.45	18.33	20.65
2	10	0	0	10.27	15.79	20.17	24.31
3	12	0	0	9.53	14.94	18.72	22.86
4	10	5	0	15.00	20.50	26.38	31.59
5	10	10	0	17.40	24.24	30.93	37.04
6	10	15	0	19.13	24.77	31.00	35.83
7	10	0	0.25	12.66	17.50	20.78	25.40
8	10	0	0.5	13.06	18.20	22.23	26.28
9	10	0	1	15.11	18.96	22.91	27.26

从图 6-13 中可以看出，对于 PVA 单独改良试样，掺量从 8%增加至 12%的过程中，试样的能量吸收能力先增大后减小，PVA 掺量为 10%时，能量吸收能力在各压力下皆达到最大值。这说明 PVA 的添加量存在一个最优掺量，适量的 PVA 溶液在土体结构内部能够均匀分散并形成较为完整的网状结构，对试样承受剪切荷载时内部裂缝的发展和颗粒位移的产生起到抑制作用，提高了变形所需要的能量。当 PVA 掺量过多时，胶体挤压土骨架空间并缠结成团形成应力集中区，增加了内部孔隙的体积，使内部缺陷增多。同时过量的 PVA 溶液也导致试样内部含水率增加，延缓了胶体固化的效率，削减了力学性能。

在最优 PVA 掺量下添加纤维可提高试样的能量吸收能力，固结压力越大，提升的数值越小。例如添加 0.25%、0.5%、1.0%的纤维，100 kPa 下的能量吸收能力分别提升了 2.4 kJ/m³、2.79 kJ/m³、4.85 kJ/m³，而这个提升数值在 400 kPa 固结压力下则仅为 1.09 kJ/m³、1.98 kJ/m³、2.95 kJ/m³，说明高固结压力下纤维及 PVA 胶体对能量吸收能力的改善被削弱。同时可以发现，纤维含量的增加对试样能量吸收能力的提高并不显著，这可能与粗颗粒混合土中含有粗颗粒有关，纤维虽能通过提高细颗粒之间的互锁程度改善能量吸收能力，但受限于粗颗粒粒径较大，对剪切后期的膨胀位移限制有限。

相较掺加纤维，硅灰的添加对试样能量吸收能力的提升更为显著，5%的硅灰添加量即可将 100 kPa 下的能量吸收能力提高 4.73 kJ/m³，且这种提高并没有随着固结压力的增大而发生明显的削弱，说明硅灰及 PVA 胶体对能量吸收能力的改善在高压下不会被削弱。15%硅灰含量下的试样具有最高的能量吸收能力，但可以观察到硅灰含量由 10%增加至 15%后，能量吸收能力的增加有限，甚至 400 kPa 压力下数值出现了小幅度下降，从工程成本角度出发，10%的硅灰添加量已具有较好的改善效果，此后继续添加硅灰性价比不高。

6.4.6 抗剪强度的影响

图 6-14 给出了不同固结压力下各改良土的峰值剪应力随改良剂含量的变化，具体数值汇总于表 6-7 中。可以发现，改良剂对于强度的提高十分显著，8%PVA 添加量下的试样峰值剪应力虽为所有改良试样中最小，但也为未改良土的 1.5 ~ 3 倍。对于 PVA 单独改良试样，PVA 含量为 10%时峰值剪应力达到最大值，进一步验证了 10%的 PVA 含量为最优掺量。在最优 PVA 掺量下添加纤维对试样的峰值剪应力提升有限，即使是 1%的纤维添加量，峰值剪应力也仅提高了 10% ~ 20%，而 5%含量的硅灰即可使峰值剪应力提高 25% ~ 40%，这说明从提高强度的角度出发，添加硅灰优于添加纤维。

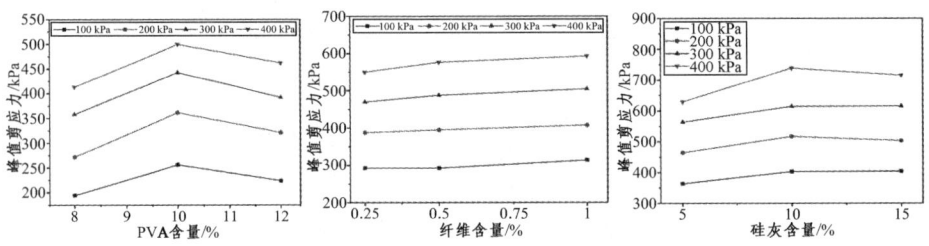

图 6-14 各改良土峰值剪应力随改良剂含量的变化

表 6-7 各改良土的峰值剪应力具体值

组类	PVA /%	硅灰 /%	纤维 /%	峰值剪应力（100 kPa）/kPa	峰值剪应力（200 kPa）/kPa	峰值剪应力（300 kPa）/kPa	峰值剪应力（400 kPa）/kPa
0	0	0	0	64.0	141.8	203.6	266.7
2	8	0	0	194.2	272.1	358.2	412.8

续表

组类	PVA /%	硅灰 /%	纤维 /%	峰值剪应力 (100 kPa) /kPa	峰值剪应力 (200 kPa) /kPa	峰值剪应力 (300 kPa) /kPa	峰值剪应力 (400 kPa) /kPa
3	10	0	0	256.4	361.8	442.7	499.7
4	12	0	0	223.9	321.3	391.9	461.9
7	10	5	0	363.9	464.4	563.7	628.4
8	10	10	0	403.5	517.3	614.7	738.9
9	10	15	0	404.3	503.4	615.5	715.5
11	10	0	0.25	292.8	387.9	469.4	550.2
12	10	0	0.5	292.8	395.3	487.5	576.7
13	10	0	1	314.0	407.8	504.5	593.1

各试样峰值剪应力随固结压力的变化如图 6-15 所示。可以发现，所有试样的峰值剪应力皆随着固结压力的增加而增加，具有良好的线性关系。基于试验数据提出了一个简单的非线性模型，以便根据施加的固结压力和改良剂含量快速估计改良后粗颗粒混合土的剪切强度，为粗颗粒混合土的改良加固应用提供实际指导。拟合方程为

$$y = k_4 x_1 [0.55 + x_3/(k_2 x_3 + k_3) - 0.01 x_2^2 + 0.3 x_2 + k_1 x_4^2 + 1.5 x_4] + [x_3/(k_2 x_3 + k_3) - 0.01 x_2^2 + 0.3 x_2 + k_1 x_4 x_4 + 1.5 x_4]$$

其计算结果如图 6-16 所示。

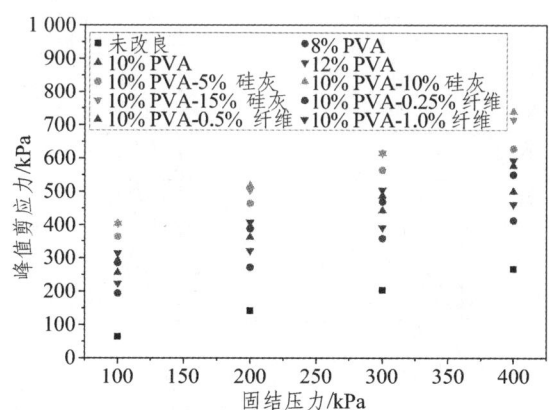

图 6-15 各试样峰值剪应力随固结压力的变化

```
Parameters        Best Estimate
----------        -------------
k1                -0.880015731716876
k2                 0.5634105934351
k3                 2.30109074664698
k4                 0.525172214109471
```

图 6-16　计算结果

采用库仑破坏准则获得抗剪强度参数，各试样的内摩擦角和黏聚力随添加剂含量的具体数值见表 6-8。结果分析表明，未改良试样的内摩擦角为 33.8°，黏聚力为 1.5 kPa 接近于 0，为典型的松散无黏性土，土体的抗剪强度主要由颗粒之间的摩擦提供。PVA 单独改良试样的摩擦角为 36.6°~39°，黏聚力则在 123.8~187.5 kPa，显著高于未改良试样，说明 PVA 对剪切强度的提高主要通过在土颗粒之间形成黏结来提高黏聚力，而内摩擦角则是略有增加。同时，内摩擦角和黏聚力的峰值皆在 PVA 含量为 10%时被观察到，此后继续添加 PVA 抗剪强度参数反而下降，进一步验证了 10%的 PVA 含量为最优掺量。

表 6-8　试样的内摩擦角和黏聚力随添加剂含量的具体数值

组类	PVA/%	硅灰/%	纤维/%	内摩擦角/(°)	黏聚力/kPa
0	0	0	0	33.8	1.5
2	8	0	0	36.6	123.8
3	10	0	0	39.0	187.5
4	12	0	0	38.1	153.7
7	10	5	0	41.8	281.9
8	10	10	0	47.8	292.7
9	10	15	0	46.3	298.3
11	10	0	0.25	41.2	204.3
12	10	0	0.5	43.3	202.1
13	10	0	1	43.0	221.4

纤维及 PVA 复合改良试样的内摩擦角在 41.2°~43.3°，这一数值接近致密砾石的内摩擦角数值，说明纤维的添加改善了试样的致密性和整体性。黏

聚力的波动不大，相较 PVA 单独改良试样有小幅度的提升，数值在 202.1 ~ 221.4 kPa，可以认为，纤维的添加对剪切强度的提高主要通过改善土颗粒之间的摩擦特性实现。如图 6-17 所示，在破坏后的试样块体中能观察到纤维缠绕着部分土颗粒，提高了土颗粒尤其是细颗粒之间的互锁程度。观察抗剪强度参数随纤维含量的变化可以发现，当纤维含量从 0.25%增加到 0.5%时，内摩擦角达到最大值 43.3°，黏聚力小幅度下降 2.2 kPa。当纤维含量从 0.5%增加至 1%时，内摩擦角小幅度下降 0.3°，黏聚力则达到最大值 221.4 kPa。综上所述，对于最优 PVA 掺量下的粗颗粒混合土，适宜的纤维掺量在 0.5% ~ 1%。

图 6-17　纤维缠绕土颗粒

硅灰及 PVA 复合改良试样的内摩擦角被显著提升，数值在 41.8° ~ 47.8°，说明硅灰的添加也改善了试样的整体性。从破坏后试样的块体中可以观察到硅灰颗粒及其与 PVA 凝胶生成的二次产物进一步填充了结构中的孔隙，相较 PVA 单独改良试样，PVA 凝胶与粗颗粒所构成的团聚体中的小孔隙被填充，因此试样的致密性和整体性被提升。

同时在部分试样的剪切面中观察到了细小的划痕（见图 6-18），这说明随着试样整体性的提高以及硅灰对胶体强度的提高，剪切破坏过程中颗粒的错动和滑移减少，取而代之的是高强度的胶-土混合物在强制位移的过程中沿着另一个表面被拖动，这也导致了颗粒之间的摩擦性提高。

图 6-18 剪切面划痕

硅灰的加入也显著提高了试样的黏聚力，进一步提高了土颗粒之间的黏结能力。5%含量的硅灰即将黏聚力提高至 281.9 kPa，尽管此后继续添加硅灰仍能提高黏聚力，但黏聚力的变化幅度不大，15%的硅灰添加量下黏聚力为 298.3 kPa。而内摩擦角的峰值在硅灰含量为 10%时被观察到，此后继续添加硅灰，由于细颗粒的含量增加，内摩擦角反而下降，因此对于最优 PVA 掺量下的粗颗粒混合土，适宜的硅灰掺量在 5% ~ 10%。

从抗剪强度参数中可以明显看出，对于复合改良试样，虽然纤维和硅灰都能进一步提高试样的抗剪强度，但硅灰明显更有利于剪切性能的提高，因为就剪切强度而言，在造价接近的情况下，硅灰试样优于纤维试样。事实上，纤维对于粗颗粒混合土的改善在于连接土颗粒和胶体，发挥物理连接作用，并不能提高胶体的强度或是黏结能力，主要起到抑制土体结构裂纹的扩展，约束充填体变形。而硅灰则通过自身活性进一步激发了胶体的强度和黏结能力，同时细小的硅灰颗粒相比纤维对土体孔隙的填充更有效，试样整体性更好，因此强度会发生显著提高。

6.5 取得的成果

通过大型直剪试验，研究了 PVA、硅灰、聚丙烯纤维 3 种改良材料对 60 mm 以下粗颗粒土的改良机理和效果。取得的成果如下：

（1）PVA 的加入填充了土体结构中的孔隙，整体性得到改善，适量的 PVA 溶液在土体结构内部能够均匀分散并形成较为完整的网状结构，PVA 单独改良试样的摩擦角在 $36.6° \sim 39°$，黏聚力则在 $123.8 \sim 187.5$ kPa，显著高于未改良试样；单独掺加 PVA 的最佳掺比为 10%，在 100 kPa 围压条件下，峰值剪应力为未改良土的 4 倍，具有明显的脆性。

（2）对于最优 PVA 掺量下的粗颗粒混合土，硅灰的加入，促进了 PVA 的胶结，5%含量的硅灰即可使峰值剪应力提高 $25\% \sim 40\%$，硅灰的复掺对于强度的提升效果最为明显；硅灰及 PVA 复合改良试样的内摩擦角在 $41.8° \sim 47.8°$，PVA 凝胶与粗颗粒所构成的团聚体中的小孔隙被填充，试样的致密性和整体性被提升；适宜的硅灰掺量在 $5\% \sim 10\%$。

（3）对于最优 PVA 掺量下的粗颗粒混合土，纤维的加入改善了改良土的峰后软化行为，纤维缠绕着部分土颗粒，提高了土颗粒尤其是细颗粒之间的互锁程度。当纤维含量大于 0.5%时，50 mm 后剪应力的下降幅度小于 15%，纤维的加入极大地提高了土体和胶体的延展性，含有纤维的试样具有最高的破坏位移；纤维及 PVA 复合改良试样的内摩擦角在 $41.2° \sim 43.3°$；纤维最佳掺量在 $0.5\% \sim 1\%$。

7 PART SEVEN

室内降雨入渗模型试验

藏东南公路沿线分布有大量砂土边坡，这些边坡在雨季具有不同的变形形式，如泥石流、坍塌、开裂、侵蚀和整体滑坡等，将会对人民生命和财产安全、社会经济发展造成危害。因此，提出适宜藏东南边坡的加固方法，探究边坡表层采用改良材料进行改良的加固效果，通过大型物理模型试验对不同改良材料改良后的砂土模型边坡进行了降雨试验。试验过程中监测降雨作用下孔隙水压力、土压力的变化，研究采用不同改良材料进行浅表改良后边坡的变形过程。

7.1 试验装置

7.1.1 试验材料

试验材料在原型边坡现场取样获得，原型边坡位于西藏林芝市朗县境北部某高陡边坡，如图 7-1 所示。

图 7-1 某砂土边坡

根据第 6 章的改良方法，分别配置了 4 种如表 7-1 所示的土体用作试验中的边坡表层土体。

表 7-1 材料配置情况

材料类型	改良类型	配置材料
1	未改良	砂土
2	MgO 改良	10%MgO
3	PVA 改良	12%PVA
4	PVA + MgO 改良	12%PVA + 10%MgO

7.1.2 边坡降雨试验模型装置

为了模拟降雨条件下边坡的变形过程，试验在西藏农牧学院高原水力发电试验室进行。试验采用宽×长×高 = 0.5 m×1.65 m×2 m 的透明有机玻璃箱，在模型箱中装土的尺寸为长×宽×高 = 1.65 m×0.5 m×1.05 m。在藏东南，由于受降雨影响，大多数砂土边坡的浅表更容易发生滑坡破坏。因此，边坡分为 3 层，上层厚度为 0.1 m，在不同的改良边坡中分别为不同的土体材料；中部则是未改良砂土层；下层则为卵石层，模拟实际工况下的基岩，具体的分层情况如图 7-2 所示。由于原型边坡表层分布有松散的砾石，模型试验中边坡表层也铺设有 1 cm 厚的砾石层。

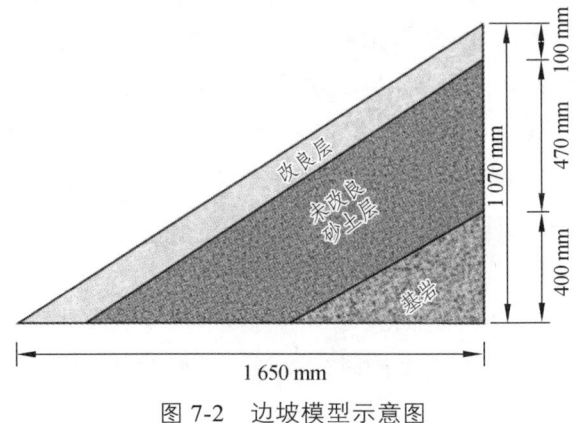

图 7-2 边坡模型示意图

降雨模型试验的设备布置如图 7-3 所示。人工降水模拟器由喷嘴、输水管道、水箱等组成。通过更换水箱水头高度和喷嘴直径实现对降雨强度的控制,根据对降雨强度的标定结果,本次试验选用 60 mm/h、120 mm/h 和 180 mm/h 三种降雨强度。在模型箱正前方设置有高速摄像机,可以对边坡变形过程进行动态监测。

图 7-3　模型试验实物图

7.1.3　量测设备及布置

测量系统主要包括动静态应变测试系统、孔压计和土压力计。试验中采用 DMYB-1820 动静态应变采集仪。孔隙水压力传感器采用与数据采集仪适配的 DMKY 型微型高精度的孔隙水压力计:直径为 15.8 mm,厚度为 21 mm,桥路电阻为 10 kΩ,频响为 2 kHz,供桥电压为 2 V(不超过 9 V),过载能力为标准量程的 120%。土压力计为 DMTY 型应变式土压力盒:直径为 16 mm,厚度为 4.8 mm,量程为 0.05~10 MPa,满量程应变约为 1 000,桥路电阻为 350 Ω,最高可达 3 000,频响为 2 kHz,供桥电压为 2 V(不超过 9 V),过载能力为标准量程的 120%。

传感器的布局如图 7-4 所示。从图中可以看出,为了测量边坡不同位置的水力响应,10 个孔隙水压力传感器被分成 3 层安装在边坡内部,用于监测不同位置的孔隙水压力变化。同时,在与孔隙水压力传感器接近的位置处布置了 10 个土压力计,目的是测量边坡同一位置处土压力数值。

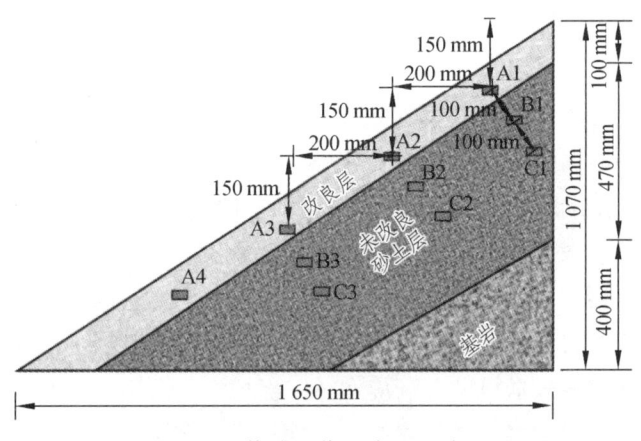

图 7-4　传感器位置布置示意图

7.2　试验流程及方案

7.2.1　试验方案

边坡模型试验的主要目的是研究降雨入渗和边坡破坏过程，以及不同因素对降雨条件下边坡稳定性的影响。为了评价不同的表层改良材料对边坡稳定性的影响，试验设计了 3 种不同的雨强和 4 种不同的表层土体材料。具体方案见表 7-2，通过对比各试验下边坡的变形、孔压力、土压力发展规律，评价不同改良材料对边坡的加固效果。

表 7-2　各组模型试验的工况

试验编号	改良类型	降雨强度/（mm/h）
Ⅰ	未改良	60
Ⅱ	MgO 改良	60
Ⅲ	MgO 改良	120
Ⅳ	PVA 改良	120
Ⅴ	PVA 改良	180
Ⅵ	PVA + MgO 改良	180

7.2.2 试验流程

1. 边坡模型的制作

边坡模型分改良区域和未改良区域两部分进行制作。为了尽可能与原始边坡的物理特性保持一致，除基岩外皆分层进行制作，其中改良区域分为 2 层，未改良区域分为 5 层。分层体积所需的土体质量根据试验密度进行计算。经过一段时间的干燥、分散和喷水后，将土体装入模型箱至设计位置。随后，用橡胶锤进行补充压实。每次填筑完成后，使用环刀获取压实土壤样本，以测量实际土体的密度。如果土层的干密度太小，需要进一步压实以达到更大的干密度。环刀取样造成的孔洞应在下一次填筑前压实，压实后的土体表面应凿毛。填筑完成后将边坡放置 72 h，确保边坡自身稳定，同时在边坡表层铺设保鲜膜，等待改良材料在自然条件下养护完成。

2. 传感器的布置

根据图 7-4 中的传感器布置位置，在土体填筑时将总共 20 个传感器布置在设计位置。在边坡模型中安装传感器时，应注意防止边坡变形或破坏。

3. 降雨试验

模型边坡制作完成后，在设定的降雨强度下进行降雨试验。在降雨试验过程中，自动记录模型边坡的孔隙水压力和土压力变化情况。降雨一直持续12 h 或观察到明显的大范围滑坡发生。降雨持续时间定义为从降雨开始到边坡破坏发生的时间。

7.3 结果与分析

7.3.1 未改良土边坡在 I 号试验工况下的变形发展过程

未改良土边坡在 60 mm/h 降雨强度下的变形及发展过程见表 7-3。降雨期间，前期边坡主要发生了坡脚破坏、裂隙生成及土体侵蚀。同时随着渗流的不断进行，裂隙周围的土体极易饱和，在裂缝周边发生滑流破坏，进而导致边坡内部的裂隙不断向深部延伸，最终导致边坡浅表的土体沿滑裂面滑动，边坡失稳。值得注意的是，这种破坏只发生在边坡表面 20 cm 深的范围内，并没有观察到大规模的滑坡。边坡变形过程如图 7-5 所示。

表 7-3　工况 I 未改良边坡在 60 mm/h 降雨强度下的现象记录

时间节点	变形类型	发生现象
15 min	无	水分沿坡表和坡脚向下入渗
45 min	侵蚀	土颗粒在水流的作用下剥落，并堆积至坡脚
1 h 15 min	局部破坏	边坡前中部有裂隙生成，深度约 6 cm
1 h 30 min	塑性变形	坡脚破坏并向前滑动
1 h 40 min	裂隙延伸	更多的裂隙产生，同时裂隙的分布范围更广，集中于边坡前中部。裂隙的深度也得到增加
2 h 45 min	剪切破坏	边坡浅表沿裂隙发育形成的滑裂面发生滑坡

（a）降雨入渗

（b）颗粒流失

（c）裂隙生成

（d）坡脚滑动

（e）裂隙延伸

（f）边坡失稳

图 7-5　边坡变形过程图像记录

I 号试验工况中孔隙水压力的变化如图 7-6 所示。孔隙压力的增加和消散能够反映土体是否发生破坏。在试验期间，表层孔隙水压力呈现波动增大的趋势，中部孔隙水压力的整体波动较小，但截至边坡发生滑动，数值增长显著，而深层孔隙水压力的增大并不显著。这表明在该降雨强度下，未改良土边坡的变形主要集中于浅层土体。

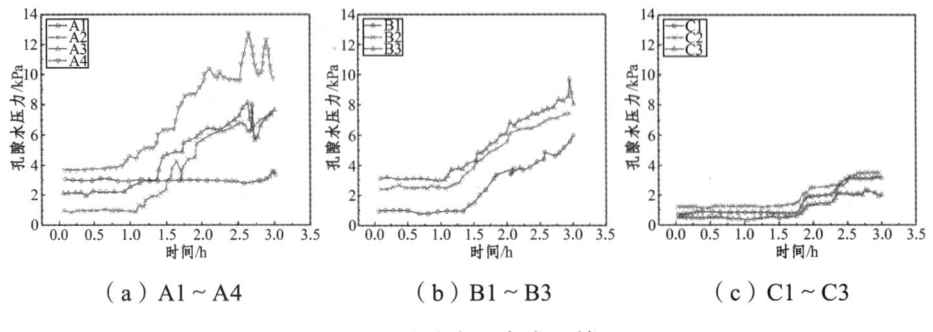

(a) A1~A4　　　　　　(b) B1~B3　　　　　　(c) C1~C3

图 7-6　孔隙水压力发展情况

表层土体中监测到的孔隙水压力随时间的变化发展曲线出现明显的波动，主要是由于降雨过程中不均匀雨水的滴落和入渗不稳定，试验过程中雨水的滴落会使砂土变得松散，造成作用于传感器上的力不断波动；雨水的滴落主要在边坡表层，因此中部及深部土体并未出现明显的波动。降雨过程中，砂土排出水分的速度低于降雨强度，因此边坡的孔隙逐渐充满水分，土体由非饱和土向饱和土过渡，孔隙水压力整体呈现增大的趋势。同时水流的侵蚀作用导致细颗粒流失，在边坡内部生成裂缝使得孔压消散，因此孔隙水压力发展曲线会出现显著的下降。例如在图 7-6（a）中，A3 和 A4 处表层传感器监测的孔隙水压力在 1.0~2.5 h 期间多次突然下降，下降幅度在 2~3 kPa。孔隙水压力的不断增加意味着土体的有效应力降低，进而导致土体强度的下降，最终发生剪切破坏。在 2.5~3 h 期间，A3、A4 处的监测曲线观察到两次显著的突然下降，此时，边坡表面处于滑动破坏状态，因此孔压消散显著。

降雨过程中各监测点的土压力变化如图 7-7 所示。与孔隙水压力的发展曲线相比，土压力的数值在降雨初期即开始小幅度增长，对降雨的响应较快，峰值土压力的数值也较高。

随着雨水的渗透，边坡土体由非饱和状态逐渐发展到饱和状态，土壤容重增加，因此土压力也随之增长。整体上看，降雨过程中土压力的变化与孔隙水压力随时间的变化接近，但波动更小。由于表层发生的剪切变形更明显，表层各传感器的峰值土压力增大明显，A4 处的土压力峰值最大，达到 18.49 kPa，其次是 A3 处和 A4 处，分别达到 11.9 kPa 和 7.8 kPa。由于 A1 位于边坡上部，该区域变形较小，因此土压力峰值最小。2.5 h 后，A4、A3、

B3、C3 处土压力达到峰值后有明显下降，说明监测点的位置靠近剪切变形生成的滑裂面，随着剪应力的释放，土压力急剧下降。而其余距离浅表滑裂面较远的传感器的数值达到峰值后保持稳定或是小幅度波动。

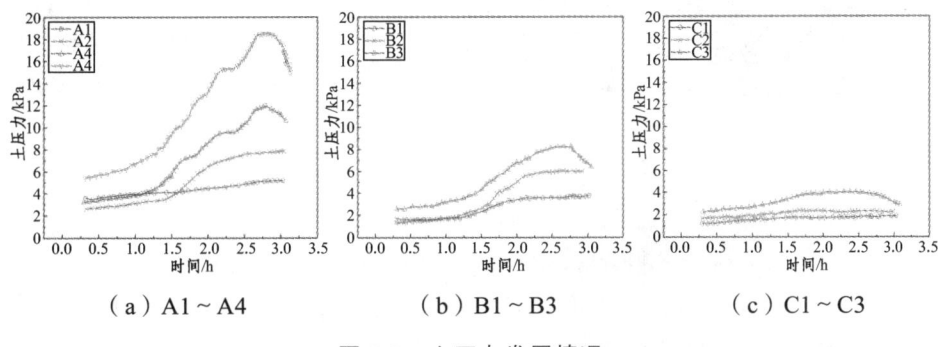

(a) A1～A4　　　　(b) B1～B3　　　　(c) C1～C3

图 7-7　土压力发展情况

7.3.2　MgO 改良边坡在 Ⅱ 号试验工况下的变形发展过程

MgO 改良边坡在 60 mm/h 降雨强度下的变形及发展过程见表 7-4。由于表层土体经过 MgO 改良后，表层土体的渗透系数降低，雨水由边坡表层入渗的难度增大，降雨前期水分的分布发生了较大的改变，如图 7-8 所示。边坡内部产生裂隙、发生侵蚀和观察到变形的时间节点皆后移。边坡内部产生的裂隙显著减少，同时土体的侵蚀现象并不显著。相较未改良边坡，流失的颗粒减少，截至 12 h 试验结束，边坡也未发生滑坡，说明在该降雨强度下 MgO 改良浅表边坡取得了良好的效果。

表 7-4　工况 Ⅱ MgO 改良边坡在 60 mm/h 降雨强度下发生的现象记录

时间节点	变形类型	发生现象
25 min	无	浸润线主要由底部向上延伸
2 h 25 min	侵蚀	边坡浅表少量土颗粒在水流的作用下剥落，并堆积至坡脚
3 h 45 min	局部破坏	边坡前中部有少量裂隙生成，且宽度及深度较小
5 h 10 min	塑性变形	坡脚轻微向前滑动
7 h 40 min	裂隙延伸	砂土层产生更多的裂隙
12 h	无	边坡稳定，未发生显著滑坡

  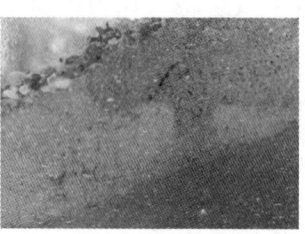

（a）降雨入渗　　　　　（b）小裂缝生成　　　　　（c）裂缝延伸

图 7-8　边坡变形过程记录

Ⅱ号试验工况中孔隙水压力的变化如图 7-9 所示。由于表层土体采用 MgO 进行改良后密实度及强度得到了提升，在 60 mm/h 雨强下，土体整体性较好，表层各传感器的孔隙水压力发展曲线波动较小。截至试验结束，孔压未出现显著的消散，这表明在该降雨强度下，MgO 改良边坡未发生滑坡。

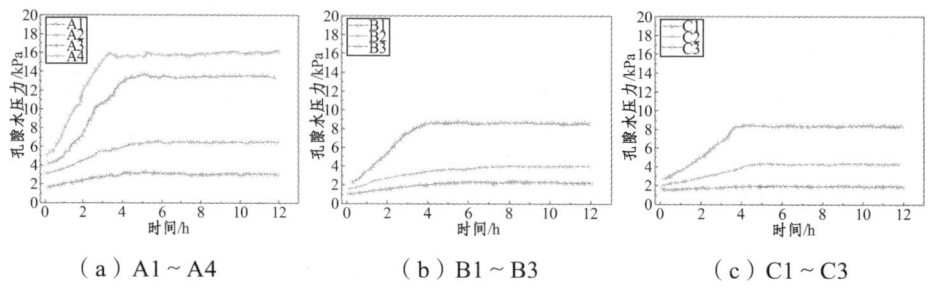

（a）A1～A4　　　　　（b）B1～B3　　　　　（c）C1～C3

图 7-9　孔隙水压力发展过程

坡脚处 A4 处传感器的孔压数值有明显增大，且在所有传感器中达到峰值的时间最短，仅为 3 h 11 min。这是因为边坡表层渗透性减小，更多的水沿着斜坡向下渗透积聚在坡脚，坡脚更易饱和，因此孔压数值高。同时由于 MgO 改良土具有比砂土更高的强度和抵御变形的能力，限制了坡脚的破坏，仅产生轻微的滑动，孔压未因土体破坏而迅速下降，5 h 后逐渐稳定。

由于表层土体改良后整个边坡系统吸收水分的速度削弱，边坡上部的孔隙充满水分的过程被延长，土体由非饱和土向饱和土过渡受阻，土体孔隙水压力增长速度变缓。随着坡脚水分的积聚，靠近坡脚土体则在降雨初期孔压增长更快。图 7-9（a）中，靠近边坡上部 A1、A2 处传感器监测的孔隙水压力在 5 h 前数值仅为 5.8 kPa 和 3.1 kPa，相较初始状态仅上升 2.7 kPa 和 1.5 kPa。而靠近坡脚处 A3、A4、B3 处传感器的孔隙水压力则在 4 h 内即达到峰值 15.9 kPa、13.1 kPa、14.2 kPa，后趋于稳定。

降雨过程中内各监测点的土压力变化如图 7-10 所示。与未改良边坡相比，由于颗粒流失较少，土体结构未变得松散，上覆土重随着雨水的渗透始终增加，因此土压力在降雨初期 2 h 内迅速增长。随着降雨过程进行，部分土体趋于饱和，土压力也达到峰值。3 h 后少量裂缝的出现导致土压力出现了不稳定，但由于裂缝没有迅速扩展，边坡没有发生显著位移，土压力很快恢复稳定。当边坡内部的水分分布逐渐稳定，作用于边坡上的荷载达到平衡，最终在 10 h 后趋于稳定。

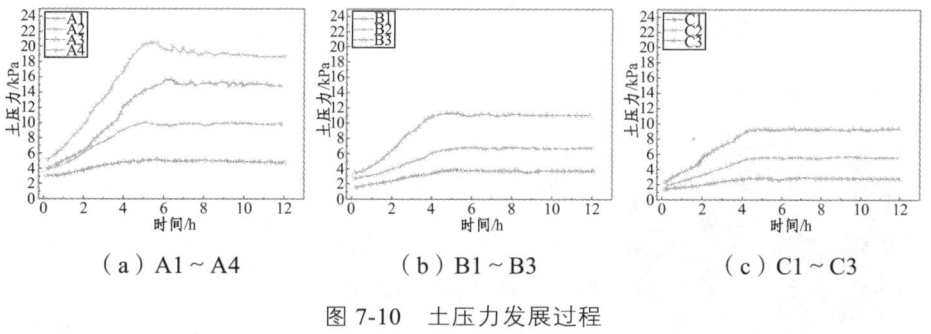

（a）A1～A4　　　　（b）B1～B3　　　　（c）C1～C3

图 7-10　土压力发展过程

7.3.3　MgO 改良边坡在 Ⅲ 号试验工况下的变形发展过程

工况 Ⅲ 为 MgO 改良边坡在 120 mm/h 降雨强度下的变形及发展过程，见表 7-5。随着降雨强度的增大，更多的水沿着斜坡向下渗透并积聚在坡脚，孔隙水压力在坡脚进一步增加。坡脚首先在雨水的浸泡中发生破坏并滑动，MgO 改良层中观察到了裂隙的生成。同时，由于降雨强度超过了土体的渗透能力，在边坡表面观察到了明显的径流。在坡脚位置处观察到混有砂土的雨水从坡脚流出。随后改良层的裂隙不断延伸，直接贯穿整个土层从而导致浅表滑坡。同时雨水沿改良层扩展的裂隙积累并下渗，一方面拓宽改良层的裂缝，另一方面侵蚀内部砂土，导致多个浅表滑坡的发生，MgO 改良层也断裂成多个块体，试验也因此在 4 h 30 min 停止。值得注意的是，最后一次滑坡的深度已经超过 30 cm，超过试验工况Ⅰ中所观察到的滑坡范围。边坡变形过程如图 7-11 所示。

表 7-5　工况Ⅲ MgO 改良边坡在 120 mm/h 降雨强度下发生的现象记录

时间节点	变形类型	发生现象
15 min	无	浸润线快速向上延伸
35 min	侵蚀	径流形成，少量砂土颗粒被冲出
55 min	塑性变形	坡脚滑动
1 h 2 min	局部破坏	改良土层观察到拉伸裂缝，其与未改良土的分界面观察到裂隙生成
2 h 30 min	裂隙延伸	裂缝贯穿改良土层，且在水流作用下不断拓宽
2 h 40 min	剪切破坏	浅表改良土层发生滑坡，因裂缝贯穿而断裂的改良土整体向下滑动
4 h 10 min	剪切破坏	多次浅表滑坡发生，且每次滑坡深度和范围在不断扩大

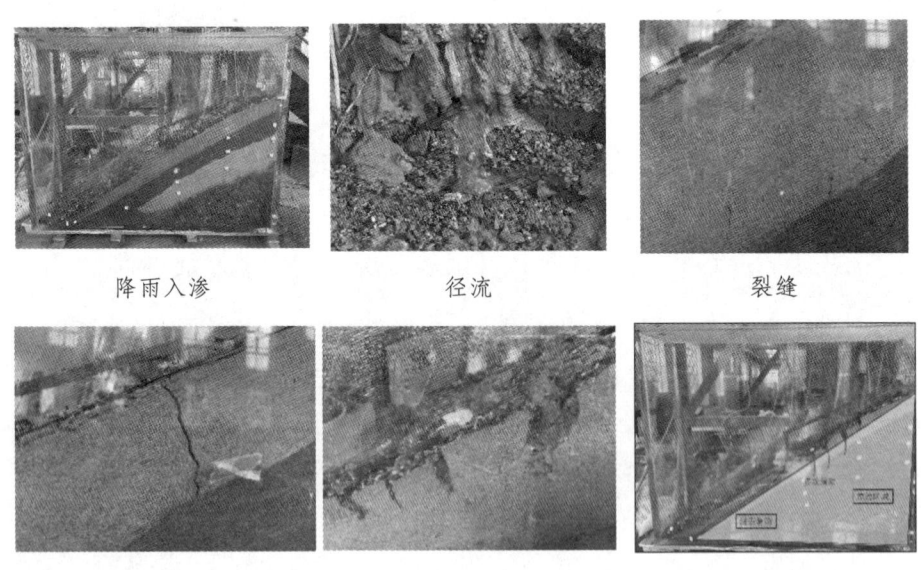

降雨入渗　　　　　径流　　　　　裂缝

贯穿裂缝　　　　裂缝拓宽　　　　滑动

图 7-11　边坡变形现象记录

Ⅲ号试验工况中孔隙水压力的变化如图 7-12 所示。降雨强度的增大使得孔隙水压力的增长在前期更为迅速，但由于裂缝的扩展和多次滑动，孔压曲线在 1 h 后观察到多次突然下降。尤其是 A3、B3 处的传感器，由于靠近第一次浅表滑坡滑裂面的位置，2 h 40 min 时数值从 26.3 kPa、31.3 kPa 迅速下降至 3 h 15 min 的 14.42 kPa、24.7 kPa。A2、B2 处的传感器由于位于后期的多次滑动土体之间，2 h 55 min 和 3 h 50 min 分别观察到了显著下降和与土体碰撞产生的波动。C2、C3 处的传感器则受后期发生的更大范围的浅表滑坡影响，2 h 后由于雨水沿着改良土层的拉伸裂缝不断下渗，使得边坡下部的饱和度急剧增加，孔压迅速增长，在 4 h 10 min 最后一次滑坡发生后数值迅速下降。上述现象皆表明在该降雨强度下，MgO 改良加固对边坡的稳定性提高有一定的局限性。

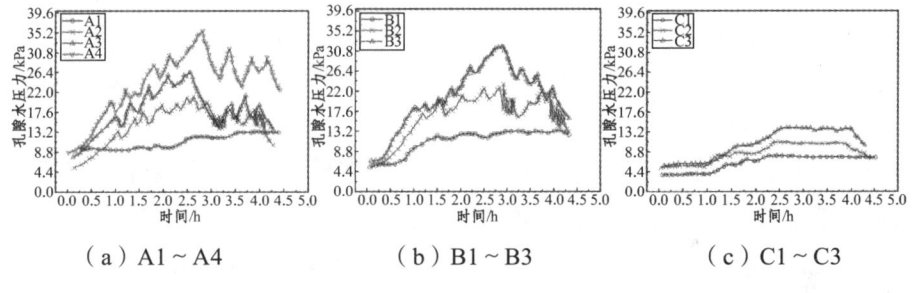

(a) A1~A4　　　　(b) B1~B3　　　　(c) C1~C3

图 7-12　孔隙水压力发展过程

坡脚处 A4 处的传感器孔压数值 2 h 后有明显波动和激增，因表层的改良土成块体向下滑动，对坡脚冲击力较大，使坡脚松散孔隙在荷载作用下被挤压。土体有效应力也随之显著降低，导致坡脚破坏，孔压消散。A1 位置处孔压在 1 h 55 min 后开始明显增加，表明改良土的抗剪强度随着降雨入渗的增加而降低，上层改良土在边坡破坏前约 2 h 开始软化，进而导致后期改良土层在边坡浅表发生滑坡。

降雨过程中内各监测点的土压力变化如图 7-13 所示。更高强度的降雨使浸润锋的形成更快，土压力数值在前期的增长也更显著，这一现象在边坡较高位置处尤为明显。例如 A1 位置处在 2 h 左右即达到峰值 14.3 kPa，同时由于边坡多次发生浅层滑动，A2、A3、B2、B3 在边坡发生破坏前半小时内观察到内部压力的快速下降或者波动,说明边坡上部发生初始滑动,边坡稳定性降低,以及边坡块体滑动后,接近坡脚处的 B3、C3、A4 位置传感器的曲线出现波动。

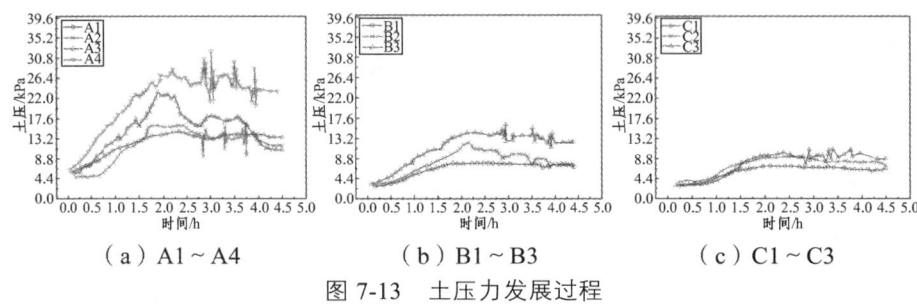

(a) A1～A4　　　　(b) B1～B3　　　　(c) C1～C3

图 7-13　土压力发展过程

7.3.4　PVA 改良边坡在Ⅳ号试验工况下的变形发展过程

工况Ⅳ为 PVA 改良边坡在 120 mm/h 雨强下的变形及发展过程,见表 7-6。PVA 是胶结材料,可以大大降低土体渗透性,导致雨水表层入渗难度增大,近表面的土体饱和度很难提升。大量水分顺边坡表面流下堆积于坡脚。PVA 改良土具有极好的水稳定性,5 h 后才观察到浅层改良土少量剥落,但仍有极好的整体性。长期浸泡于水中坡脚中的砂土层在 3 h 10 min 产生细小裂缝,4 h 后才在坡脚改良土中观察到裂缝产生。边坡前中部也观察到少量细小的裂缝,其他位置则并未观察到明显的裂缝。最终,截至 12 h 试验结束,表层改良土的侵蚀现象也不显著,仅坡脚处砂土在长时间浸泡下发生流滑,但边坡整体未发生滑坡,说明在该降雨强度下 PVA 改良浅表边坡取得了良好的效果。边坡变形过程如图 7-14 所示。

表 7-6　工况Ⅳ PVA 改良边坡在 120 mm/h 降雨强度下发生的现象记录

时间节点	变形类型	发生现象
25 min	无	浸润线主要由坡脚向上延伸
3 h 10 min	局部破坏	边坡坡脚砂土层产生少量裂隙,深度小于 3 cm
4 h 10 min	局部破坏	坡脚改良土层产生细小裂隙
5 h 25 min	侵蚀	边坡浅表改良层少量土颗粒在水流的作用下剥落
12 h	无	边坡稳定,未发生滑坡

（a）降雨入渗　　　　　（b）坡脚裂缝生成　　　　（c）边坡整体稳定

图 7-14　边坡变形现象记录

工况Ⅳ中孔隙水压力的变化如图 7-15 所示。由于表层土体采用 PVA 进行改良后渗透系数显著减小，导致入渗较慢，因此表层位置且不靠近坡脚的孔隙水压力发展曲线在 2 h 前未有显著增长，在 3 h 后整体呈台阶式上升。例如在图 7-15（a）中，靠近边坡上部的 A1、A2 位置处传感器监测的孔隙水压力在 5 h 前数值仅为 11.3 kPa 和 15.0 kPa，相较初始状态仅上升 4.2 kPa 和 5.5 kPa。截至试验结束，孔隙水压力未出现显著消散，这表明在该降雨强度下，边坡各位置未发生明显的破坏。坡脚处 A4 处传感器的孔压数值有明显增大，且在所有传感器中达到峰值的时间最短，仅为 3 h 6 min。这是因为边坡表层渗透性减小，更多的水沿着边坡向下渗透积聚在坡脚，坡脚更易饱和，因此孔压数值高。但由于 PVA 改良土覆盖于边坡外部，限制了坡脚的破坏，因此接近坡脚的 A3、A4、B3、C3 处孔压未因土体破坏而迅速下降。降雨过程中裂缝并未进一步扩展，因此孔压发展曲线在 3 h 后仅产生轻微的波动，6 h 后各位置孔压基本接近稳定。

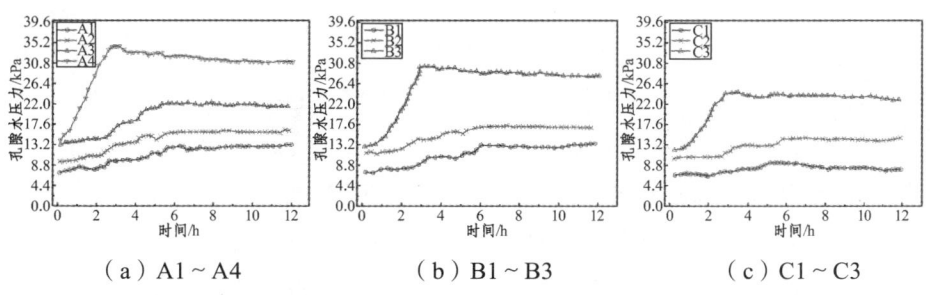

（a）A1～A4　　　　　（b）B1～B3　　　　　（c）C1～C3

图 7-15　孔隙水压力发展过程

工况Ⅳ降雨过程中各监测点的土压力变化如图 7-16 所示。PVA 改良土相比 MgO 改良土具有更密实的结构，因此作用于传感器上的土压力更大。随着土体由非饱和土向饱和土转变，各位置的土压力皆因土体容重的增加而上升。土压力的发展和孔隙水压力发展类似，由于坡脚处土体率先饱和，因此 A4、B3、C3 位置处的土压力随时间的增长更快，2 h 15 min 前即达到峰值 35.2 kPa、27.8 kPa、23.0 kPa，而表层 A1、A2、A3 位置处的土压则在 5 h 后才达到峰值，数值分别为 20.7 kPa、16.9 kPa、12.8 kPa。

由于边坡始终未发生滑动现象，土压力的数值没有发生较大波动或下降。A2、B3、C3 处传感器由于接近裂缝的生成位置，土体结构密实度下降，因此数值有小幅度波动，但很快恢复稳定。随着边坡内部的水分分布逐渐稳定，作用于边坡上的荷载达到平衡，各位置处的土压力最终稳定，越接近坡脚达到稳定的时间越早。例如 A4 位置在 2 h 50 min 即达到稳定，而 A1 位置则在 6 h 33 min 后达到稳定。

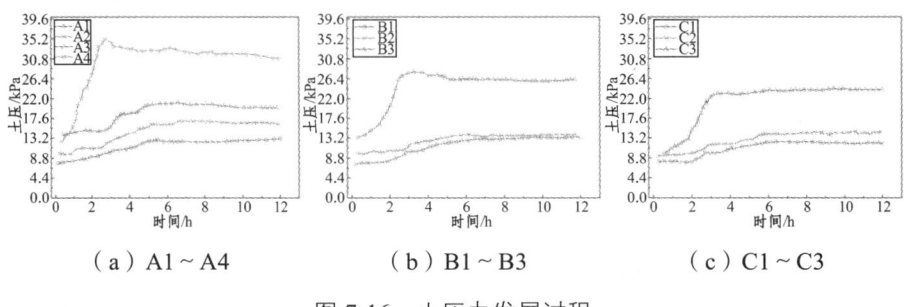

（a）A1～A4　　　　　（b）B1～B3　　　　　（c）C1～C3

图 7-16　土压力发展过程

7.3.5　PVA 改良边坡在Ⅴ号试验工况下的变形发展过程

PVA 改良边坡在 180 mm/h 降雨强度下的变形及发展过程见表 7-7。较高的降雨强度以及表层较低的渗透系数使得坡脚位置处比先前试验更快地聚集了大量水分。相比试验工况Ⅳ，更大范围的坡脚被浸泡于水中，55 min 时观察到坡脚产生了 5 cm 的水平位移。1 h 35 min 时在坡脚位置处观察到混有砂土的雨水从坡脚流出，同期边坡前中部的改良土层迅速产生一条明显的拉伸裂纹。2 h 15 min，坡脚沿拉伸裂纹先发生小规模滑坡，紧接着在 2 h 45 min、

3 h 15 min、4 h 5 min 连续发生小规模滑坡，滑坡位置向边坡上部发展。但滑移线的深度比试验工况Ⅲ中观察到的大面积表面破坏的深度浅，截至 4 h 30 min 试验结束，边坡并未发生明显的大面积滑移，该破坏是典型的牵引式滑坡。边坡变形过程如图 7-17 所示。

表 7-7 工况 V 为 PVA 改良边坡在 180 mm/h 降雨强度下发生的现象记录

时间节点	变形类型	发生现象
25 min	无	浸润锋快速向上延伸
55 min	塑性变形	坡脚滑动
1 h 35 min	侵蚀	砂土颗粒被水流冲出
1 h 35 min	局部破坏	边坡前中部的改良土层产生一条明显的拉伸裂纹，但先前并未观察到细微裂缝的产生
2 h 5 min	局部破坏	边坡前中部产生更多的拉伸裂缝
2 h 15 min	剪切破坏	坡脚沿拉伸裂纹发生破坏
2 h 45 min	剪切破坏	坡脚破坏处上方 10 cm 高度发生小规模滑坡
3 h 15 min	剪切破坏	坡脚破坏处上方 23 cm 高度再次发生小规模滑坡
4 h 5 min	剪切破坏	坡脚破坏处上方 31 cm 高度再次发生小规模滑坡

降雨入渗

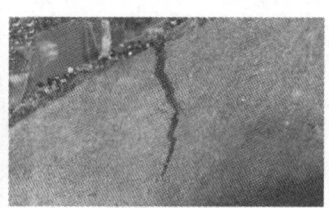
拉伸裂缝

侵蚀

坡脚破坏

第三次小规模滑坡

第四次小规模滑坡

图 7-17 边坡变形现象记录

试验工况Ⅴ中孔隙水压力的变化如图 7-18 所示。与试验工况Ⅳ类似，A4、A3、B3、C3 位置处的孔压数值随时间的增长更快，但值得注意的是位于砂土层 B3 位置处孔隙水压力在 30 min 时即出现孔压激增，A4 位置处孔压激增的时间则为 40 min，而在其他工况中通常为 A1 位置率先发生孔压激增。这意味着 PVA 改良边坡的破坏是由内部砂土层的破坏引发的，而非改良层的破坏引发。45～55 min，A4、A3、B3、C3 位置的孔压由于坡脚产生位移而逐渐下降。1 h 15 min，观察到 B2、C2 处的孔压激增，但由于上部改良土层无法及时排出水分，中部土体产生滑流，孔压在 1 h 35 min 后逐渐下降，同期靠近拉伸裂缝的 A3 位置处孔压出现迅速下降。此后至 2 h 15 min，靠近边坡前中部的 A2、B2、C2 出现多次波动，整体呈下降趋势。2 h 15 min～4 h 5 min，多个传感器观测到了 2 次及以上孔压的激增或波动。上述现象表明在该降雨强度下，PVA 改良加固边坡对边坡的稳定性提高也有一定的局限性。

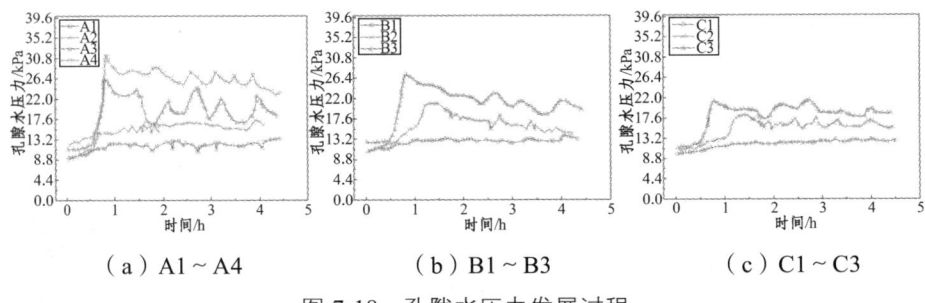

（a）A1～A4　　　　　（b）B1～B3　　　　　（c）C1～C3

图 7-18　孔隙水压力发展过程

试验工况Ⅴ中降雨过程中各监测点的土压力变化如图 7-19 所示。坡脚砂土层 B3、C3 处由于含水率最高且饱和更快，在 25 min 时即达到峰值 20.7 kPa、20.9 kPa，但在 35～45 min 观察到数值波动下降。45～55 min，由于坡脚产生位移，土体结构密实度减小，A3、B3、C3 处土压力发生突然下降，幅度分别为 3.5 kPa、4.5 kPa、4.2 kPa。A4 位置处主要受砂土层破坏的影响，在 45 min 时土压力开始下降，且 1 h 45 min 时受贯穿裂缝的影响下降更快。此后至 2 h 5 min，表层 A3、A2、A1 处土压力小幅度增长至 19.5 kPa、15.2 kPa、12.5 kPa。由于裂缝的不断生成，结构整体性受到破坏，数值呈现多次波动。由于坡脚处的土体率先发生破坏，坡脚上部土体位置的 A2、B2、C2 处在 2 h 15 min 左右由于失去支撑，各位置皆观测到了土压力明显下降，随后由于边坡重新稳定，土压力再次上升。2 h 45 min ~ 4 h 5 min，由于边坡发生 3 次滑坡，坡脚处 A4、A3、B3 位置处受上部推力作用土压力出现增加。

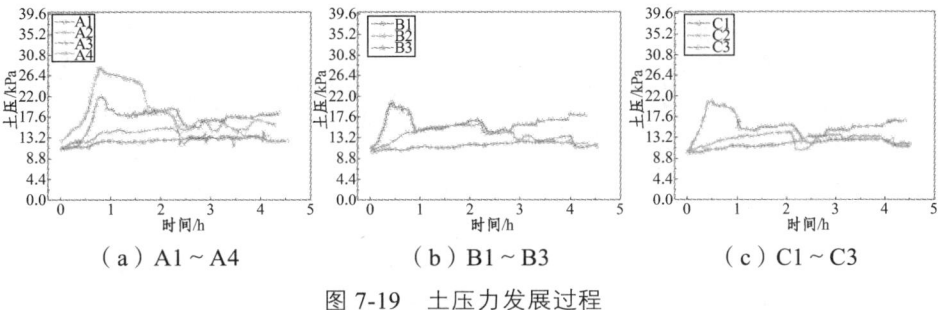

（a）A1 ~ A4　　　　　（b）B1 ~ B3　　　　　（c）C1 ~ C3

图 7-19　土压力发展过程

7.3.6　PVA + MgO 改良边坡在 Ⅵ 号试验工况下的变形发展过程

试验工况 Ⅵ 为 PVA + MgO 改良边坡在 180 mm/h 降雨强度下的变形及发展过程，见表 7-8。PVA + MgO 对土体的改良使得表层土体的渗透性进一步降低，能明显发现降雨初期未有水流渗入边坡中上部，较多水分从模型箱中排出。同时，尽管坡脚积聚了一定的水分，但低渗透系数的改良层极大地延缓了水分的入渗，坡脚处土体在 3 h 后才观察到底部土体明显饱和，且浸润锋向上延伸极为缓慢，主要为在坡底水平延伸。PVA + MgO 改良后土体的强度较高，抵御变形的能力也增强，因此较好地限制了坡脚处因砂土层饱和产生的变形。最终，截至 12 h 试验结束，表层改良土未发生侵蚀现象，仅坡脚处砂土在长时间浸泡下产生细小裂缝，但边坡整体未发生滑坡，说明在该降雨强度下 PVA + MgO 改良浅表边坡取得了良好的加固效果。边坡变形过程如图 7-20 所示。

表 7-8　工况 Ⅵ PVA + MgO 改良边坡在 180 mm/h 降雨强度下发生的现象记录

时间节点	变形类型	发生现象
3 h 25 min	无	浸润锋在坡脚产生，向上延伸极为缓慢
4 h 35 min	无	浸润锋在坡底水平延伸
5 h 12 min	无	湿润的底部饱和土与未饱和土形成明显交界面
7 h 32 min	局部破坏	边坡坡脚处砂土层产生细小裂隙
12 h	无	边坡稳定，未发生滑坡

（a）降雨入渗

（b）交界面形成

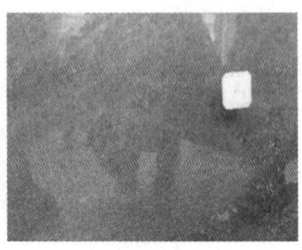
（c）细小裂隙

图 7-20　边坡变形现象记录

Ⅵ号试验工况中孔隙水压力的变化如图 7-21 所示。由于 PVA + MgO 改良后的表层土体渗透系数极小，降雨入渗的过程被极大地延缓，因此各传感器的孔隙水压力发展曲线在 3 h 前未有显著增长。A4 位置处的孔压在 3 h 5 min 开始增长，3 h 25 min 增长速度开始减小，5 h 后基本稳定在 20 kPa。B3、C3 位置由于位于砂土层中，当坡脚积聚的水分从改良土层渗出后，3 h 15 min 开始缓慢增长，4 h 35 min 后基本达到峰值 12.0 kPa、6.7 kPa。靠近边坡上部的 A1、A2、B1、B2、C1、C2 处的传感器监测到的孔隙水压力在整个降雨过程中变化不大，且数值较小。截至试验结束，孔隙水压力未出现显著消散，这表明在该降雨强度下，边坡各位置未发生明显的破坏。

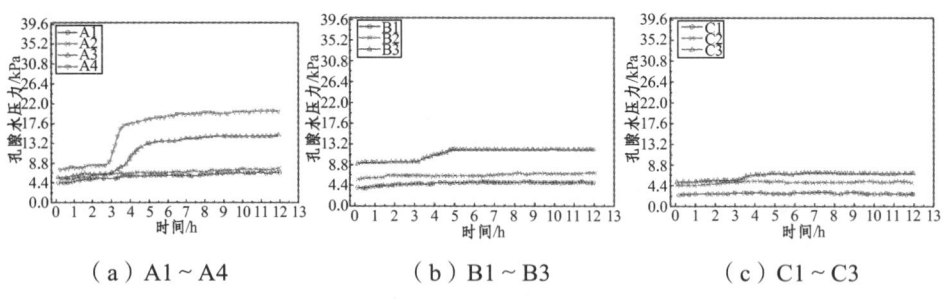

（a）A1～A4　　　　　（b）B1～B3　　　　　（c）C1～C3

图 7-21　孔隙水压力发展过程

试验工况Ⅵ在降雨过程中各监测点的土压力变化曲线如图 7-22 所示。由于边坡在试验过程中未发生明显的结构性破坏，土压主要反映上覆荷载的变化。可以发现坡脚处由于水分积聚的原因，A4 处土压在 30 min 后开始缓慢增加，3 h 左右增长速度增大，5 h 后达到峰值 18.7 kPa。表层 A1、B1、C1 位置由于降雨入渗的难度较大，土压数值无较大变化。靠近坡底的 A3、B3、C3 位置则由于受积聚坡底的水分水平入渗影响，在 3 h 后数值开始显著增加，5 h 后达到峰值 13.6 kPa、11.1 kPa、9.3 kPa。

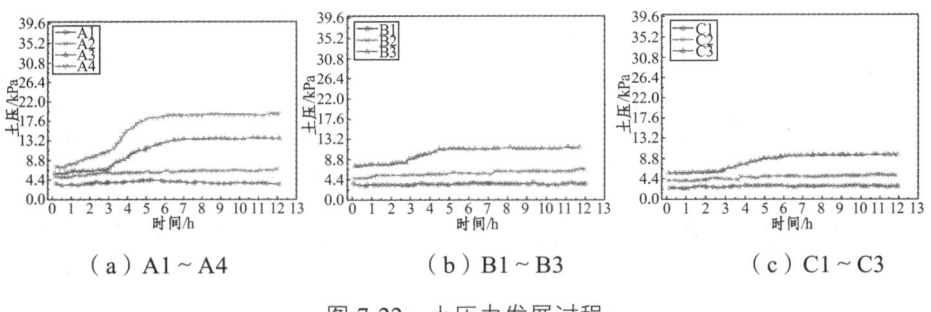

（a）A1～A4　　　　　（b）B1～B3　　　　　（c）C1～C3

图 7-22　土压力发展过程

7.4　试验结果讨论

7.4.1　不同改良材料的加固效果

（1）未改良砂土：降雨强度为 60 mm/h 时边坡浅表发生滑坡，滑坡影响范围最大深度小于 20 cm。

（2）MgO 改良边坡：降雨强度为 60 mm/h 时边坡稳定，降雨强度提高至 120 mm/h 时边坡浅表发生多次滑坡，且滑坡影响范围的最大深度超过 30 cm。

（3）PVA 改良边坡：降雨强度为 60 mm/h、120 mm/h 时边坡仅产生细小裂隙，整体稳定。降雨强度提高至 180 mm/h 时，坡脚沿拉伸裂纹发生小规模滑坡，后续发生边坡前中部产生多次小规模滑坡。但滑坡影响范围的最大深度未超过 30 cm。

（4）PVA + MgO 改良边坡：降雨强度为 60 mm/h、120 mm/h、180 mm/h 时边坡仅产生细小裂隙，整体稳定。

综上所述，可以认为每种改良材料具有对应的能够抵御的最大雨强。当雨强小于 60 mm/h 时，采用 MgO 进行边坡改良即可保持边坡稳定；当雨强达到 120 mm/h 时，则需采用 PVA 材料进行边坡改良才能保持边坡稳定；而当雨强达到 180 mm/h 时，只能采用 PVA + MgO 对边坡进行改良才能保持边坡不受降雨影响发生滑坡。

7.4.2 降雨条件下改良边坡变形机制分析

基于前述一系列模型试验结果，降雨条件下改良边坡变形机制分析主要如下：

（1）边坡在降雨条件下发生滑坡，基本上坡脚处先发生较小规模的破坏，例如试验工况Ⅲ、Ⅴ在坡脚处先观察到了较大的位移。这意味着引发滑坡的变形通常由坡脚处开始发育并向上部扩展，最终导致更大范围的滑坡。因为雨水首先积聚在坡脚，积聚的雨水增加了孔隙水压力，进而导致有效应力降低。

（2）改良边坡的破坏形式主要有两类。一类为表面滑动破坏，通常发生在边坡的浅表。首先，由于降雨入渗，边坡表面产生径流，土体被侵蚀，边坡浅表产生裂缝。然后，雨水沿着裂缝渗入，使得土体的饱和度急剧增加，边坡中部逐渐出现拉伸裂缝，最终导致表层土体滑动，如试验工况Ⅰ、Ⅲ。另一类为牵引式滑坡，坡脚率先发生破坏导致上部土体失去支撑进而发生滑坡，因此水平变形分量占优势。

（3）当改良层强度较低时，发生表面滑动破坏。当改良层的强度较高时，且降雨强度也较高时，边坡的破坏形式会由表层滑动转变为牵引式破坏。

提高改良层的强度能够使得边坡在较高的雨强下保持稳定，但对于表层滑动破坏，随着改良层强度增加，一旦边坡产生明显破坏，则受影响范围也会更大。

边坡中改良层的破坏皆是由拉伸裂缝引发的，但诱发裂缝的原因则受降雨强度和改良材料类型共同影响。当降雨强度较高，改良层水稳定性较低时，改良层会由于水流的侵蚀而产生裂缝，最终导致改良层断裂成多个块体并发生滑坡，如试验工况Ⅲ。而当降雨强度较高，改良层水稳定性也较高时，改良层则是由于边坡坡脚处砂土的变形及侵蚀失去支撑，整体不平衡而产生裂缝。

7.4.3 取得的成果

通过大型室内降雨模型试验对未改良边坡和改良边坡在降雨条件下的稳定性进行了分析，取得了以下成果：

（1）每种改良材料具有对应的能够抵御的最大雨强，应当根据雨强条件选择合适的改良材料对边坡进行改良，才能保持边坡不受降雨影响而发生滑坡。

（2）改良边坡的破坏形式主要有表面滑动破坏和牵引式破坏两类。当改良层的强度较低时，发生表面滑动破坏。当改良层的强度较高，且降雨强度也较高时，边坡的破坏形式会由表层滑动转变为牵引式破坏，水平变形分量占优势。

（3）提高改良层的强度能够使得边坡在更高的雨强下保持稳定性，但对于表层滑动破坏，随着改良层强度的增加，一旦边坡产生明显破坏，则受影响范围也会更大。

（4）边坡在降雨条件下发生滑坡，基本上坡脚处先发生较小规模的破坏。边坡中改良层的破坏皆是由拉伸裂缝引发的，但诱发裂缝的原因受降雨强度和改良材料类型共同影响。

PART EIGHT 8

边坡稳定性数值分析与计算

将粗颗粒混合土常规物理力学性质试验和粗颗粒混合土动、静三轴剪切试验获得的数据输入 ABAQUS 有限元软件，运用抗剪强度折减有限元法建立藏东南粗颗粒混合土高陡边坡数值分析与计算模型。

8.1 ABAQUS 软件的功能与特性

ABAQUS 是一款非线性有限元分析软件，21 世纪初新推出的 6.7 版，在网格生成方面进行了深入改进，相比以前的版本，提高了对数据的实时处理能力。作为有限元岩土工程模拟的代表性软件，它具有强大的非线性计算能力，能够模拟任意几何形状的单元库。ABAQUS 是被国内外专家、学者及工程技术人员高度认可的有限元软件，尤其是在遇到极其困难的固体力学问题和高度非线性问题时，此软件的能力就能得到较为明显的体现，所以在解决岩土工程问题时被广泛使用。

ABAQUS 在进行岩土工程模拟分析时有其自身优势，有 Mohr-Coulomb 模型、Druker-Prager 模型、修正剑桥模型等，可以较好地体现土样的应力-应变特性。土样是三相体，有效应力直接影响着土样的变形及强度，ABAQUS 软件中的孔压单元可以较为贴切地对藏东南高陡边坡非饱和土样进行耦合分析。土样与结构的相互作用是岩土领域中的重要问题，ABAQUS 较为优秀的接触面处理能力对它们的相互作用能够很好地进行模拟计算，能够很好地模拟脱开、滑移等岩土工程中的问题。该软件对于处理复杂的边界问题和荷载问题也是得心应手，无限元、初始应力、分析步等是软件中的亮点，对于模拟求解藏东南 4 个高陡边坡的安全系数具有很强的适用性。

8.2 数值计算基本原理

20世纪70年代，Zienkiewicz等人创造了抗剪强度折减有限元法，随后得到了岩土工程界专家学者的认可和使用。抗剪强度折减系数定义为：在外荷载保存不变的情况下，边坡内土体所能提供的最大抗剪强度与外荷载在边坡内所产生的实际剪应力之比。极限状态时，外荷载所产生的实际剪应力与抵御外载荷所发挥的最低抗剪强度即按照实际强度指标折减后所确定的、实际中得以发挥的抗剪强度相等。假设高陡边坡内土体都保持着同样的抗剪强度，这样的抗剪强度折减系数就是高陡边坡整体安全系数 F_s，它又被称作强度储备安全系数。在极限平衡法里也提出了稳定安全系数，这两个概念有异曲同工之处。

折减后的抗剪强度参数表达式为

$$C_m = c / F_r \tag{8-1}$$

$$\varphi_m = \arctan(\tan\varphi / F_r) \tag{8-2}$$

式中　c，φ——最大抗剪强度；

C_m，φ_m——维持平衡所需要的或土体实际发挥的抗剪强度；

F_r——强度折减系数。

仔细分析抗剪强度折减有限元法，发现它的实质是黏聚力和内摩擦角的变小，使得某单元应力无法支撑它的强度，亦为超出屈服面，无法承担的应力发生转移，被旁边的土体单元接收。在有了连续滑动面或者说屈服点连成贯通面以后，土样发生失稳。

抗剪强度折减有限元法应该遵守 ϕ-v 不等式：

$$\sin\phi \geqslant 1 - 2v \tag{8-3}$$

本次高陡边坡稳定性的数值模拟利用了 ABAQUS 中材料属性中的场变量 FV1（安全系数），实现了边坡填料强度参数的折减。

在计算边坡安全系数时涉及选择屈服准则，它们有很大的相互影响关系，选取不同会造成结果的差异。本书采用 Mohr-Coulomb（莫尔-库仑）破坏准则，尤其是针对单调荷载情况下高陡边坡粗颗粒土的剪切破坏，选取该破坏准则是非常适宜的，其表达式为

$$f = \frac{1}{3}I_1 \sin\varphi - c\cos\varphi + \sqrt{J_2}(\cos\theta) + \frac{\sin\theta\sin\phi}{\sqrt{3}} = 0 \quad (8\text{-}4)$$

式中　I_1——应力张量第一不变量；

　　　J_2——应力偏量第二不变量；

　　　θ——应力洛德（Lode）角；

　　　c，φ——黏聚力和内摩擦角。

流动法则的选取：在进行有限元数值分析时，流动规则有非关联流动法则和关联流动法则，当剪胀角与土体内摩擦角相等时为关联流动法则；当剪胀角与土体内摩擦角不等时为非关联流动法则。考虑土体剪胀角时，需要对剪胀角进行折减。每次折减后的剪胀角 ψ 按式（8-5）取值：

$$\psi_m = \arctan\left(\frac{\tan\psi}{F_r}\right) \quad (8\text{-}5)$$

式中　ψ——边坡填料实际剪胀角，（°）；

　　　ψ_m——边坡填料折减后的剪胀角，（°）；

　　　F_r——强度折减系数。

在进行数值分析方法选择的时候，有两个注意事项。

（1）选择矢量和法时，应该找到合适的投影方向，不同的投影方向导致的安全系数不同，而且并不存在一个临界方向使得投影在此方向上的安全系数达到最小；

（2）选择代数和法时，应该先求临界滑动面，再求安全系数 F。

基于等效塑性应变滑动面搜索-EPS 的方法，针对采用二维边坡计算来讲主要采用的是最小二乘法，利用光滑技术及可视化，主要采用的是在岩土体极限状态下建立等效塑性应变场，在搜索区域找到临界滑动面上的离散点，做到有限元计算离散化和搜索区域离散化。

8.3 滑坡稳定性判断依据

在模拟计算的时候，假设互异的强度折减系数 F_r，再依据折减后的强度参数进行有限元数值分析，看其收敛情况。进行模拟计算时不停地调整设置提高 F_r 的值，在发生临界破坏时，这个强度折减系数 F_r，也就是我们寻找的高陡边坡安全系数 F_s，以此作为高陡边坡安全程度的衡量标准。当前作为判别高陡边坡发生临界破坏的标准是：

（1）数值模拟计算至收敛是一个重要的判断条件，这个跟选取的有限元算法有关；

（2）特征部位产生的位移拐点也是边坡临界破坏的重要标志；

（3）当产生连续的塑性贯通区域时，也可以表示高陡边坡模型发生了临界破坏。

8.4 参数选取

利用抗剪强度折减有限元法对边坡稳定性进行分析，得出结论：边坡稳定性安全系数主要取决于土体抗剪强度参数，与土体泊松比 μ 和弹性模量 E 关系不大。因此，本次利用 ABAQUS 对高陡边坡粗颗粒混合土数值模拟时，主要对黏聚力 c、内摩擦角 φ、剪胀角 ψ 进行折减。抗剪强度参数取值由大型粗粒土三轴试验获得；土样容重 γ 由击实试验获得，与三轴试验的试验方案设定的土体容重保持一致，不考虑含水率对土体容重的影响。

8.5 有限元计算模型建立

本次对高陡边坡粗颗粒混合土模拟需满足高边坡设计规范要求。边坡坡比为 $1:n$，坡高为 H。本次数值模拟模型的单元类型选择为四节点双线性平面应变四边形单元（CPE4）。模型网格的划分，对每个模型的边布上局部种子，模型对应边的种子个数要相等。高陡边坡网格划分模型如图 8-1 所示。

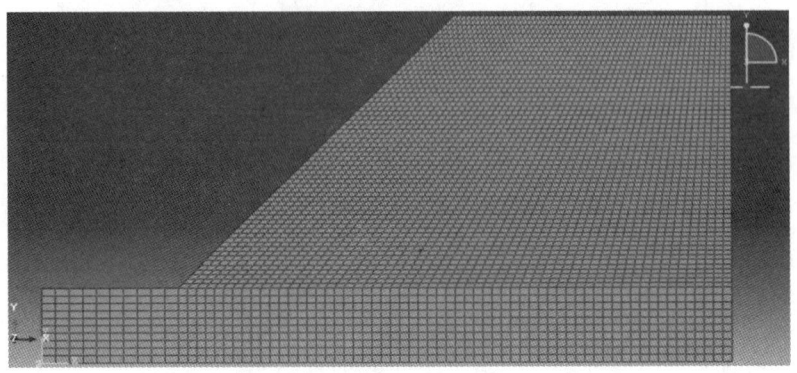

图 8-1　高陡边坡网格划分模型

8.6　模型结果分析

8.6.1　1 号高陡边坡稳定性安全系数

1 号高陡边坡土样取自巴宜区永久村东南方向海拔 2 990 m 的滑坡土，在现场采样时用地质罗盘仪器将实际边坡的坡度、坡高测出。1 号永久村取土场高陡边坡坡度为 44°，坡高为 185 m，根据前面试验得出的试验数据，在 ABAQUS 上对 1 号高陡边坡进行仿真建模，并进行计算。

在经过 ABAQUS 计算高陡边坡后输出的塑性区域结果中，通过观察塑性区域的变化过程，不断地观察分析 ABAQUS 数值模拟结果，以及进行现场试验勘探，总结出了实际高陡边坡发生剪切破坏的地方与我们所做的数值模拟结果是相吻合的，并且找到一个折减系数，这个折减系数使得高陡边坡自坡底至坡顶形成贯通，这就是我们寻得的高陡边坡安全系数 F_s。本节以高陡边坡形成贯通的塑性区域为边坡失稳的判断标准，则该场变量 FV1 值即为边坡的稳定性安全系数。另外，需要特别说明的是，临界滑动面是边坡加固的重要依据。

1 号高陡边坡模型塑性区域从坡脚开始，随后向边坡内部发展。塑性区域进一步发展到边坡坡顶，形成了贯通的塑性区域，形成贯通塑性后塑性区域会加宽直到位移和力的计算迭代不收敛，数值计算结束。边坡的整体失稳破坏是指边坡土体在滑动面上实际的抗滑力比土体在自重作用下的滑动力大，边坡土体不能自身保持平衡。若以出现贯通的塑性区域作为高陡边坡失稳的判断标准，此时的场变量 FV1 就是安全系数，则安全系数为 0.973 4；若以模型迭代过程不收敛作为边坡失稳的判断标准，则结束时的场变量 FV1 就是安全系数，则安全系数为 1.013。1 号高陡边坡的塑性区域发展情况如图 8-2 所示。

(a) t = 0.1，FV1 = 0.65

(b) t = 0.3，FV1 = 0.95

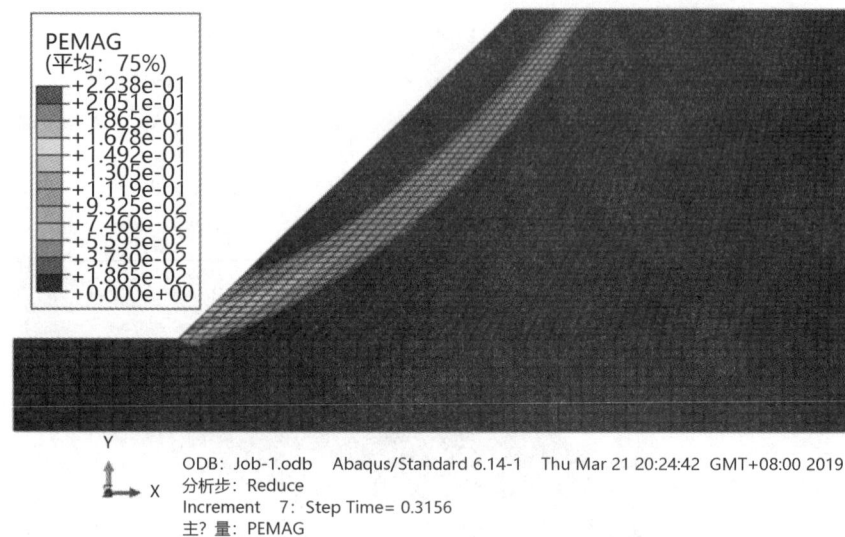

（c）t = 0.315 6，FV1 = 0.973 4

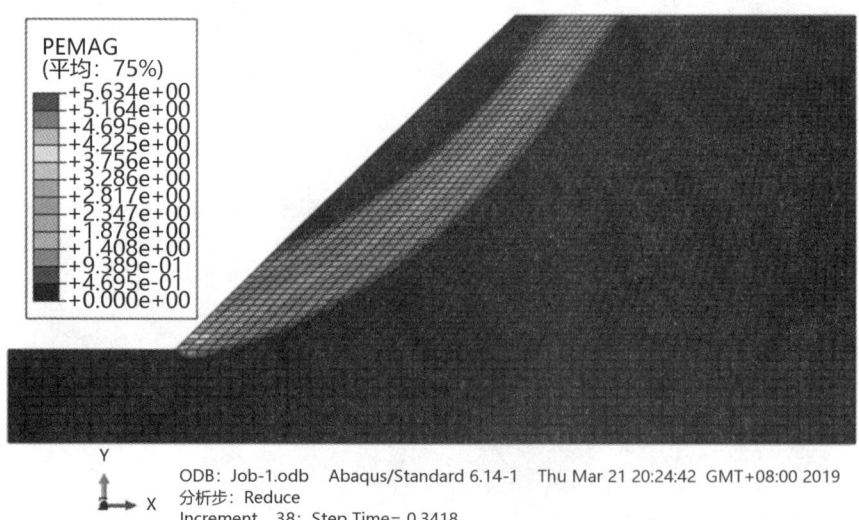

（d）t = 0.341 8，FV1 = 1.013

图 8-2　1 号高陡边坡粗颗粒混合土（含水率 12%）模型塑性区域发展情况

以形成贯通塑性区域和计算不收敛作为边坡失稳判断标准，1 号高陡边坡粗颗粒混合土天然含水率 12% 下的安全系数见表 8-1。

8 边坡稳定性数值分析与计算

表 8-1 1 号高陡边坡粗颗粒混合土天然含水率 12%下的安全系数

土样	安全系数 （以形成贯通塑性区域为标准）	安全系数 （以力和位移计算不收敛为标准）
1 号边坡 （天然含水 12%）	0.973 4	1.013

1 号高陡边坡利用 Combine 函数功能绘制边坡左上角顶点的 x 方向位移 U1 与场变量 FV1 的变化关系，如图 8-3 所示。

FV1 从 0.5 开始增加，FV1 刚开始增加时 U1 基本不发生变化，随着 FV1 增加到特定值，U1 发生突变，随后 U1 持续增长直至计算结束。

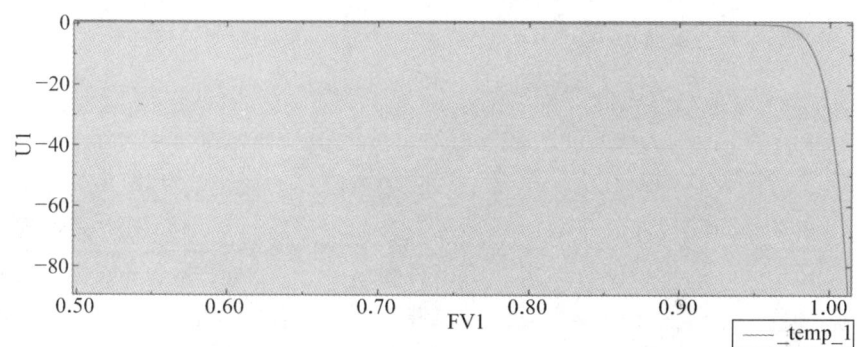

图 8-3 1 号高陡边坡粗颗粒混合土（含水率 12%）模型失稳特征点的位移

以特征点位移发生突变为边坡失稳判断标准，1 号高陡边坡粗颗粒混合土天然含水率 12%下的安全系数见表 8-2。

表 8-2 1 号高陡边坡粗颗粒混合土天然含水率 12%下的安全系数

土样	安全系数（以特征点位移突变为标准）
1 号边坡 （天然含水率 12%）	0.97

边坡失稳不仅要研究其稳定性安全系数还要研究滑动面的位置。滑动面的位置可以利用总位移等值线云图获得。1 号高陡边坡的总位移等值线云图如图 8-4 所示。

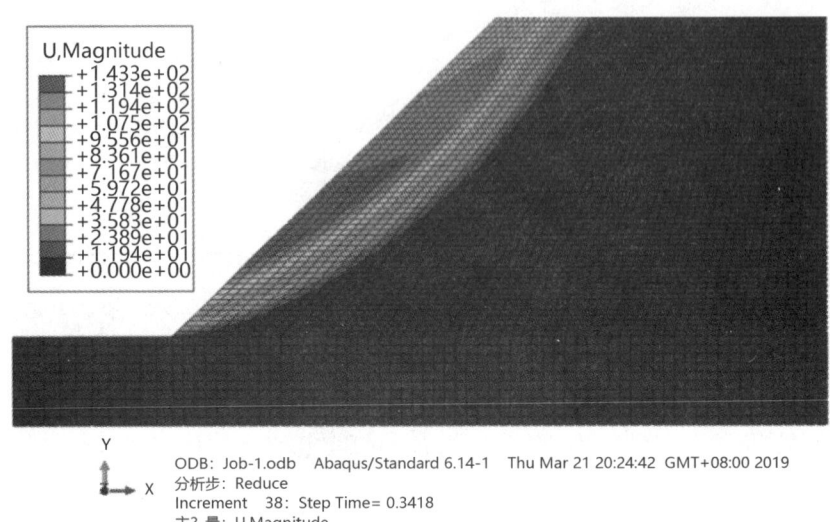

图 8-4　1 号高陡边坡粗颗粒混合土模型滑动面

数值计算结束,1 号高陡边坡失稳后形成的滑动面是圆弧滑动破坏形式,滑动面经过坡脚延伸到坡顶,这就是高陡边坡破坏的特征。从图 8-4 中可以看出,在 1 号高陡边坡经过数值计算至失去稳定之后的滑动面图中清晰地显示,会有 143 m 的位移变化,滑坡土体将会由静止发展成运动的状态,随之而来的是较大位移变化以及相应较大塑性应变的变化。

8.6.2　2 号高陡边坡稳定性安全系数

2 号高陡边坡土样取自林芝市林芝镇东南方向 1.29 km 色季拉山山脚下,靠近 318 国道海拔 3 040 m 的高陡边坡。在现场采样时使用地质罗盘仪器将实际边坡的坡度、坡高测出,2 号色季拉山山脚的某处高陡边坡取土点的坡度为 35°,坡高为 60 m,接下来根据前面试验得出的试验数据,在 ABAQUS 上对 2 号高陡边坡包括天然含水率在内的 3 个不同含水率土样进行仿真建模,并进行计算。

1. 2 号高陡边坡粗颗粒混合土(天然含水率 6%)稳定性安全系数

2 号高陡边坡粗颗粒混合土天然含水率模型塑性区域发展情况如图 8-5 所示。2 号高陡边坡模型坡度为 1∶1.483,陡坡高度设置为 60 m。2 号土样天然含水率下黏聚力为 30.437 kPa,内摩擦角为 36.17°。塑性区域从坡脚开始,随后向边坡内部发展,塑性区域进一步发展到边坡坡顶,形成了贯通的塑性区域,形成贯通塑性后塑性区域会加宽直到位移和力的计算迭代不收敛,数值计算结束。以模型迭代过程不收敛作为边坡失稳的判断标准,迭代 111 步后结束时的场变量 FV1 是安全系数,2 号高陡边坡粗颗粒混合土天然含水率下安全系数为 1.707。图 8-5(a)、(b)、(c)、(d)分别为计算过程中初始状态、计算进行过程中贯通区为一半、刚刚贯通以及计算完成到最后一步的塑性区域发展情况。

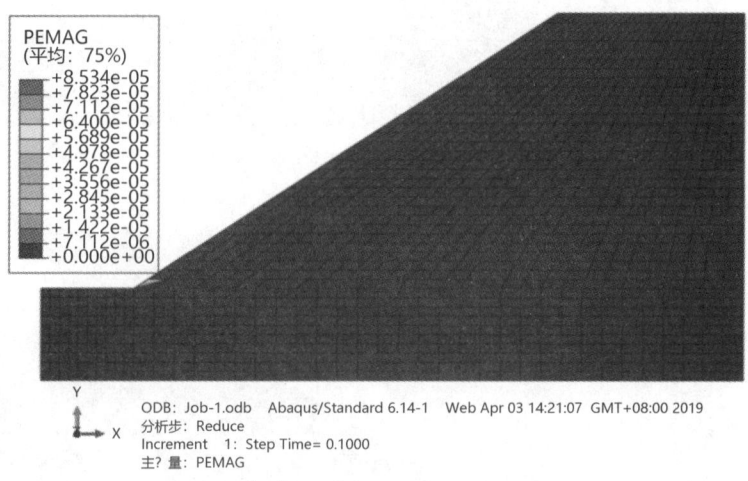

(a) t = 0.1,FV1 = 0.65

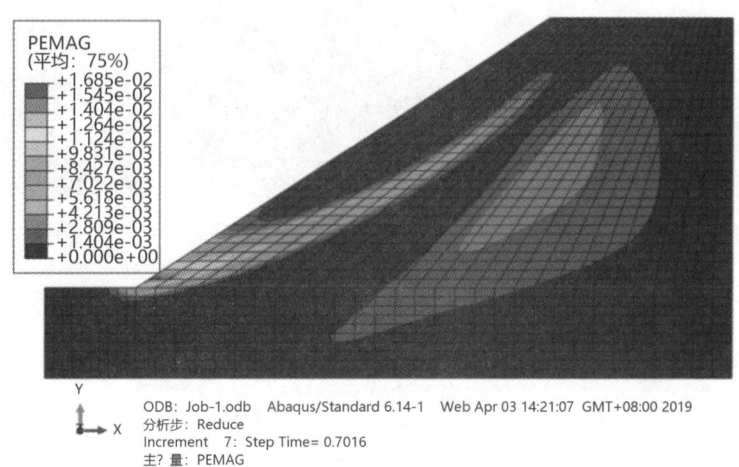

(b) t = 0.701 6,FV1 = 1.552

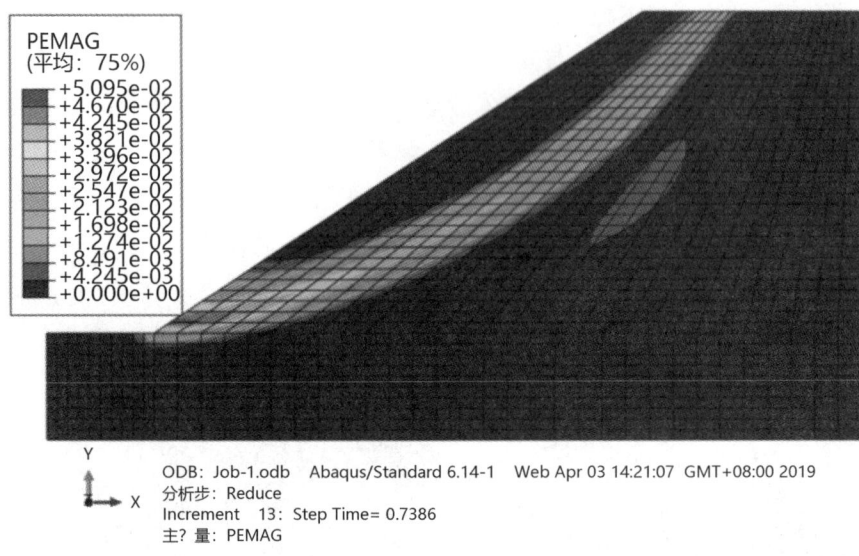

(c) t = 0.738 6, FV1 = 1.608

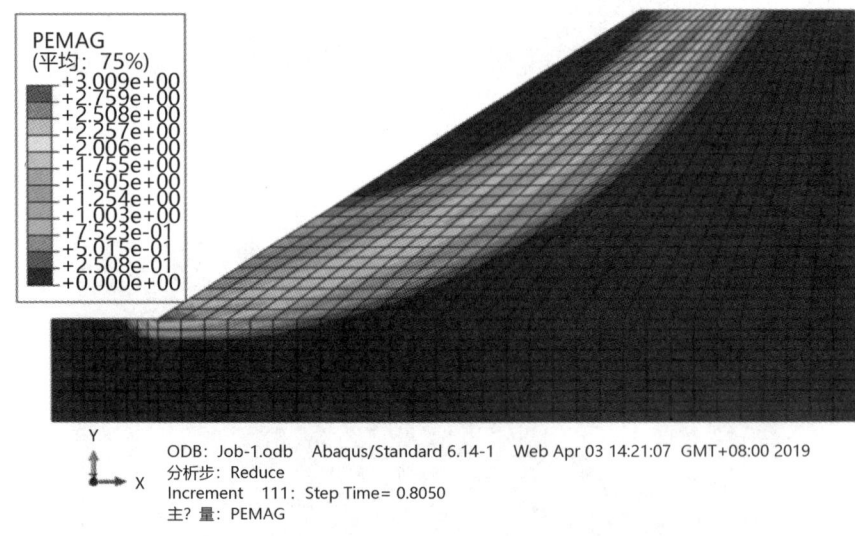

(d) t = 0.805, FV1 = 1.707

图 8-5　2 号高陡边坡粗颗粒混合土（含水率 6%）模型塑性区域发展情况

以形成贯通塑性区域和计算不收敛作为边坡失稳判断标准，2 号高陡边坡粗颗粒混合土天然含水率下的安全系数见表 8-3。

8 边坡稳定性数值分析与计算

表 8-3 2 号高陡边坡粗颗粒混合土天然含水率 6% 下的安全系数

土样	安全系数 （以形成贯通塑性区域为标准）	安全系数 （以力和位移计算不收敛为标准）
2 号边坡 （天然含水率 6%）	1.608	1.707

2 号高陡边坡天然含水率下的模型计算结果，利用 Combine 函数功能绘制边坡左上角顶点的 x 方向位移 U1 与场变量 FV1 的变化关系，如图 8-6 所示。

FV1 从 0.48 开始增加，FV1 刚开始增加时 U1 基本不发生变化，随着 FV1 增加到特定值，U1 发生突变，随后 U1 持续增长直至计算结束。

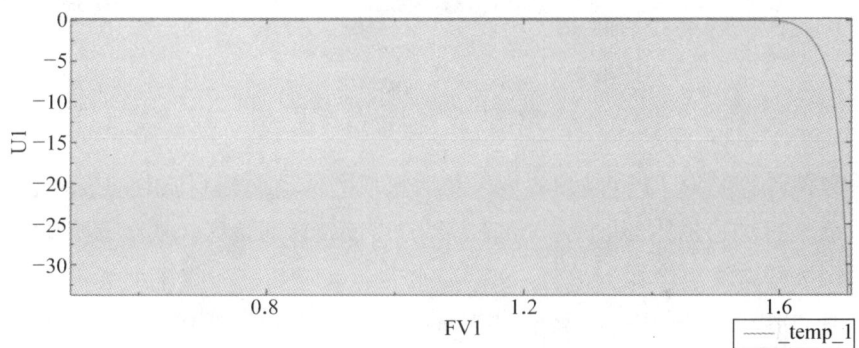

图 8-6 2 号高陡边坡粗颗粒混合土（含水率 6%）模型失稳特征点位移

以特征点位移发生突变为边坡失稳判断标准，2 号高陡边坡粗颗粒混合土天然含水率下的安全系数见表 8-4。

表 8-4 2 号高陡边坡粗颗粒混合土天然含水率 6% 下的安全系数

土样	安全系数 （以特征点位移突变为标准）
2 号边坡 （天然含水率 6%）	1.595

2 号高陡边坡粗颗粒混合土（天然含水率 6%）模型滑动面的总位移等值线云图如图 8-7 所示。

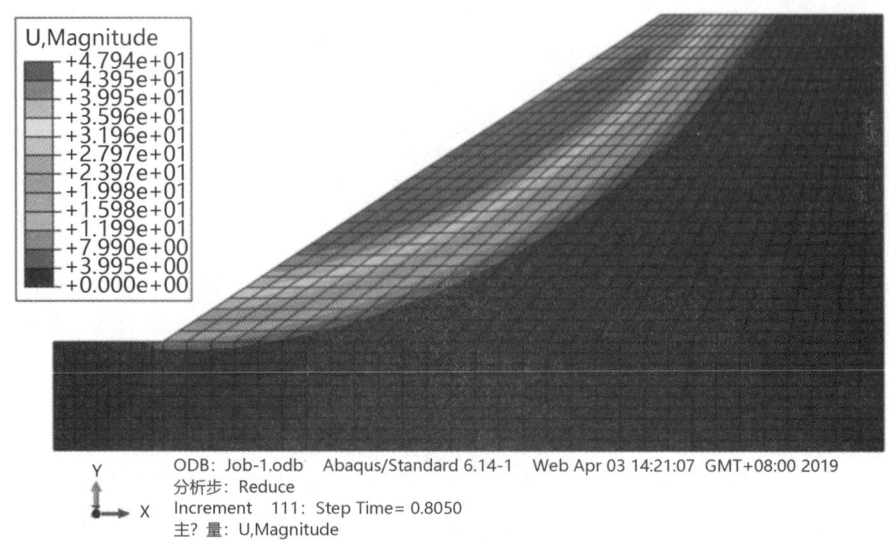

图 8-7 2 号高陡边坡粗颗粒混合土（含水率 6%）模型滑动面

数值计算结束，2 号高陡边坡失稳后形成的滑动面是圆弧滑动破坏形式，滑动面经过坡脚延伸到坡顶，这就是高陡边坡破坏的特征。从图 8-7 中可以看出，2 号高陡边坡在天然含水率为 6%时，经过数值计算至失去稳定之后的滑动面图中清晰地显示，会有 47.94 m 的位移变化，滑坡土体将会由静止发展成运动的状态，随之而来的是较大位移变化以及相应较大塑性应变的变化。

2. 2 号高陡边坡粗颗粒混合土含水率 3%下稳定性安全系数

2 号高陡边坡粗颗粒混合土（含水率 3%）模型塑性区域发展情况如图 8-8 所示。2 号高陡边坡模型坡度及高度设置情况不变，2 号土样含水率 3%下黏聚力为 16.99 kPa，内摩擦角为 37.29°。塑性区域从坡脚开始，随后向边坡内部发展，塑性区域进一步发展到边坡坡顶，形成了贯通的塑性区域，形成贯通塑性后塑性区域会加宽直到位移和力的计算迭代不收敛，数值计算结束。以模型迭代过程不收敛作为边坡失稳的判断标准，迭代 53 步后结束时的场变量 FV1 是安全系数，2 号高陡边坡粗颗粒混合土含水率 3%下安全系数为 1.567。图 5-8（a）、（b）、（c）、（d）分别为计算过程中初始状态、计算进行过程中贯通区为一半、刚刚贯通以及计算完成到最后一步的塑性区域发展情况。

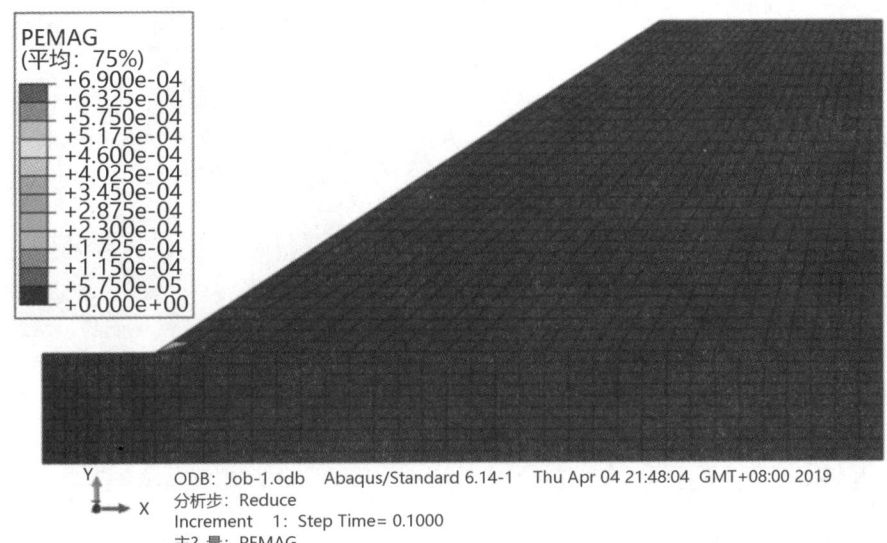

（a）t = 0.1，FV1 = 0.65

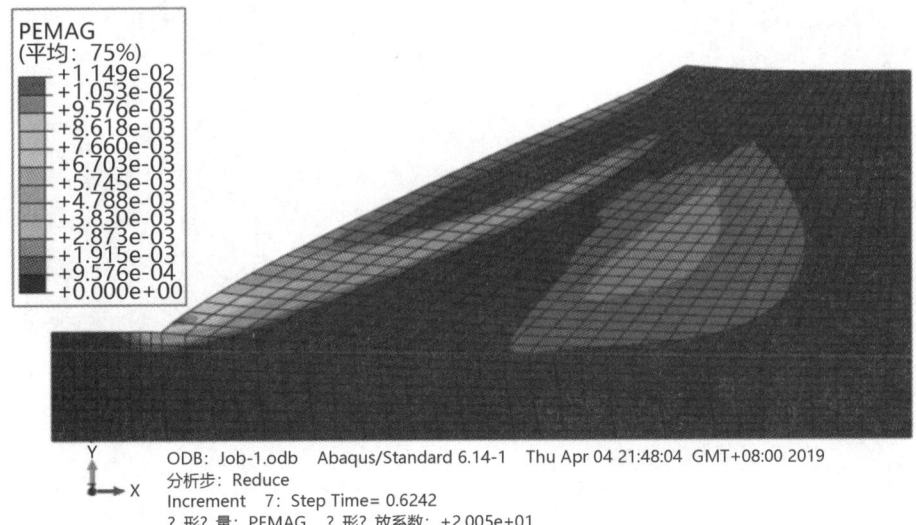

（b）t = 0.624 2，FV1 = 1.436

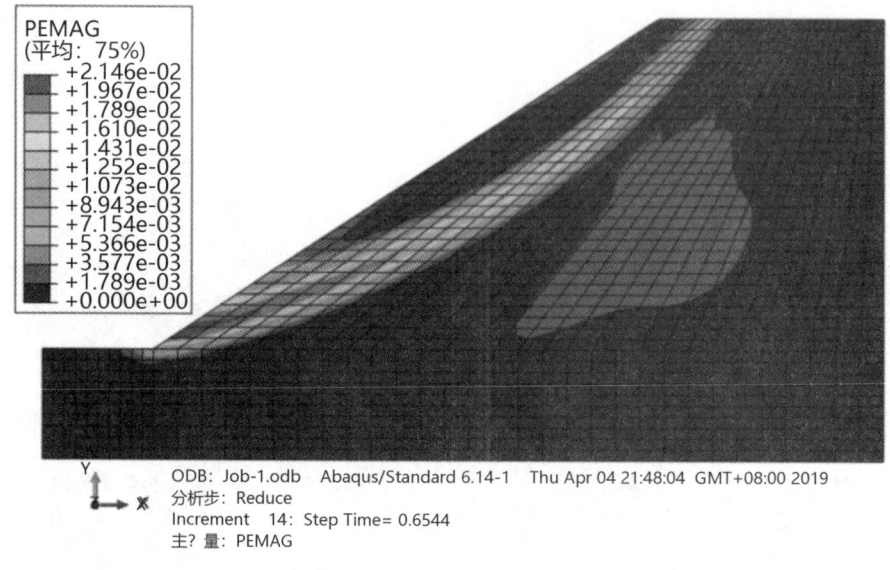

(c) t = 0.654 4,FV1 = 1.482

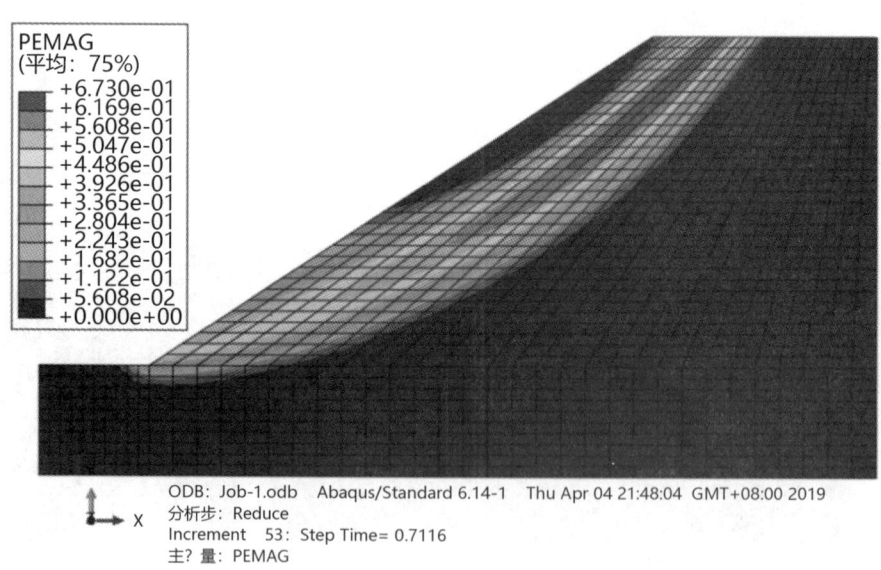

(d) t = 0.711 6,FV1 = 1.567

图 8-8 2号高陡边坡粗颗粒混合土(含水率3%)模型塑性区域发展情况

以形成贯通塑性区域和计算不收敛作为边坡失稳判断标准，2号高陡边坡粗颗粒混合土含水率3%下的安全系数见表8-5。

表8-5　2号高陡边坡粗颗粒混合土含水率3%下的安全系数

土样	安全系数 （以形成贯通塑性区域为标准）	安全系数 （以力和位移计算不收敛为标准）
2号边坡 （天然含水率3%）	1.482	1.675

2号高陡边坡含水率3%下的模型计算结果，利用Combine函数功能绘制边坡左上角顶点的 x 方向位移U1与场变量FV1的变化关系，如图8-9所示。

FV1从0.48开始增加，FV1刚开始增加时U1基本不发生变化，随着FV1增加到特定值，U1发生突变，随后U1持续增长直至计算结束。

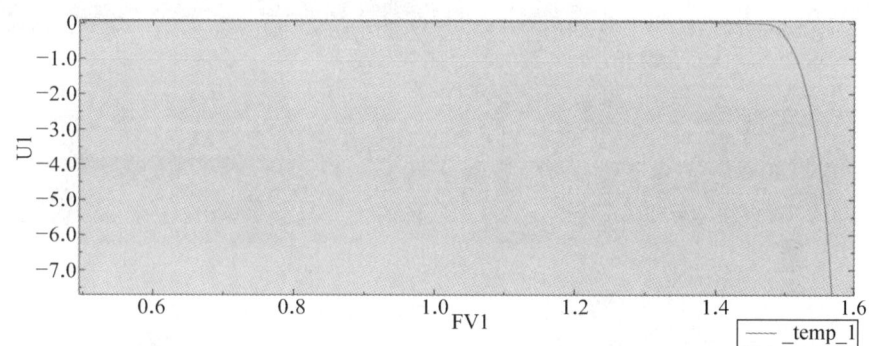

图8-9　2号高陡边坡粗颗粒混合土含水率3%模型失稳特征点位移

以特征点位移发生突变为边坡失稳判断标准，2号高陡边坡粗颗粒混合土含水率3%下的安全系数见表8-6。

表8-6　2号高陡边坡粗颗粒混合土含水率3%下的安全系数

土样	安全系数（以特征点位移突变为标准）
2号边坡（含水率3%）	1.493

2号高陡边坡粗颗粒混合土（含水率3%）模型滑动面的总位移等值线云图如图8-10所示。

在迭代进行到 53 步后数值计算结束，失稳后形成的滑动面是圆弧滑动破坏形式，滑动面经过坡脚延伸到坡顶，显现出高陡边坡破坏的特征。从图 8-10 中可以看出，2 号高陡边坡在含水率为 3%时，经过数值计算至失去稳定之后的滑动面图中清晰地显示，会有 10.77 m 的位移变化，滑坡土体将会由静止发展成运动的状态，随之而来的是较大位移变化以及相应较大塑性应变的变化。

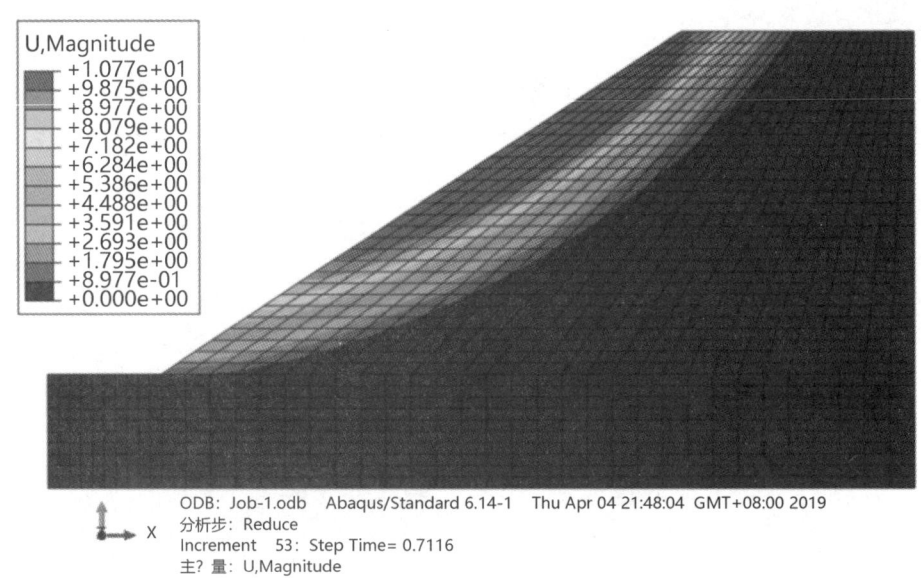

图 8-10　2 号高陡边坡粗颗粒混合土（含水率 3%）模型滑动面

3. 2 号高陡边坡粗颗粒混合土含水率 9%下稳定性安全系数

2 号高陡边坡粗颗粒混合土（含水率 9%）模型塑性区域发展情况如图 8-11 所示。2 号高陡边坡模型坡度及高度设置情况均不变，2 号边坡土含水率 9%下黏聚力为 53.28 kPa，内摩擦角为 23.8°。塑性区域从坡脚开始，随后向边坡内部发展，塑性区域进一步发展到边坡坡顶，形成了贯通的塑性区域，形成贯通塑性后塑性区域会加宽直到位移和力的计算迭代不收敛，数值计算结束。以模型迭代过程不收敛作为边坡失稳的判断标准，迭代 81 步后结束时的场变量 FV1 是安全系数，2 号高陡边坡粗颗粒混合土含水率 9%下安全系数为 1.38。图 8-11（a）、（b）、（c）、（d）分别为计算过程中初始状态、计算进行过程中贯通区为一半、刚刚贯通以及计算完成到最后一步的塑性区域发展情况。

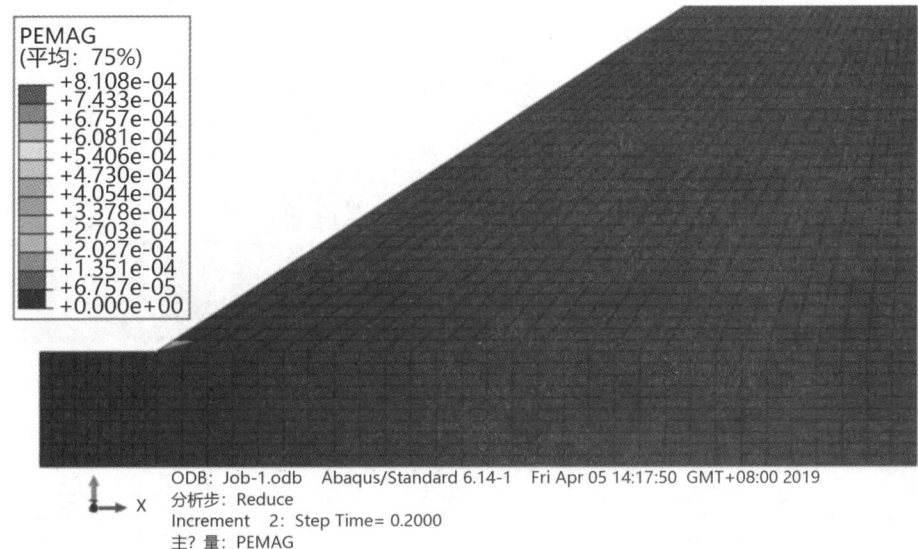

（a）t = 0.2，FV1 = 0.8

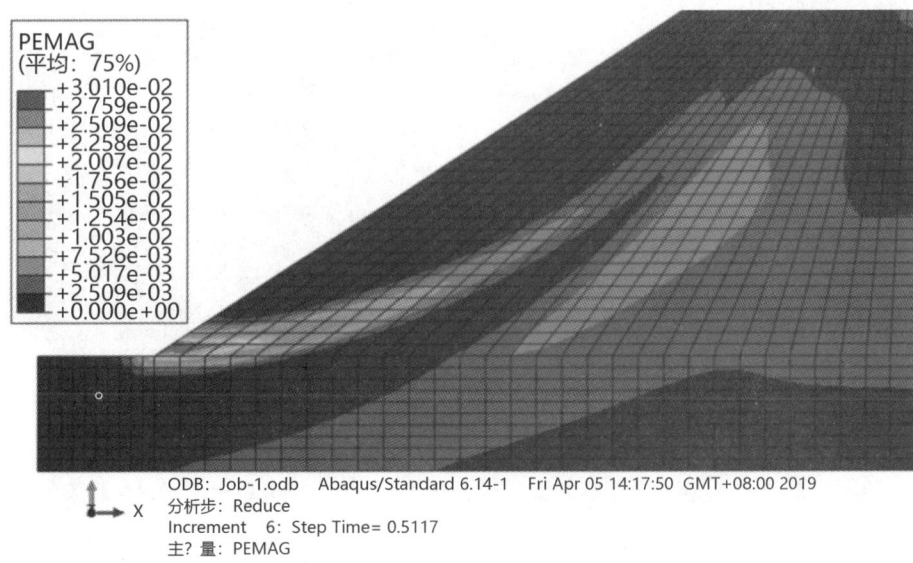

（b）t = 0.511 7，FV1 = 1.268

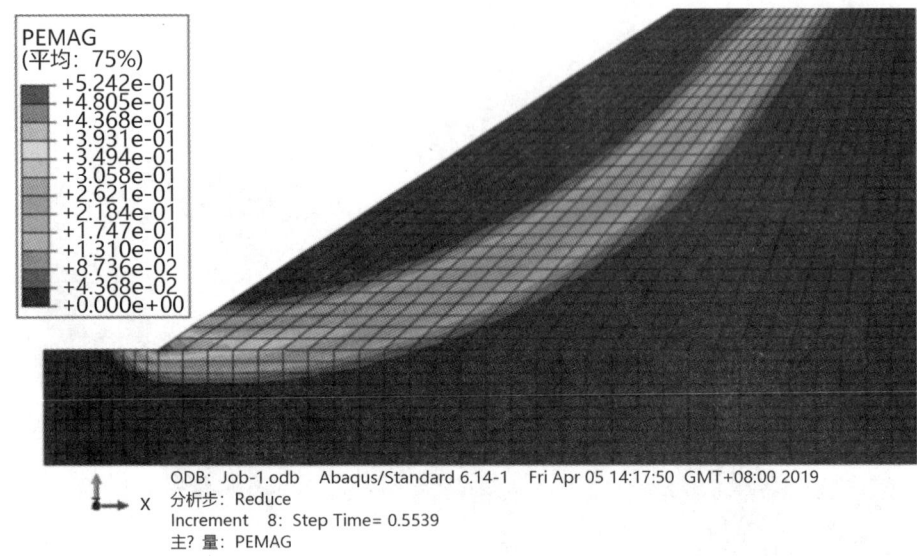

(c) t = 0.553 9,FV1 = 1.331

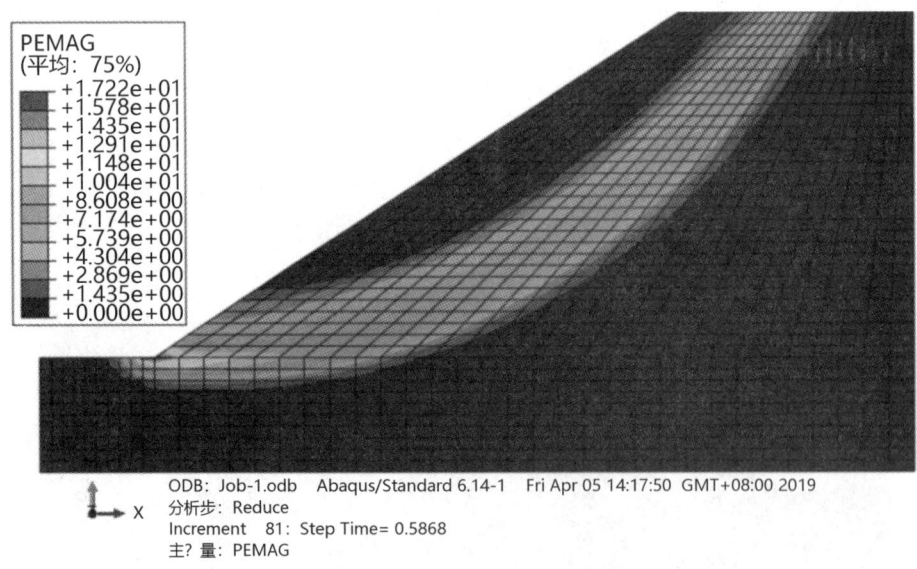

(d) t = 0.586 8,FV1 = 1.38

图 8-11　2 号高陡边坡粗颗粒混合土（含水率 9%）模型塑性区域发展情况

以形成贯通塑性区域和计算不收敛作为边坡失稳判断标准，2 号高陡边坡粗颗粒混合土含水率 9% 下的安全系数见表 8-7。

表 8-7　2 号高陡边坡粗颗粒混合土含水率 9% 下的安全系数

土样	安全系数 （以形成贯通塑性区域为标准）	安全系数 （以力和位移计算不收敛为标准）
2 号边坡 （含水率 9%）	1.331	1.38

2 号高陡边坡 9% 含水率下的模型计算结果，利用 Combine 函数功能绘制边坡左上角顶点的 x 方向位移 U1 与场变量 FV1 的变化关系，如图 8-12 所示。

FV1 从 0.48 开始增加，FV1 刚开始增加时 U1 基本不发生变化，随着 FV1 增加到特定值，U1 发生突变，随后 U1 持续增长直至计算结束。

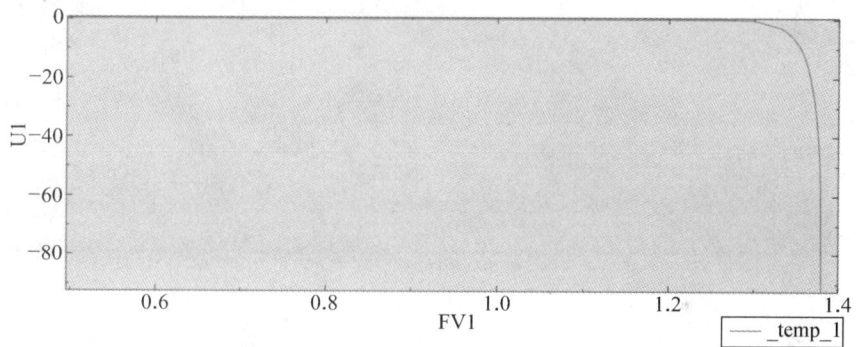

图 8-12　2 号高陡边坡粗颗粒混合土（含水率 9%）模型失稳特征点位移

以特征点位移发生突变为边坡失稳判断标准，2 号高陡边坡粗颗粒混合土含水率 9% 下的安全系数见表 8-8。

表 8-8　2 号高陡边坡粗颗粒混合土含水率 9% 下的安全系数

土样	安全系数 （以特征点位移突变为标准）
2 号边坡 （含水率 9%）	1.34

2 号高陡边坡粗颗粒混合土（含水率 9%）模型滑动面的总位移等值线云图如图 8-13 所示。

迭代进行到 81 步,数值计算结束,失稳后形成的滑动面是圆弧滑动破坏形式,滑动面经过坡脚延伸到坡顶,显现出高陡边坡破坏的特征。从图 8-13 中可以看出,2 号高陡边坡在含水率 9%时,经过数值计算至失去稳定之后的滑动面图中清晰地显示,会有 155 m 的位移变化,滑坡土体将会由静止发展成运动的状态,随之而来的是较大位移变化以及相应较大塑性应变的变化。

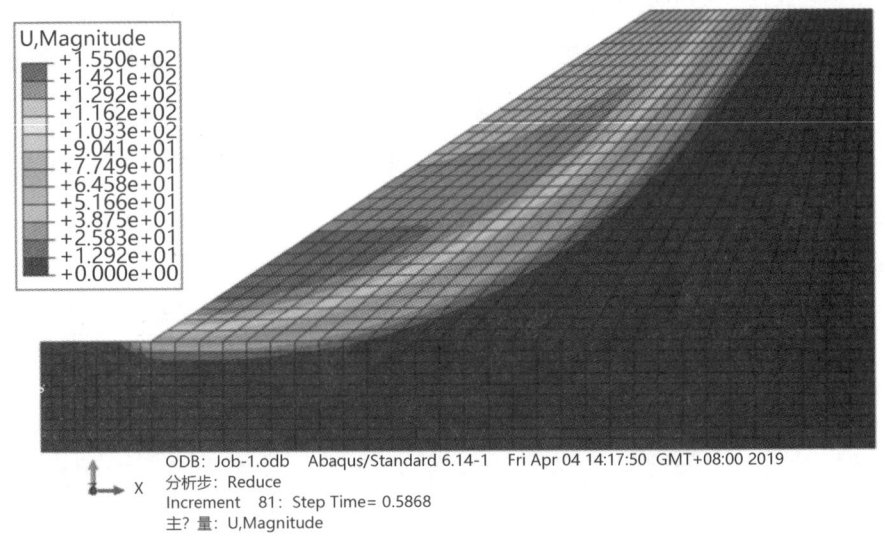

图 8-13　2 号高陡边坡粗颗粒混合土(含水率 9%)模型滑动面

4. 2 号高陡边坡粗颗粒混合土不同含水率下稳定性安全系数对比分析

2 号高陡边坡粗颗粒混合土分别在含水率 3%、天然含水率 6%及含水率 9%下进行数值计算,安全系数汇总于表 8-9 中。

表 8-9　2 号高陡边坡粗颗粒混合土不同含水率下安全系数

含水率	黏聚力/kPa	内摩擦角/(°)	位移/m	安全系数（以形成贯通塑性区域为标准）	安全系数（以力和位移计算不收敛为标准）
3%	16.99	37.29	10.77	1.482	1.567
6%	30.437	36.17	47.94	1.608	1.707
9%	53.28	23.8	155	1.331	1.38

2号高陡边坡粗颗粒混合土在含水率3%、6%、9%下计算得到的含水率与安全系数的关系如图8-14所示。

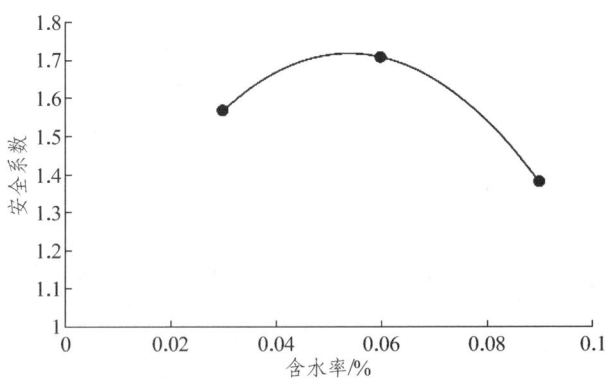

图8-14 含水率与安全系数的关系曲线

从表8-9中的数值计算结果可知,随着含水率的增加,黏聚力逐渐增加,内摩擦角在逐渐减小,随着含水率的增加,黏聚力呈现出增加的现象。分析原因是该土样粗粒含量为48.26%,抗剪强度由粗颗粒和细颗粒共同组成,土体结构从悬浮密实结构转化为骨架密实结构,粗颗粒开始起到骨架作用,细粒土也对粗颗粒混合土的抗剪强度形成影响。细颗粒部分,随着含水率的增加,其黏聚力由于受水分子作用,颗粒间的范德瓦耳斯力增加,从而导致黏聚力增加。黏聚力从含水率3%的16.99 kPa,到含水率9%的53.28 kPa,增加幅度达到68.11%。随后随着含水率的增加,黏聚力降低且安全系数也随着降低。经过分析,主要原因是含水率增加,多余水分子润滑了颗粒间的作用,从而导致强度降低。

以含水率为横坐标,内摩擦角为纵坐标绘出的关系曲线如图8-15所示,内摩擦角φ值随着含水率的增加而逐渐减小。分析原因,由于该土样含有48.26%的粗颗粒,随着含水率的增加,自由水润滑了粗颗粒间摩擦,从而导致内摩擦角呈现出降低现象。本章采取通过控制干密度,添加水量来进行试验,随着含水率的增加,土的抗剪强度下降,含水率对抗剪强度的影响主要是降低土的咬合力,内摩擦角也随之降低。

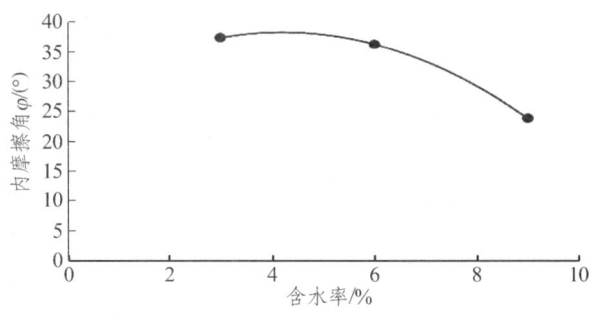

图 8-15 含水率-内摩擦角关系曲线

高陡边坡失去稳定，产生位移量也随着含水率的增加而增加。藏东南高陡边坡由于受降雨影响较大，土体含水率增加后，会加速土体滑坡，产生很大的位移。分析以形成贯通塑性区域为标准的安全系数，以及以力和位移计算不收敛为标准的安全系数可知，2号高陡边坡在天然含水率下的数值计算得到的安全系数最大，说明在天然含水率下2号高陡边坡最为稳定。

8.6.3　3号高陡边坡稳定性安全系数

3号高陡边坡土样取自林芝市八一镇加乃村西北2.7 km靠近318国道海拔3 032 m的某高陡边坡滑坡松散堆积土。在现场采样时用地质罗盘仪器将实际边坡的坡度、坡高测出，3号加乃村高陡边坡取土场高陡边坡坡度为36°，坡高为64 m。根据前面试验得出的数据，在ABAQUS上对3号高陡边坡进行仿真建模，并进行计算。

3号高陡边坡粗颗粒混合土天然含水率模型塑性区域发展情况如图8-16所示。3号高陡边坡模型坡度为1∶1.376，陡坡高度设置为64 m。3号土样天然含水率下黏聚力为10.986 kPa，内摩擦角为40.25°。塑性区域从坡脚开始，随后向边坡内部发展，塑性区域进一步发展到边坡坡顶，形成了贯通的塑性区域，形成贯通塑性区域后塑性区域会加宽直到位移和力的计算不收敛，数值计算结束。以模型迭代过程不收敛作为边坡失稳的判断标准，迭代45步后结束时的场变量FV1是安全系数，3号高陡边坡粗颗粒混合土天然含水率下安全系数为1.612。图8-16（a）、（b）、（c）、（d）分别为计算过程中初始状态、计算进行过程中贯通区发展阶段、刚刚贯通以及计算完成到最后一步的塑性区域。

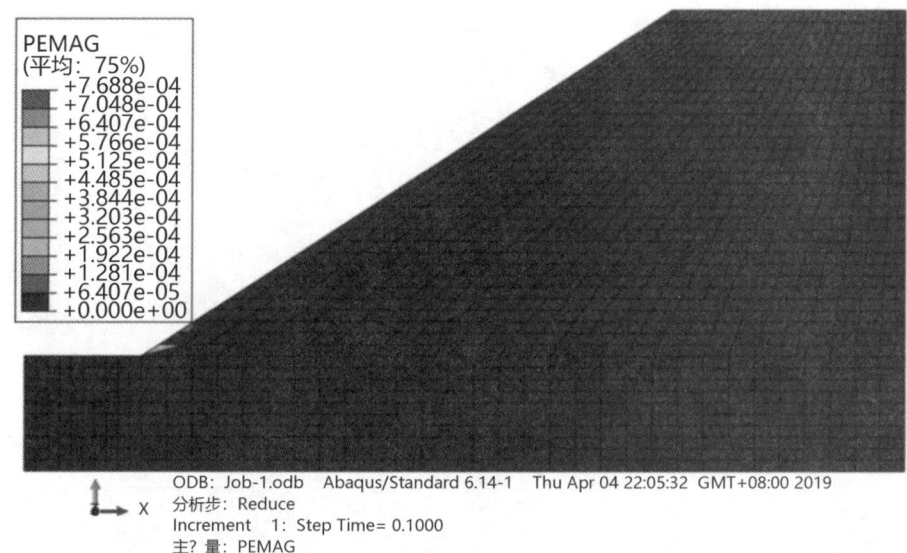

（a）t = 0.1，FV1 = 0.65

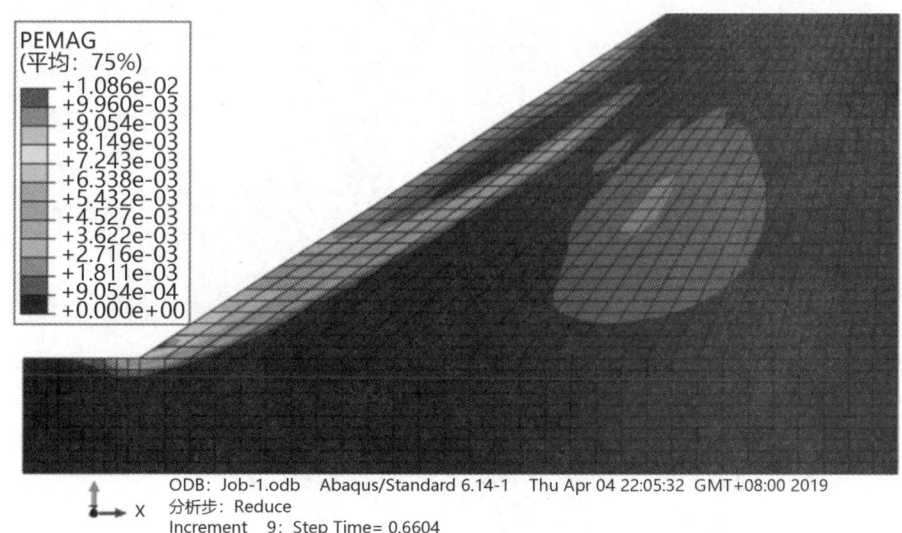

（b）t = 0.660 4，FV1 = 1.491

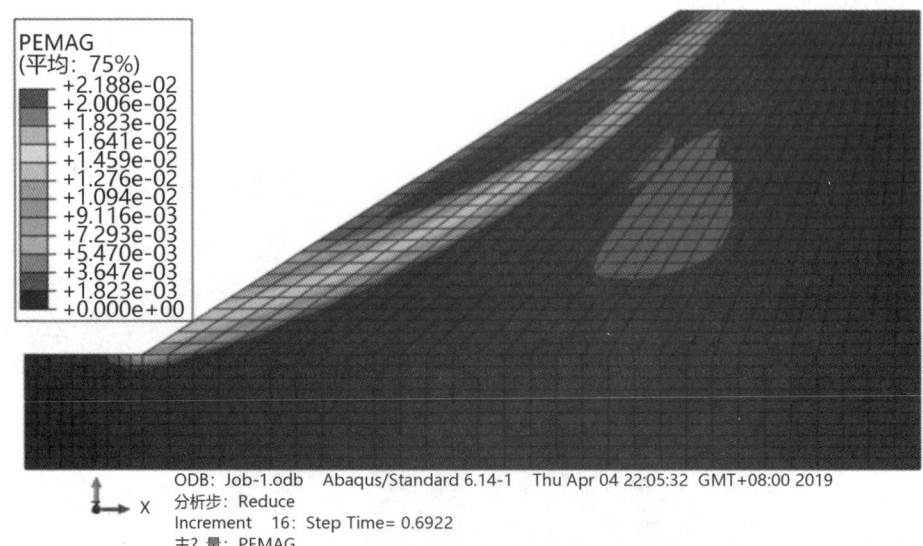

（c）t = 0.692 2，FV1 = 1.538

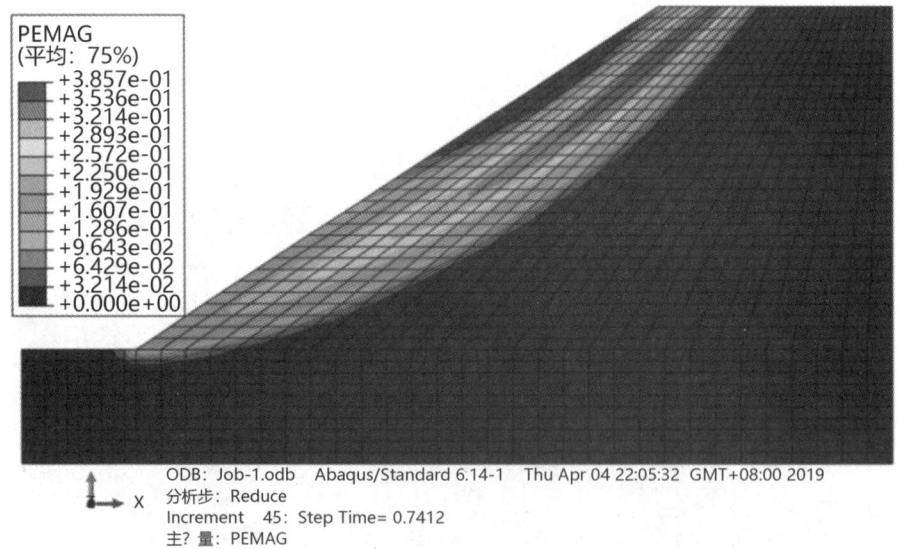

（d）t = 0.741 2，FV1 = 1.612

图 8-16　3 号高陡边坡粗颗粒混合土天然含水率模型塑性区域发展情况

以形成贯通塑性区域和计算不收敛作为边坡失稳判断标准，3 号高陡边坡粗颗粒混合土天然含水率 4%下的安全系数见表 8-10。

表 8-10　3 号高陡边坡粗颗粒混合土天然含水率 4%下的安全系数

土样	安全系数 （以形成贯通塑性区域为标准）	安全系数 （以力和位移计算不收敛为标准）
3 号边坡 （天然含水率 4%）	1.538	1.612

为了进一步分析边坡稳定性安全系数，现将 3 号高陡边坡天然含水率下的模型计算结果，利用 Combine 函数功能绘制边坡左上角顶点的 x 方向位移 U1 与场变量 FV1 的变化关系，如图 8-17 所示。

FV1 从 0.5 开始增加，FV1 刚开始增加时 U1 基本不发生变化，随着 FV1 增加到特定值，U1 发生突变，随后 U1 持续增长直至计算结束。

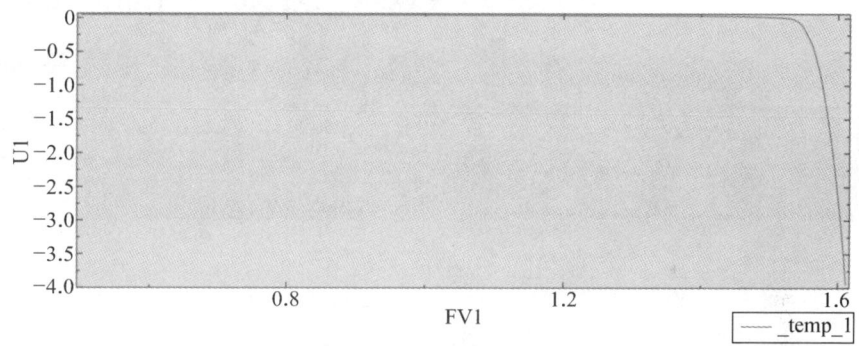

图 8-17　3 号高陡边坡粗颗粒混合土（天然含水率 4%）模型失稳特征点位移

以特征点位移发生突变为边坡失稳判断标准，3 号高陡边坡粗颗粒混合土天然含水率下的安全系数见表 8-11。

表 8-11　3 号高陡边坡粗颗粒混合土天然含水率 4%下的安全系数

土样	安全系数 （以特征点位移突变为标准）
3 号边坡 （天然含水率 4%）	1.58

为了探究 3 号粗颗粒混合土高陡边坡模型天然含水率下的滑动面位置，先将该模型总位移等值线云图绘制如图 8-18 所示。

迭代进行到 45 步，数值计算结束，失稳后形成的滑动面是圆弧滑动破坏形式，滑动面经过坡脚延伸到坡顶，显现出高陡边坡破坏的特征。从图 8-18 中可以看出，3 号高陡边坡经过数值计算至失去稳定之后的滑动面图中清晰地显示，会有 5.646 m 的位移变化，滑坡土体将会由静止发展成运动的状态，随之而来的是较大位移变化以及相应较大塑性应变的变化。

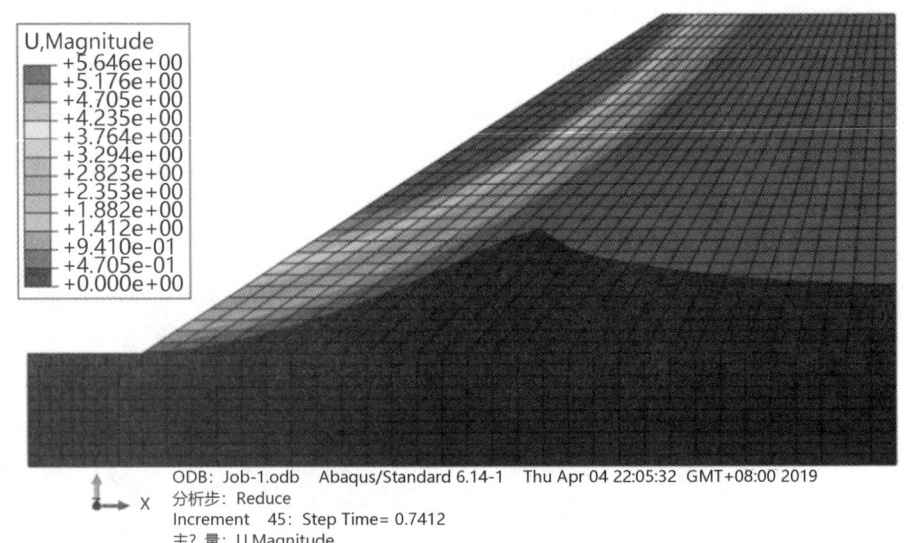

图 8-18　3 号高陡边坡粗颗粒混合土（天然含水率 4%）模型滑动面

8.6.4　4 号高陡边坡稳定性安全系数

4 号高陡边坡土样取自海拔 3 116 m 的巴河镇高陡边坡滑坡松散堆积土。在现场采样时用地质罗盘仪器将实际边坡的坡度、坡高测出，4 号巴河镇高陡边坡取土场边坡坡度为 37.5°，坡高为 58 m。根据前面试验得出的数据，在 ABAQUS 上对 4 号高陡边坡进行仿真建模，并进行计算。

4 号高陡边坡粗颗粒混合土天然含水率模型塑性区域发展情况如图 8-19 所示。4 号高陡边坡模型坡度为 1∶1.303，陡坡高度设置为 58 m。4 号土天然含水率下黏聚力为 10.986 kPa，内摩擦角为 40.25°。塑性区域从坡脚开始，随后向边坡内部发展，塑性区域进一步发展到边坡坡顶，形成了贯通的塑性区域，形成贯通塑性后塑性区域会加宽直到位移和力的计算迭代不收敛，数值计算结束。以模型迭代过程不收敛作为边坡失稳的判断标准,迭代 57 步后结束时的场变量 FV1 是安全系数,4 号高陡边坡粗颗粒混合土天然含水率下安全系数为 1.448。图 8-19（a）、（b）、（c）、（d）分别为计算过程中初始状态、计算进行过程中贯通区为一半、刚刚贯通以及计算完成到最后一步的塑性区域。

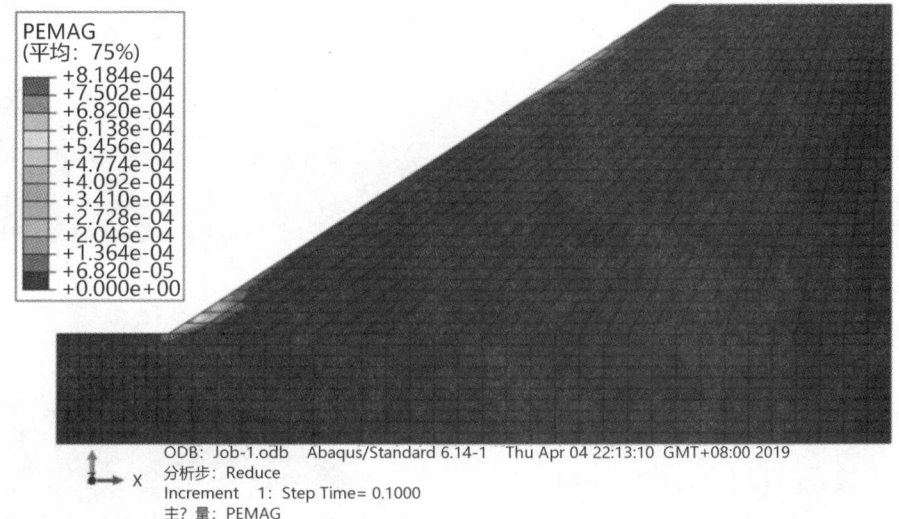

（a）t＝0.1，FV1＝0.65

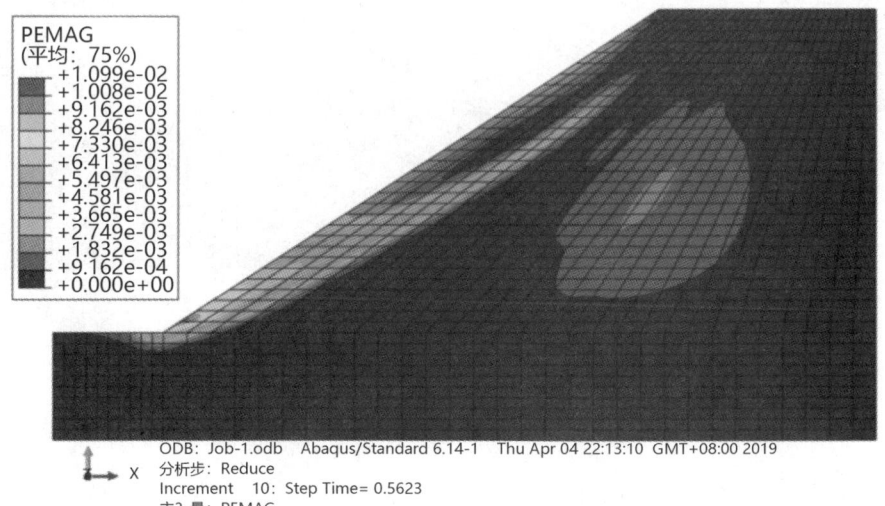

（b）t＝0.562 3，FV1＝1.343

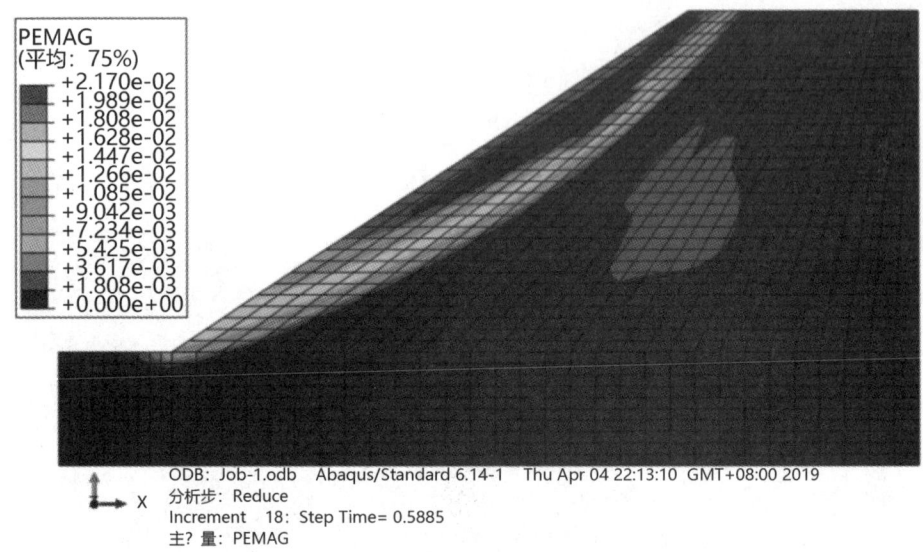

（c）t = 0.588 5，FV1 = 1.383

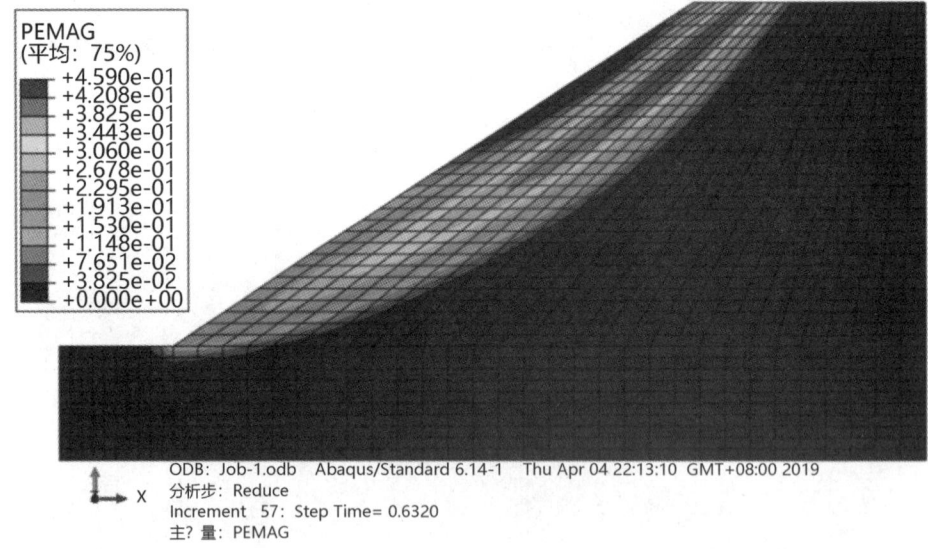

（d）t = 0.632，FV1 = 1.448

图 8-19　4 号高陡边坡粗颗粒混合土（天然含水率 3%）模型塑性区域发展情况

以形成贯通塑性区域和计算不收敛作为边坡失稳判断标准，则 4 号高陡边坡粗颗粒混合土天然含水率 3% 下的安全系数见表 8-12。

表 8-12 4号高陡边坡粗颗粒混合土天然含水率 3%下的安全系数

土样	安全系数 （以形成贯通塑性区域为标准）	安全系数 （以力和位移计算不收敛为标准）
4号边坡 （天然含水率3%）	1.383	1.448

4号高陡边坡天然含水率下的模型计算结果，利用 Combine 函数功能绘制边坡左上角顶点的 x 方向位移 U1 与场变量 FV1 的变化关系，如图 8-20 所示。

FV1 从 0.48 开始增加，FV1 刚开始增加时 U1 基本不发生变化，随着 FV1 增加到特定值，U1 发生突变，随后 U1 持续增长直至计算结束。

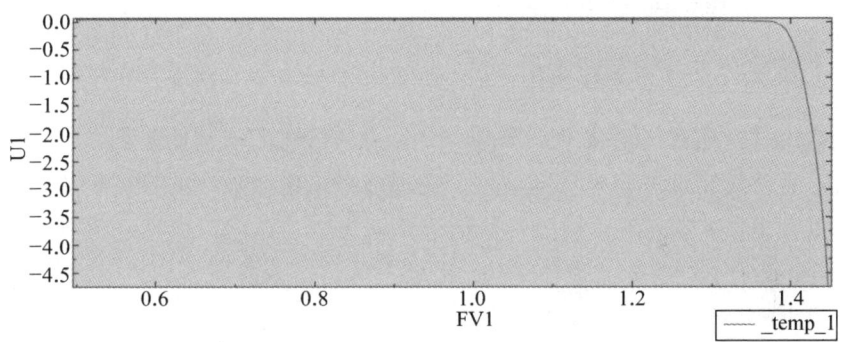

图 8-20 4号高陡边坡粗颗粒混合土（天然含水率3%）模型失稳特征点位移

以特征点位移发生突变为边坡失稳判断标准，4号高陡边坡粗颗粒混合土天然含水率 3%下的安全系数见表 8-13。

表 8-13 4号高陡边坡粗颗粒混合土天然含水率 3%下的安全系数

土样	安全系数 （以特征点位移突变为标准）
4号边坡 （天然含水率3%）	1.4

4号高陡边坡粗颗粒混合土天然含水率模型滑动面的总位移等值线云图如图 8-21 所示。

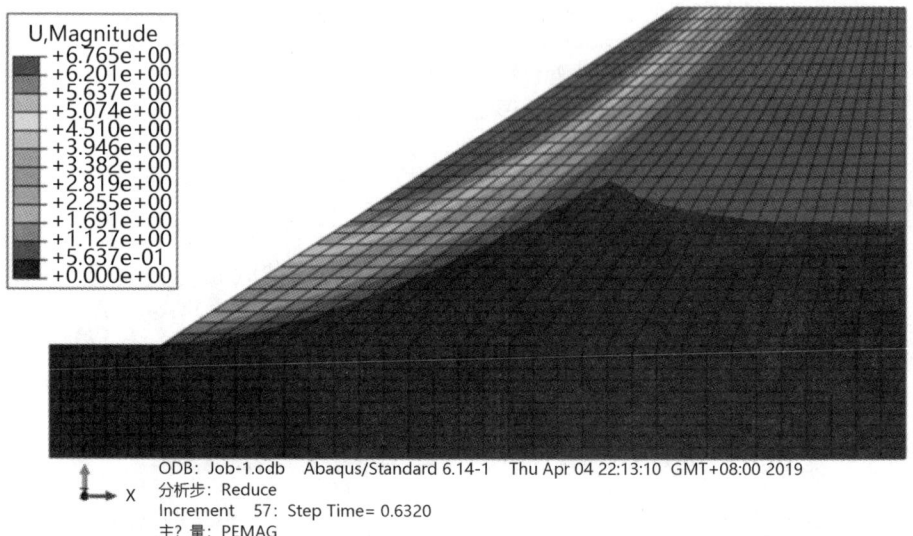

图 8-21　4 号高陡边坡粗颗粒混合土（天然含水率 3%）模型滑动面

迭代进行到 57 步，数值计算结束，失稳后形成的滑动面是圆弧滑动破坏形式，滑动面经过坡脚延伸到坡顶，显现出高陡边坡破坏的特征。从图 8-21 中可以看出，4 号高陡边坡经过数值计算至失去稳定之后的滑动面图中清晰地显示，会有 6.765 m 的位移变化，滑坡土体将会由静止发展成运动的状态，随之而来的是较大位移变化以及相应较大塑性应变的变化。

8.7　取得的成果

通过对藏东南 4 个高陡边坡粗颗粒混合土以及 2 号高陡边坡粗颗粒混合土在不同含水率下的土样开展数值建模，取得的研究成果如下：

（1）4 个高陡边坡数值分析模型的塑性区域均是从坡脚开始产生，随后发展到边坡内部，最后贯通到坡顶。各边坡模型的滑动面均呈圆弧形，滑动面经过坡脚，滑动面延伸到边坡内部的程度随着土体黏聚力的增加而加深。

（2）随着含水率的增加，黏聚力呈现出增加的现象。分析原因，该土样粗粒含量为 48.26%，抗剪强度由粗颗粒和细颗粒共同组成，土体结构从悬浮密实结构转化为骨架密实结构，粗颗粒开始起到骨架作用，细粒土也对粗颗粒混合土的抗剪强度形成影响。细颗粒部分，随着含水率的增加，其黏聚力由于受水分子作用，颗粒间的范德瓦耳斯力增加，从而导致黏聚力增加。黏聚力从含水率 3%的 16.99 kPa，到含水率 9%的 53.28 kPa，增加幅度达到 68.11%。随后随着含水率的增加，黏聚力降低且安全系数也随着降低。经分析，主要原因是含水率增加，多余水分子润滑了颗粒间的作用，从而导致强度降低。2 号高陡边坡在天然含水率下的数值计算得到的安全系数最大。

（3）藏东南高陡边坡由于受降雨影响较大，土体含水率增加后，会加速土体滑坡，产生很大的位移；分析以形成贯通塑性区域为标准的安全系数以及以力和位移计算不收敛为标准的安全系数可知，含水率对高陡边坡的稳定影响较大。

PART NINE 9

结论及展望

9.1 结 论

本节主要开展了现场调研、室内试验和数值建模,通过近几年的研究,取得了以下成果:

(1) 以藏东南4个不同坡度的高陡边坡组成的粗颗粒混合土(主要由卵石、砾石、碎石、砂等粗颗粒组成)为研究对象,现场进行坡度、坡高测量及滑坡体植被覆盖情况调研,取样开展颗粒分析、击实、天然密度和含水率等物理力学性质试验,从而取得藏东南4个不同坡度的粗颗粒混合土的物理力学性质参数,为后面进一步开展的粗颗粒混合土大型三轴试验以及对4个高陡边坡稳定性数值建模提供了参数支持。

(2) 利用大型电液伺服式粗颗粒动静三轴仪开展固结排水(CD)静载试验,取得了不同含水率和不同围压下的抗剪强度指标,应力-应变关系曲线的形态都为应变硬化型,侧向围压增大时,应力-应变曲线越陡,在剪切破坏过程中对土体颗粒的约束力越大,颗粒移动时的阻力越大,外荷载越大,达到最大应力值时应变值也越大。在同一土样中,当密度相同时,围压越大,剪缩变形越大,并随外荷载的增大,剪缩变形的增长率趋于减小。土体含水率越大,土中的自由水润滑了粗颗粒间摩擦,从而导致内摩擦角随含水率增加而逐渐降低。

(3) 利用大型电液伺服式粗颗粒动静三轴仪开展动载试验,取得了不同振动频率下粗颗粒混合土的动应力与动应变变化规律。从粗颗粒混合土的动应力时程曲线可以看出,试样在动力循环荷载的作用下,起初受到的动应力很小,即使振动周次不断增加,其动应力幅值和预先设定的加载幅值基本保持一致；试验后期，试样受到的动应力越来越大，动应力幅值曲线随着振动周次的不断增加，却出现了喇叭形缩小的现象，呈现了土体在动力荷载作用下的线性衰减的一般特征。试样在动力循环荷载的作用下，振动周次不断增加，受到的动应力较小时，试样的动应变幅值也很小，且动应变时程曲线上的试验数据点在该曲线上面的波动幅度很大，试验数据的离散程度很高；当试样受到的动应力较大时，其动应变幅值呈现出线性增大的一般特征规律，动应变曲线出现喇叭形增大的现象，且曲线越来越平滑，数据点分布更加均匀，更加具有规律性。

（4）利用大型电液伺服式粗颗粒动静三轴仪开展动载试验，取得了不同围压下对动剪切模量的影响规律，以及不同振动频率对阻力比的影响规律。从粗颗粒混合土在不同围压和振动频率下的试验曲线可以看出，粗颗粒混合土的动剪切模量随动应变的增大出现了非线性衰减，这也从侧面反映了粗颗粒混合土具有线性衰减的一般动力特征；围压对动剪切模量 G_d 有较大的影响，在动应变相同的条件下，动剪切模量 G_d 随围压的增大而增大；在动应变相同的条件下，动剪切模量 G_d 随振动频率的增大而增大；粗颗粒混合土的最大动剪切模量 $G_{d\max}$ 随围压的增大而增大。

（5）通过对不同养护天数的 PVA 试样、PVA-硅灰试样进行无侧限抗压试验，结果表明，单独添加 PVA 对砂土的无侧限抗压强度有着较大幅度的提升，在 12% 的 PVA 添加量下，无侧限抗压强度最高，由素土的 25.46 kPa 提升到 1 115.36 kPa；硅灰的加入对于砂土改良而言有着明显的正向作用，最优掺比为 12%PVA + 6%硅灰，无侧限抗压强度为 1 543.17 kPa。改良试样在自然养护条件中，随着养护时间的增加，无侧限抗压强度随之增加，在 3～7 d 强度增长幅度较大，14 d 后强度趋于稳定。随着纤维掺量的增加，无侧限抗压强度先少量增加后下降。最优掺比为 12%PVA + 0.25%聚丙烯纤维，无侧限抗压强度为 1 716 kPa，与素土相比强度增长达 67 倍，与单独掺加 12%PVA 试样相比增加超过 50%。

（6）通过大型直剪试验，研究了 3 种改良材料对粗颗粒混合土的改良效果。试样的整体性得到改善，曲线在剪切后期的波动明显减小，PVA 的加入填充了土体结构中的孔隙，具有一定强度的胶体也限制了粗颗粒的翻越行为，相较未改良土，峰值剪应力的增长在 50%以上；纤维的加入在提升剪应力的同时改善了改良土的峰后软化行为，当纤维含量大于 0.5%时，50 mm 后剪应力的下降幅度小于 15%；相较纤维-PVA 复合改良试样，由于硅灰促进了 PVA 的胶结，峰值剪应力进一步提升，200 kPa 压力下相较 10%PVA 单独改良的试样添加 10%的硅灰使得试样的峰值剪应力增加了 155.5 kPa。单独掺加 PVA 的最佳掺比为 10%，对于最优 PVA 掺量下的粗颗粒混合土，适宜的硅灰掺量在 5%～10%，纤维掺量在 0.5%～1%。

（7）改良边坡的破坏形式主要有表面滑动破坏和牵引式破坏两类，当改良层强度较低时，发生表面滑动破坏。当改良层的强度较高，且降雨强度也较高时，边坡的破坏形式会由表层滑动转变为牵引式破坏，水平变形分量占优势。提高改良层的强度能够使得边坡在更高的雨强下保持稳定性，但对于表层滑动破坏，随着改良层强度的增加，一旦边坡产生明显破坏，则受影响范围也会更大。边坡在降雨条件下发生滑坡，基本上坡脚处先发生较小规模的破坏。边坡中改良层的破坏皆是由拉伸裂缝引发的，但诱发裂缝的原因则受降雨强度和改良材料类型共同影响。

（8）建立起了藏东南粗颗粒混合土组成的高陡边坡稳定性分析模型。4 个高陡边坡数值分析模型的塑性区域均是从坡脚开始产生，随后发展到边坡内部，最后贯通到坡顶。各边坡模型的滑动面均呈圆弧形，滑动面经过坡脚，滑动面延伸到边坡内部的程度随着土体黏聚力的增加而加深；随着含水率的增加，黏聚力降低且安全系数也随着降低。经分析，主要原因是含水率增加，多余水分子润滑了颗粒间的作用，从而导致抗剪强度降低。

9.2 展　望

经过分析，对藏东南粗颗粒混合土组成的高陡边坡还可以从以下几方面开展科学研究：

（1）应加强对高陡边坡粗颗粒混合土的现场试验研究，如现场密度、含水率、坡度、坡向、堆积体埋厚等研究，以对高陡边坡粗颗粒混合土的组成机理、地质构造有更深的了解，从而提出更加切合实际的高陡边坡稳定性处理措施。

（2）室内开展粗颗粒混合土动静三轴静载试验时，还可以进行不固结不排水试验（UU）和不固结排水试验（UD），以获得不同试验条件下相关抗剪参数，使获得的抗剪参数更广泛。

（3）室内开展粗颗粒混合土动静三轴动载试验时，还可以分析不同的振动频率下动应力与动应变的变化规律。

（4）根据取得的不同试验条件下的参数，建立不同的高陡边坡稳定性分析模型，为藏东南的高陡边坡防治提供更加可靠的理论依据。

参考文献

[1] 南京水利科学研究院. 土工试验方法标准：GB/T 50123—2019[S]. 北京：中国水利水电出版社，2019.

[2] 南京水利科学研究院. 土工试验规程：SL 237—1999[S]. 北京：中国水利水电出版社，1999.

[3] 华北水利水电学院北京研究生部. 岩土工程基本术语标准：GB/T 50279—1998[S]. 北京：中国计划出版社，1998.

[4] 成都勘察设计研究院. 水电水利工程粗粒土试验规程：DL/T5356—2006[S]. 北京：中国电力出版社，2006.

[5] 建设综合勘察研究设计院. 岩土工程勘察规范（2009年版）：GB 20021—2001[S]. 北京：中国建筑工程出版社，2009.

[6] 李广信. 高等土力学[M]. 北京：清华大学出版社，2004.

[7] 殷宗泽. 土工原理[M]. 北京：中国水利水电出版社，2007.

[8] 《工程地质手册》编委会. 工程地质手册[M]. 4版. 北京：中国建筑工业出版社，2007.

[9] 王成华. 土力学[M]. 武汉：华中科技大学出版社，2010.

[10] 南京水利科学研究院土工研究所. 土工试验技术手册[M]. 北京：人民交通出版社，2003.

[11] 谢定义. 土动力学[M]. 北京：高等教育出版社，2011.

[12] 林宗元. 岩土工程勘察设计手册[M]. 沈阳：辽宁科学技术出版社，1996.

扫描查看本书彩图